上海党的统一战线研究丛书

情怀

《世纪》杂志文化专题选编

《世纪》编辑部——编

上海人民出版社

出版说明

党的十八大以来，以习近平同志为核心的党中央高度重视统一战线工作，召开中央统战工作会议、中央民族工作会议、全国宗教工作会议、中央新疆工作座谈会、中央西藏工作座谈会等一系列重要会议，制定出台《中国共产党统一战线工作条例》以及各领域统战工作重要法规文件，作出一系列重大决策部署。习近平总书记就加强和改进统一战线工作提出一系列新理念新思想新战略，形成了习近平总书记关于做好新时代党的统一战线工作的重要思想，为做好新时代党的统一战线工作指明了方向。

1922 年 7 月 16 日至 23 日，中共二大在上海召开，审议通过《关于“民主的联合战线”的议决案》。上海作为党的统一战线政策提出地，也是统战工作重镇。进入新时代，上海统一战线坚持党的全面领导，坚持大团结大联合，深化思想政治引领，服务中心大局，不断实现新的发展。基于上海丰富的统一战线历史文化资源，中共上海市委统战部专项实施新时代上海统一战线研究工程，总结历史经验，开展理论研究，指导实践创新。

上海广大统一战线成员、统战干部和专家学者深刻领会习近平总书记关于做好新时代党的统一战线工作的重要思想的理论渊源、实践基础、核心要义，深刻把握新时代爱国统一战线的历史方位，对统一战线面临的新形势、新任务、新要求进行研究，产生了一批新的研究成果。为充分展示这些研究成果，继承统战历史经验和优良传统，形成理论创新与实践创新的良性互动，我们成立编委会，策划出版“上海党的统一战线研究丛书”（以下简称“丛书”）。

丛书紧扣统一战线新情况新问题新探索，对相关研究成果加以凝练和集成，力求汇集过去优秀研究成果和最新理论、实践创新成果。丛书主要包括理论、实践、历史三个领域，聚集学术专著、文献汇编、知识读本、图文画册等各种成果，形成一套集政治性、思想性、学术性和可读性为一体的统战研究丛书，全面展现上海统一战线的历史、现状与发展。

我们相信，通过丛书编委会、编著者和出版社的通力合作，将有一批高质量统一战线研究成果面世，对广大统一战线成员深刻认识统一战线历史、把握统一战线发展规律具有重要意义，将对推动上海新时代统一战线事业高质量发展作出积极贡献。

丛书编委会

2023 年 2 月

《传承:〈世纪〉杂志文化专题选编》编辑工作委员会

前言

2023年，为庆祝上海市文史研究馆成立70周年暨《世纪》杂志创刊30周年，《世纪》编辑部从历年刊物中撷取49篇反映以文史馆员为主体的名家耆宿致力于挖掘与阐发中华优秀传统文化，保存中华文脉，推动中华优秀传统文化创造性转化、创新性发展，展示中华民族独特精神标识的精彩文章，编辑出版《传承:〈世纪〉杂志文化专题选编》一书。

本书分“瀛宇回眸”“名宿世范”“薪火相传”3辑，以鲜活的故事讲述近百年来众多有识之士守护、传承、展示中华文明优秀成果，推进文明交流互鉴，让蕴含中华民族几千年历史积淀的文化遗产焕发新活力、绽放新光彩的不凡历程；挖掘启功等前辈学人作为中华优秀传统文化的传承者和弘扬者，潜心治学，言传身教，践行传道授业解惑过程中可圈可点的细节；聚焦“坚定文化自信”这一历史命题，来自文史、书画、文博、电影、戏剧、音乐等领域的翘楚名流，纵论传承与弘扬中华优秀传统文化的有效途径。

“我这一生就做了一件事，就是守护、研究、弘扬世界文化遗产——敦煌莫高窟，这是最大的幸福。”被誉为“敦煌的女儿”、获得“文物保护杰出贡献者”国家荣誉称号的樊锦诗如是说。《传承:〈世纪〉杂志文化专题选编》中收录的《心归敦煌》一文，由中央文史研究馆资深馆员樊锦诗亲述自1963年到敦煌工作后与千年莫高窟结下不解之缘，矢志保护好研究好弘扬好这份珍贵文化遗产的心路历程。

文献典籍作为中华传统文化的重要载体和不可再生的文化资源，记录着中华民族生生不息的精神追求，延续着中华民族的精神血脉，也为实现中华民族伟大复兴提供源源不断的精神力量。《文澜阁库书抗日大转移》一文披露在风雨如晦的抗战时期，时任浙江省立图书馆馆长的陈训慈奔走呼吁，主持组织抢运转移馆藏文澜阁《四库全书》西迁贵阳，抗战胜利后从重庆回迁杭州，使这批宝贵书籍免遭日军掠夺的艰辛过程。曾任上海图书馆党委书记兼历史文献研究所所长的王鹤鸣撰《〈翁氏藏书〉入藏上海图书馆的前前后后》一文回忆2000年前后促成翁同龢第五代嫡孙翁万戈将其保存在美国的《翁氏藏书》转让入藏上海图书馆的来龙去脉。作者在文中感叹“乱世散书，盛世聚书”，正是由于我们党和政府长期以来重视古籍抢救保护事业，众志成城，早年被迫流失海外的古籍善本得以在新时期重回故土。

众所周知，梅兰芳作为中国京剧艺术海外传播的实践者和先行者，曾于1919年、1924年和1956年三次赴日，1930年赴美，1935年和1952年赴苏演出，筚路蓝缕，功莫大焉。进入新世纪后的2005年，由上海京剧院排演京剧版《王子复仇记》，以中国化的形式演绎莎翁名剧《哈姆雷特》，在传说中哈姆雷特的故乡丹麦“科隆堡”首演大获成功，后来也多次赴欧美巡演，赢得了海外观众的青睐，他们从中西艺术的交流碰撞中领略中国戏曲之美和中华优秀传统文化的独特魅力。参与创排《王子复仇记》并亲自带剧团赴丹麦、英国爱丁堡等地演出的上海京剧院原院长、上海市文史研究馆馆员孙重亮以《京剧〈王子复仇记〉欧美巡演记》为题，忠实记录了10多年前“东方哈姆雷特”走出国门，推动中华文化更好走向世界的成功案例。

文史研究馆是党和政府为团结和安排党外老年知识分子而设立的具有统战性和荣誉性的机构。1951年7月29日，在毛泽东、周恩来等老一辈无产阶级革命家的关怀下，以“敬老崇文”为宗旨的中央人民政府政务院文史研究馆（后更名为中央文史研究馆）正式成立。1952年9月5日，时任政务院副总理的邓小平主持召开政务院第149次政务会，通过了《中央人民政府政务院关于设置文史研究馆的决定》。此后，全国各省、自治区、直辖市相继成立了文史研究馆。近年来，文史研究馆已经成为保护和弘扬中华民族优秀传统文化，推动国家社会文化建设，开展对外文化交流，促进祖国统一大业中不可或缺的重要力量，也成为中国共产党与党外知识分子团结合作的重要途径。

文化是一个国家、一个民族的灵魂。文化兴则国运兴，文化强则民族强。党的二十大报告指出："我们要坚持马克思主义在意识形态领域指导地位的根本制度，坚持为人民服务、为社会主义服务，坚持百花齐放、百家争鸣，坚持创造性转化、创新性发展，以社会主义核心价值观为引领，发展社会主义先进文化，弘扬革命文化，传承中华优秀传统文化，满足人民日益增长的精神文化需求，巩固全党全国各族人民团结奋斗的共同思想基础，不断提升国家文化软实力和中华文化影响力。"新征程新起点，已走过七十春秋的文史研究馆要立足崇文鉴史，勇担新的文化使命，把传承发展中华优秀传统文化这一根本要求，融入文史研究、艺术创作和文化交流之中，助力社会主义文化强国建设。

以"积累史料、传承文化"为办刊宗旨的《世纪》杂志已过"而立之年"，继《星火：〈世纪〉杂志党史专题选编》《同心：〈世纪〉杂志统一战线专题选编》出版后，《世纪》编辑部再次推出《传承：〈世纪〉杂志文化专题选编》一书，传颂文脉传承者的嘉言懿行，让历史记忆历久弥新，让读者增强对中华文明的认同，增加文化自信的底气。

第一辑 瀛宇回眸

第二辑　名宿世范

第三辑　薪火相传

第一辑

瀛宇回眸

上海如何确认和复原第一批红色遗址

邢建榕 *

新中国成立后，中共上海市委以高度的政治责任感和历史使命感，充分依靠广大人民群众，积极寻访党的革命活动遗址，其中中共一大会址、陈独秀寓所和中共一大代表住宿处的博文女校等，即是第一批被找到、复原和开放的红色遗址。

20 世纪 50 年代，上海在成为人民的城市后，如何确认和复原第一批红色遗址，全力以赴守护好、建设好作为中国共产党人的精神家园，其间的一些做法，通过档案资料的梳理，仍可予以具体呈现，这对今日上海红色资源的传承弘扬和保护利用，仍有一定的借鉴意义。

一、三处红色遗址相距很近

中共在上海秘密召开过三次代表大会，中共一大诞生在望志路石库门里，中共二大、四大同样是在石库门里召开的，而且都在三界四方的边缘和交界地区。中共一大会址在法租界南面，靠近华界，20 世纪 50 年代被

---

* 邢建榕，上海市档案馆原副馆长、研究馆员。

寻访到。中共二大会址（今老成都北路7弄30号）地处公共租界南部，与法租界可说一路（河）之隔。闸北淞沪铁路附近的中共四大会址（东宝兴路254弄28支弄8号），则与英租界毗邻。这些地方一般属于“三不管”，难得有巡捕、警察现身。

1920年初春陈独秀来到上海后，将《新青年》由北京迁来上海，居住于老渔阳里2号，即今南昌路100弄2号，此处既是陈独秀的寓所，也是《新青年》的编辑部，《共产党》月刊、《劳动界》周刊等也在这里编辑出版过。

其他如李达、李汉俊、陈望道、施存统、俞秀松、沈雁冰等人都居住在附近，时常来陈独秀寓所商议事情，并在此基础上组建了马克思主义研究会，为在上海建立党的组织作了准备。毛泽东来上海后，为讨论马克思主义和组织湖南改造促成会计划，也曾多次来此会晤陈独秀。

就像陈望道后来回忆的：“大家住得很近（都在法租界），经常在一起，反复地谈，越谈越觉得有组织中国共产党的必要。”

在中共建党历史上，老渔阳里2号是一个绕不开的中心。具体位置在霞飞路（今淮海中路）南侧，以前有弄堂通往霞飞路，北出可进到繁华的商业大马路，就近南出则可徜徉在幽静的环龙路（今南昌路），出入十分

左图：1951年中共一大会址被找到时的样貌，右侧有解放军战士守护（上海市档案馆藏）；右图：现今的中共一大会址外景

方便，便于分散和隐蔽。房子为旧式石库门建筑，两层楼砖木结构，门楣采用简单的三角形雕饰，进大门有天井，中间是客厅，后有厨房通向弄堂。

7 月 23 日，中国共产党第一次全国代表大会在距渔阳里不远的另一幢石库门里召开，即望志路 106 号（今兴业路 76 号），成为开天辟地的历史事件，中国革命的面貌焕然一新。

中共一大代表大部分住宿在白尔路 389 号（后改蒲柏路，今太仓路 127 号）博文女校，这里距一大会址很近。时值暑假，学生已经放假回去，代表们就以“北大师生暑期旅行团”名义借住在那里，并在那召开了一大的预备会议。博文女校是石库门两层楼房，半月形门楣，前后两进，第一进楼下 2 间、楼上 3 间，第二进楼上楼下 6 间。代表们住在第二进楼上，因为人多，天气炎热，大家就睡在铺着草席的楼板上。

陈独秀寓所、中共一大会址、博文女校都集中在当年法租界范围内，几乎呈一个不规则的三角形，相距很近。陈独秀寓所稍远，也不过十几分钟路程。新中国成立后，这三处成为上海最早被寻找到的革命遗址。

1958 年前后的中共一大会址历史照片

二、差点闹了“调包计”

1950年秋，在百废待兴之际，根据中央的指示，上海开始积极寻访中国共产党的精神家园——中共一大会址。但出乎意料的是，时过境迁，人事苍茫，一大会址的具体地址已经被遗忘在巨量的城市街道某个角落了，变得难以寻访和确认。

新中国成立初期，上海弄堂总数有9000多条，弄堂里的住宅超过20万幢，在上海所有的住房中占了60%，居民约占上海常住人口的70%，要在连绵成片的石库门里找到中共一大会址，确有一定难处。

中共一大会址在哪里？当事人、知情者回忆的地点有好几个，基本认定在法租界霞飞路附近的石库门弄堂里，但却从来没有具体踏访过，更没有确认过哪一幢。于是在即将迎来建党30周年之际，作为党梦想起航的地方，一大会址具体在哪里，竟然成了未解开的谜。

上海方面高度重视寻访工作，将此作为一项极为重要的政治任务，指定市委宣传部负责，并专门成立工作小组。市委宣传部副部长姚溱负责牵头，他指派市文化局社会文化事业管理处美术室主任沈之瑜、市委宣传部干事杨重光等人具体落实查找。沈、杨立即全身心投入寻访工作。时间很快到了1950年底，此时距建党30周年不过大半年，任务十分紧迫。

在寻访和后来的复原工作过程中，许多当事人和知情者参与此项工作，对揭开谜底起了关键作用。其中起过重要作用的有中共一大代表董必武、李达、刘仁静等，早期共产党发起组成员陈望道，以及当年知情者如李书城薛文淑夫妇及其女李声英、周佛海妻子杨淑慧、博文女校校长黄绍兰的女儿黄允中等，工作人员多次上京拜访，或邀请来沪，就红色遗址的具体方位和内部陈设征求他们意见。

更加难得的是，工作人员还邀请了这些红色遗址的房东、老邻居和居委会干部等多次召开座谈会，听取他们的意见，征集各方线索，以尽可能恢复历史原貌。

在寻访中共一大会址过程中，最先找到的重要革命遗址是环龙路渔阳里 2 号陈独秀寓所，也就是《新青年》编辑部。

本来寻访的重点在中共一大会址，想不到有了渔阳里 2 号的发现，寻访人员信心倍增，接下来很快寻访到的革命遗址，便是兴业路 76 号中共一大会址和太仓路 127 号一大代表住宿处（博文女校）。一开始寻访人员根据有关资料，将博文女校定为“中共一大会址”并上报中央，差点闹了“掉包计”。

经中央宣传部调查并呈毛泽东、董必武查看照片，中宣部明确告知，博文女校实为当时毛泽东等代表寄宿处，会议系在原法租界贝勒路李汉俊寓所举行，但具体位置和门牌号不详，请上海方面继续查寻。

回上海后，沈之瑜、杨重光等人再次到贝勒路进行实地查勘。贝勒路以法国远东舰队司令贝勒的名字命名，北起延安东路，南至徐家汇路，马路两侧有 2000 多座房子，经过几十年来的发展变化，早已面目全非。

最后寻访到贝勒路树德里（今黄陂南路 374 弄），发现弄底两幢房子，最有可能就是中共一大会址所在地。转过路口便是望志路，沿马路共有 5 幢，都是一上一下的石库门建筑，清水砖墙，没有厢房。上海人习惯，一般出入不走前门都走后弄——也就是贝勒路树德里。后来李书城夫人薛文淑也说，他们从来不通过大门进出，那两扇黑漆大门极少开启。这就可以解释当事人为什么都记得贝勒路树德里，而不记得望志路。

1951 年 4 月，兴业路 76 号中共一大会址，老渔阳里 2 号陈独秀寓所，太仓路 127 号博文女校，这三处红色遗址基本获得确认。

三、党中央和上海市委高度重视

毛泽东和党中央对上海革命遗址的寻访、确认和利用工作高度重视，并就此多次过问和作出指示。

上海方面出于慎重起见，为确保遗址内外风貌原状，曾多次派人去北京送交三处革命遗址调查资料、报告、内外部照片、模型等，反复征求参加过中共一大的中央领导人、知情者和有关部门意见。当时被误以为“中共一大会址”的博文女校非常破旧，且挤进了10多户人家居住，乱搭乱建现象严重，已经面目全非。市委宣传部派人将博文女校的房屋外形及其有特征的地方，拍了一组照片，指派杨重光等人携带照片赴北京中宣部，呈报毛泽东、董必武等当时参加一大会议的代表审定。其间包惠僧来上海参与红色遗址勘查。他自己说：“毛主席要我去看看上海革命纪念馆的模型，并要我写一点有关第一次全国代表会议的材料。”他在看了三处模型后，受中宣部委派来上海参与调查，在上海期间，写下了多篇关于早期革命活动和遗址勘察的报告。

7月3日，中央致电上海市委，除对三处红色遗址要求进一步予以确认外，尤其要求上海对今后如何开放利用提出意见，“中央认为这几个地方如属可靠，即可用适当方式保存留作纪念。但据报告这些房屋都极破旧，恐不易久存，望你处研究一下，这些地址是否确实，及是否可能保存，保存下来如何利用，如何布置，并望将你们的意见电告”。

中共上海市委旋经华东局复电中央：“根据李书城、包惠僧、李达、杨淑慧（周佛海之妻）及法租界老居民等提供材料，并实地察勘查明：（一）旧望志路一〇六号即现在的兴业路七十六号（该屋后门系从贝勒路树德里出入）确系卅年前我党举行第一次代表大会之处（李汉俊之家）。（二）蒲柏路（现太仓路一二七号）旧博文女校确系卅年前毛主席等出席第一次代表大会时临时宿舍。（三）南昌路铭德里二号即卅年前之环龙路渔阳里二号，为党中央领导机关的第一个所在地。”明确这三处遗址真实可靠，并报告拟设立纪念馆。

1951年9月，中共一大会址、老渔阳里2号陈独秀寓所和太仓路127号博文女校，由市委宣传部正式接收管理，后分别辟为纪念馆，并成立以夏衍为首的上海革命历史纪念馆管理委员会，成员有恽逸群、陈虞孙、方行、沈之瑜、杨重光等，负责这三个革命纪念馆的管理和开放工作。草拟《上海革命历史纪念馆建设计划与说明文字》，呈送中央宣传部审核。

上海市委再三强调，“认真办好上海革命历史纪念馆非常必要”。根据当年档案资料，纪念馆的工作主要集中在以下几个方面：一是按历史原貌恢复原状布置；二是在馆内系统完整地陈列党史资料；三是“好好保养革命纪念馆的原建筑物”；四是积极征集、整理文献资料，调查了解当年的政治活动情况；五是通过经常的工作实践和理论学习，提高工作人员的政治水平和工作热情。这些工作为后来中共一大会址等拥有丰富馆藏和对外陈列开放，奠定了扎实基础。

上海找到这三处富有纪念意义的革命遗址后，为防止后续损坏，分别在三处门口派驻解放军战士站岗，从当年拍摄的照片上，有的还能看到解放军的身影。曾居住在老渔阳里的居民回忆说，弄口每天都有 2 个解放军战士站岗。直到 20 世纪 50 年代中期老渔阳里 2 号闭馆后，站岗的解放军战士才撤离。

20 世纪 50 年代修复后的博文女校

新中国成立初期的上海老渔阳里2号陈独秀寓所

四、实事求是恢复历史原貌

接下来的重要工作是尽快复原和逐步开放，但当时这些建筑内还有许多居民，因此首先需要动员搬迁。

1951年7月25日，中央致电华东局转上海市委，要求搬迁工作“必须待原住户真正同意后再办，万勿急躁勉强，引起群众反感”。

据此精神，有关方面在附近预备了适当的房源，以便原住户调换，并尽量满足住户的合理要求。一般来说，住户调换的房子大都比原来大，解决了拥挤的问题；对部分生活比较困难的家庭，搬家时补贴了搬运费；对无法承担新房子租金的家庭酌予减免租金；住户原来自搭的阁楼要求拆除的，代为拆除后发还材料，不愿拆的补偿他们材料费；部分可迁移的店铺，尽快帮它们办理电表、电话的迁移工作。

本来以为，要在这么短的时间内搬迁完毕，会有很大的困难。但没想到的是，居住在这些建筑内的居民丝毫没有纠缠的情况。居民说，原来不知道自己居住的房屋是革命纪念地，现在得知情况，感到十分光荣，愿意积极服从大局，主动搬迁。加上搬迁工作做得到位，群众都很满意。不到2个月，搬迁工作基本结束。

在三处革命遗址复原问题上，上海方面一直秉持尊重历史的态度，极为慎重，也极为实事求是，但开始的恢复还只是初步的，无论是建筑外观还是内部陈设，均未完全复原到本来面目，因此纪念馆的复原布置，在不断考证和调整下持续了多年。

如中共一大会议场景的布置，原先按李达、包惠僧的意见，以及陈公博、周佛海的回忆文章，认定在二楼客堂间，因此会场起先布置在楼上。李书城夫人、李汉俊的嫂子薛文淑则持不同意见，说会议是在一楼召开的。直到1956年2月，董必武来到纪念馆进行视察，肯定地说："当年我们开会不是在楼上，而是在楼下，会议室应该布置在楼下。"董老的话是有权威性的，纪念馆工作人员又再次前往北京访问了李达、包惠僧、刘仁静和薛文淑等人，并向国家文物局局长王冶秋作了汇报，最终确定了中共一大会场应该是在楼下。

中共一大会场刚刚布置完成时，曾在室内悬挂过马克思像、列宁像和毛泽东的手迹"星星之火，可以燎原"。1952年冬天，国家文物局局长王冶秋从北京来，参观了中共一大会址，说："革命历史纪念馆的布置，应该完全恢复当年原状，使来馆景仰者，能想象当时情景，生肃然起敬之感。"

纪念馆的工作人员接受了这一意见，将墙上的马克思像、列宁像和毛泽东手迹取了下来，因为当年召开会议时，墙上不可能悬挂这些物件。

包惠僧在20世纪50年代初期到上海帮助勘察革命遗址，回忆陈独秀寓所的情况是："楼下的堂屋堆满了《新青年》杂志和新青年出版社出版的丛书，统厢房前半间有一张假红木的八仙方桌，有几把椅子，也有几张凳子，没有什么红木家具。楼上的统厢房是陈独秀夫妇的卧室，统楼是陈独秀的书房，书柜书架堆满了书，排列在东北两方。靠南的窗下有新写字台，写字台的两边都有椅子，另有一方靠壁有新小圆桌，圆桌靠壁的南北各有椅子一把。陈独秀夫妇的卧室在当时的眼光看起来算很漂亮，有铜床，有沙发，有梳妆台，有写字台，壁上还挂了几张精致的字画。"

杨淑慧也告诉沈之瑜，她与周佛海当年经常去老渔阳里2号，并在里面借住过。杨淑慧详谈了她所了解的内部陈设，并作了书面记录，她说楼下客堂间有一块小黑板，上书"会客不超过十分钟"，但中间客堂无党旗。后按她的意见作了调整。

博文女校复原的重点，在于考证毛泽东住在东厢房还是西厢房，为此李达、杨淑慧与包惠僧、黄允中有不同意见，因此“目前暂布置在东厢房的前间”。

五、征收掌握周边建筑“徐图扩大”

此外，1952年2月，在工作小组调查的基础上，又经李达、包惠僧等人确认了新渔阳里6号社会主义青年团（外国语学社）旧址，以及辅德里“人民出版社”原址与北成都路劳动组合书记部原址。

对于新渔阳里6号社会主义青年团（外国语学社）旧址，上海市委宣传部的意见，建议“将此屋作为青年团的纪念馆”，“把该屋改建为上海革命历史纪念馆”，要求将该屋及邻近房屋加以征收掌握，预备一两年内修建复原，同时考虑，“俟客观条件，再进一步徐图扩大，做到掌握该处整个里弄，为将来正式开放做好准备”。也就是说，其时已经考虑，要将整个渔阳里作为革命纪念地统筹规划，待时机成熟后一并对外开放。

1952年7月2日，上海市长陈毅、副市长潘汉年和上海市委、市政府其他领导前往参观瞻仰革命遗址。9月，中共一大会址、老渔阳里2号和博文女校开始内部开放，接待一些外宾和领导参观，当时被称为上海革命历史纪念馆一馆、二馆、三馆，并继续进行调查和资料收集工作。

与中共一大会址不同，二馆老渔阳里2号、三馆博文女校在开放后不久又被关闭，并一度被改造为文化系统员工宿舍。老渔阳里2号后又作为上海美术设计公司宿舍，20世纪70年代后有居民入住。不用说这与当时的政治氛围有关，尤其老渔阳里2号原系陈独秀寓所，虽然一度开辟为纪念馆，但很快被认为“意义不大”。三馆的博文女校，“虽有相当意义，但中央负责同志认为毛泽东同志住宿地方很多，不必作为纪念馆之一部分”。

中共一大会址的保护复原和对外开放进展顺利，按当年市委宣传部的设想，中共一大会址“亦拟准备适当地加以扩大”，“至于将来进一步的扩大计划，我们认为可以在该馆的临近建造一个革命博物馆，复制资料，作有系统的陈列，将来配合纪念馆同时开放，对群众的教育意义更大。原有纪念馆做到完全恢复原状，不再陈列资料”。

上海南昌路 100 弄 2 号（老渔阳里 2 号）《新青年》编辑部旧址外景（郭长耀摄）

为此，要“在其周围勘察收购一些房地产”，“为保证馆址安全及便利将来开放参观，亟须在目前即开始有计划地逐步掌握纪念馆附近一些房屋，以作扩建纪念馆的准备并应作必要整顿”。

在这样的考虑下，纪念馆管委会又专门“调查了中共一大会址附近的房地产权及新渔阳里的里弄情况，获得了若干材料，为将来扩建馆址做了一些准备”。

也就是说，为了更好地维护作为文物保护建筑的中共一大会址，曾考虑为今后进一步拓展留存充足空间，另在周边建造一座以文献、实物展览为主的新“博物馆”，但碍于当时的客观条件，此事一直未得到实质性推进。这一颇富远见的设想，终在建党 100 周年之际得以实现。2021 年 6 月 3 日，新建的中共一大纪念馆开馆，这是上海深入贯彻落实习近平总书记重要指示精神，以实际行动庆祝中国共产党成立 100 周年的重大工程。这座纪念馆仿造石库门建筑风格，与修缮一新的中共一大会址隔街相望。

（原刊于《世纪》2021 年第 4 期）

文澜阁库书抗日大转移

吕洪年 *

2006 年 2 月，浙江省有两大文化新闻令海内外人士瞩目：15 日，杭州西湖畔珍藏着国宝《四库全书》的文澜阁修缮工程开工；22 日，文澜阁《四库全书》准备重印。人们在庆幸民族文化瑰宝得以保护、弘扬之时，不

贵阳地母洞藏库（1942 年 5 月摄）

* 吕洪年，浙江大学人文学院教授，已故。

禁忆起在抗日战争期间保护文澜阁《四库全书》的历史功臣陈训慈。

陈训慈（1901—1991）字叔谅，浙江慈溪官桥村（今属余姚二六市乡）人，陈布雷弟。1924年毕业于国立东南大学，历任上海商务印书馆编译所编译、中央大学史学讲师、浙江大学史地系教授。1932年任浙江省立图书馆馆长，先后创办《文澜学报》《浙江图书馆馆刊》等。1936年主持举办“浙江文献展览会”，参观者达8万人次。七七事变后，联络浙江大学、浙江博物馆等，创办《抗敌导报》，呼吁抗日。

抗日战争中，陈训慈为保护浙图藏书，主持组织抢运馆藏《四库全书》及古籍善本，避至富阳、龙泉，又组织抢运宁波天一阁9000多册藏书到浙南。新中国成立后，陈训慈历任浙江省政协第一至第六届委员、民盟浙江省委顾问、浙江省文物管理委员会主任委员等职；90岁寿辰时捐献《丁丑日记》手稿及148封各界名人信札给浙江图书馆。

文澜阁里有国宝

文澜阁始建于1782年。成书于乾隆年间的《四库全书》，共缮写7部，分别藏于7处：北京皇宫内文渊阁、沈阳文溯阁、圆明园文源阁、热河文津阁，是为北四阁；镇江金山文宗阁、扬州大观堂文汇阁、杭州西湖文澜阁，是为南三阁。北四阁中文源阁本毁于1860年英法联军纵火；文渊阁本20世纪40年代移至台北故宫博物院；文津阁本从承德移藏于北京图书馆；文溯阁本从沈阳故宫移藏于兰州，现存于甘肃省图书馆。南三阁中，文宗、文汇阁本太平天国期间被毁，文澜阁本则另有一番曲折经历。

1861年冬，太平军攻占杭州，文澜阁倒塌，所藏库书散落民间。当时藏书家丁丙、丁申兄弟在街头发现散页后，冒死潜至文澜阁旁，抢救了一部分残籍，后又雇人收购回8689册库书，才使三分之一《四库全书》得以劫后余生。战乱稍平，丁氏兄弟为补齐典籍，又招募百人，耗时11年，抄 26000 余册。1881 年，补抄后的《四库全书》重归文澜阁（文澜阁已于 1880 年修复）。

继丁氏兄弟之后，民国时期的浙江图书馆首任馆长钱恂开始“乙卯补抄”。考虑到文澜阁北靠山、南临水，四周潮湿不宜藏书，钱恂多方斡旋，终使《四库全书》搬离至孤山路的红楼。稍后，海宁的张宗祥又发起“癸亥补抄”……1937 年抗日战争全面爆发,《四库全书》再临危难，时任浙江图书馆馆长的陈训慈奔走呼吁，后在浙江大学协助之下,《四库全书》被装成 139 箱，开始了西向大转移。1946 年 7 月,《四库全书》重返杭州，再入红楼。1954 年 4 月,《四库全书》再次搬入孤山之巅的青白山居至今。

抢在杭州沦陷前

1937 年七七事变后，陈训慈敏锐地觉察到杭州的文澜阁《四库全书》将面临万劫不复的险境。后来证实，陈训慈的觉察是有道理的。据日本学者松本刚在《掠夺了的文化——战争与图书》一书记述，杭州沦陷后不久，日本的“占领地区图书文献接收委员会”于 1938 年 2 月 22 日派了 9 个人从上海到杭州寻找文澜阁《四库全书》。

陈训慈一面动员全馆人员赶制木箱，准备装箱转移，一面积极筹措运费。但是由于当时管辖浙图的省教育厅厅长许绍棣不屑此举，再三拖延，不出运费，这急坏了陈训慈，他专程找恩师竺可桢校长商议对策。两人除共同向教育部力争之外，还利用浙大迁校的卡车分批装运库书，终于在 1937 年 12 月杭州沦陷之前搬出杭州。

文澜阁库书的转移启运，借助浙大西迁的运输力量，使陈训慈深受感动。这时他想起乾隆年间缮抄的 7 部库书的不幸遭遇，南三阁中只剩文澜阁了，为不使库书毁于日军，他面对沉重的债务负担，顾不上慈溪老家的亲属，赴汤蹈火地奔走呼号，踏上迁移文澜阁库书的艰难之路。

举债迁书历艰辛

1937年8月，淞沪会战打响，日机时常空袭杭城。11月，日军登陆金山卫，杭州危在旦夕，文澜阁库书必须尽快转移。

11月13日和20日，为筹措运书款，陈训慈数次至省教育厅求助，但只领到300元。陈训慈只好四处举债，他在日记中写道："民国二十六年十二月十日……为运书款，绌以向张君晓峰借两百金，自垫两百金，今悉罄。无应挑工的工资，乃往访振公仅借得六十金，应付颇不易……"

对于这段历史，当时负责保管工作的毛春翔在《图书展望》(1947年复刊第三期)的一篇文章中回忆道："馆长陈叔谅先生恐库书被炸，即命总务组赶制木箱，准备迁移。七月末，情势日益恶劣，乃决定迁运日期及地点。日期，定于八月四日。地点，决定富阳渔山石马村赵宅，……八月一日，全馆职员集孤山分馆，点书装箱，至三日深夜装竣。计库书140箱，善本书88箱，共228箱。四日晨库书离馆，运往江干装一大船。五日午刻，抵达渔山。"

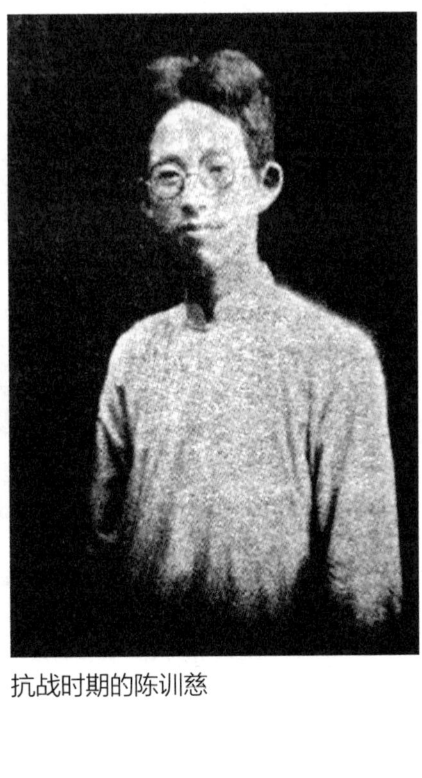
抗战时期的陈训慈

12月3日，库书与善本自富阳向南运抵桐庐。后依靠从浙大借来的卡车，分运三天，继续向南到达建德县，最后运抵浙闽赣三省交界处的浙江省龙泉县。

但龙泉仍非久留之地，将库书运到大后方才是妥善之策。遵照当时教育部的要求，库书于1938年3月27日从浙江龙泉出发西迁。后就在武夷山和仙霞岭中迂回。所遇到的险情、所克服的困难不计其数。仅从龙泉到福建的浦城，然后再折回浙江的江山，这一段就经过了新岭、王坊、八都、木岱口、供村、花桥、山路、富岭、沙婆桥、十八里、仙阳、杉坊、达坞、力牧、枫岭关、二十八都、保安、峡口、茅坂、石后、淤头、清湖等20多个镇。就在经过峡口过江山溪时，由于路况差，人疲惫，天气恶劣，有一车书翻倒在溪水之中。经抢救，运到江山县城城隍庙里的大天井中曝晾。这种工作要求非常细致，需要将书一页页揭开，使用毛纸垫上，让其吸水，然后再曝晾。由于战事紧张，日军经常轰炸，形势极为严峻，江山县里不能久留，只好一路爬山涉水时经常通风或晾晒，防止霉变。

库书在江山上浙赣铁路过江西，到湖南长沙，从湘北到湘南，直奔贵州贵阳，至4月底运抵贵阳，先存西郊张家祠堂，之后便是曝书。由于护书的夏定域和虞佩岚、柳逸厂等的努力与精心照料，这落过水的3000册书终于被抢救过来。只是有些书浸水太严重，至今还留着浸水的痕迹。

1990年出席竺可桢诞辰100周年纪念大会时，陈训慈（右）与浙大同事、老友苏步青（左）不期而遇

尽管陈训慈在1938年3月应竺可桢校长力邀兼任浙大史地系教授，1940年兼任浙大龙泉分校主任，但是他一直将文澜阁《四库全书》的安危挂在心上。同时他还采取多种办法与在贵阳的夏定域等取得联系，对库书的保护进行了指导。

1938年9月下旬，日军首次轰炸贵阳。文澜阁《四库全书》需要再次搬迁。1939年2月，文澜阁《四库全书》搬迁到贵阳城北8里外的高山上的地母洞内。此洞高约四五丈，宽约七八丈，附近极为荒凉，没有人烟，但却十分安全。

库书存储于贵阳地母洞之后，竺可桢于 1939 年 6 月 23 日下午偕贵州省教育厅人员到地母洞查看库书存放情况，看到只有 2 名工人看守。打开其中一箱验视，发现书已略有潮湿。他们当即商定，屋顶须以瓦代木，箱中书籍须晾晒，看护工作须有人主持。而历任保管员怀着对民族文化的热爱与珍惜，总是恪尽职守，善始善终。后期又将每年一次的曝晒改为春秋两次。如此历时 6 年，终于保存完好，没有受损。

护书保校功莫大

1940 年 10 月，陈训慈应兄长陈布雷的邀请，辞去浙大教授和浙大龙泉分校主任职务到重庆任国民政府军事委员会第二处秘书，在赴任途中于 10 月 23 日特地赶到贵阳地母洞察看文澜阁《四库全书》，同时还提了许多建议。到重庆后，蒋介石接见了陈训慈。陈训慈向蒋介石汇报了文澜阁《四库全书》存贵阳地母洞和浙江图书馆馆藏文献南迁的详情。他充分利用这个机会，想办法获得政府的进一步支持。1940 年 10 月 15 日，陈立夫到陈布雷家访问时，陈训慈又乘机介绍贵阳地母洞内文澜阁《四库全书》的困境。陈立夫当场表示“加费无问题，惟视藏山乡亦不便迁矣”。紧接着陈训慈又在 11 月 26 日致函教育部陈逸名司长，要求落实新增预算。同时，他还与贵州省教育厅、贵州省图书馆联系有关保管措施落实和经费使用等事。由于做了大量的工作，重庆国民政府更为关注文澜阁库书的安危。1943 年春，蒋介石电谕贵州省主席吴鼎昌，嘱“地母洞潮湿，藏书恐霉烂，应另觅安全处所迁藏”。

1944 年，日军从广西北犯贵州。11 月，黔境告急，日军长驱直入，贵阳人心惶惶。这时，重庆国民政府特令把地母洞库书紧急迁渝，电告“浙大就地解散”，称：浙大教职员工并入中央大学，动员青年学生开展抗日游击战，将一大批图书资料和仪器设备在当地隐蔽。此令到达贵阳，浙大师生群情激愤，上下都处于紧张的临战状态。就在这“生死存亡”的关键时刻，为浙大西迁办学呕心沥血的竺可桢校长当机立断，电告当时正在重庆的陈训慈，要他通过他的兄长陈布雷面谒蒋介石，要求蒋取消解散浙大的命令。陈训慈接电，没有二话，他一面筹办地母洞库书运抵四川的有关事宜，一面说动陈布雷快速行动。据闻，当时蒋介石推说“不知此事”，陈布雷要他收回成命，否则便辞退不干了。蒋说：“即使已有命令，也可改回来嘛！”

竺校长在接到重庆的第二次来电之后，深感陈训慈保校有功，消息一出，全校师生无不欢呼雀跃，额手称庆。

浙大的西迁与文澜阁库书的转移，竺可桢和陈训慈两人和衷共济、风雨同舟，唱响了一曲悲壮的史诗。1944 年 12 月 8—23 日，文澜阁库书终于运抵重庆青木关，保住了浙大西迁的成果，陈训慈可谓功莫大矣！

回迁路上过难关

1945 年 8 月，日本无条件投降，战争结束。重庆方面成立了以陈训慈等 3 人为常务委员会的“文澜阁《四库全书》保管委员会”。1946 年 5 月 15 日，在保管会的妥善筹划下，库书取道川南入黔，经湘赣入浙，7 月 5 日安抵杭州，库书重归西湖孤山藏书楼。

库书回迁途中，麻烦之事，困苦之状，一言难尽。据当事者记述：“在衡阳遇匪，警士开枪百余发匪始逸；在邵阳候渡二日夜；在安仁遇一小河，卸书渡河费时一日；在江西永新，余车左轮陷入水池，几倾覆；在银坑宿露天茶棚；在上饶遇罕有大水，公路桥梁冲毁，停留十余日；在兰溪过渡，卸书，烈日熏灼一日，皮肤若焦炭，凡此皆为令人永远难忘之遭遇。”回迁过程历经 50 余日，车队于 7 月 5 日到达杭州。陈训慈是库书内迁全过程的总指挥，举凡事前策划，人事安排，经费请领，协调配合，乃至防潮设备之改进，员工生活之维持以及其他有关库书安全的林林总总，均为陈训慈所主持，人称“前丁后陈，永垂不朽”。

（原刊于《世纪》2007 年第 5 期）

湮没不闻的梁思成重庆文庙修复计划

胡　懿*

梁思成是我国当代杰出的建筑学家和建筑教育家，毕生致力于中国古代建筑的研究和保护。他在美国宾夕法尼亚大学学习建筑期间，得到父亲梁启超所寄宋人李诫的《营造法式》，即基本确定了研究中国古建筑的学术方向。留学归国后，梁思成出任东北大学建筑系副主任，教员只有他和夫人林徽因，课程有建筑设计和建筑史。他们的教学将理论与实践相结合，带领学生对古都沈阳宫室进行考察测绘，开始了中国古建筑研究。1931 年九一八事变后，两人不得不离开东北，加入朱启钤创办的中国营造学社。梁思成期望找到保存比较完好的早期古建筑，进行构造上的研究，以期发现中国古建筑脉络和建筑方法，能更好地延长古建筑的寿命。

在梁思成开展古建筑调查的年代，正是日本对中国蚕食鲸吞的时期，这些古老建筑时时处于战争威胁之下。在华北大地，梁思成和时间赛跑，与营造学社同仁辗转在各地古老的寺院、佛塔、桥梁、石窟等，进行野外考察和记录，拍摄和绘制了大量图片。1937 年后，他们随同逃难的人流来到大后方。

国难当头，梁思成并没有停止他的工作，当营造学社在昆明安定下来

* 胡懿，重庆市档案馆副研究馆员。

后，梁思成带领营造学社同事开始了对云贵川古建筑的考察。此时梁思成和重庆的文物保护产生了交集。1939 年 7 月，重庆市政府发给梁思成、刘敦桢、杨廷宝、陈明达、刘致平、莫宗江护照，“兹有中国营造学社社员梁思成，现年卅九岁，广东新会县人，由重庆到 ×× 调查古建筑遗迹，特发给护照，希沿途军警查验放行勿阻。该持照人亦不得携带违禁物品致干查究。此照。右给梁思成。市长贺　中华民国廿八年七月十六日发”。护照每人一份，从 9 月起，梁思成等人开始了长达半年的在川康地区的古建筑遗迹调查。随着抗日战争的态势进入胶着，日机对大后方的轰炸愈演愈烈，营造学社已无法在炸弹威胁下的昆明立足，他们此时名义上已属于中央研究院历史语言研究所，于是 1940 年底遵从教育部命令随中央研究院历史语言研究所迁到距离重庆 300 多公里的四川南溪县李庄，一个长江边上的小镇。

孔祥熙亲自邀请梁思成参与修复重庆文庙工程

抗战时期的梁思成

抗战前期，重庆遭到日本飞机的野蛮轰炸，城区建筑、街道损毁无数，开挖防空洞、开辟避火巷等，又使一些建筑遭到损坏。位于繁华市中心都邮街附近的重庆文庙（也称重庆孔庙）亦未能幸免。该庙肇建于南宋绍兴年间（1131—1162），明洪武四年（1371 年）重建，后几经毁坏、重建、增建，规模逐渐宏大，到民初时主要建筑包括大成殿、崇圣祠（启圣殿）、明伦堂、尊经阁、魁星楼、仓圣阁，庙前有棂星门、戟门，另有泮池，重庆人称为夫子池。1914 年明伦堂改建四川省立重庆女子师范学校，1932 年夫子池被填平改建为公共体育场，1934 年 10 月崇圣祠失火被焚。1939 年重庆市开辟马路，文庙一角被拆，因轰炸所致，一部分建筑已损坏。文庙中驻扎了战时迁往重庆的好几个军事单位，在庙内空地和外围修建了临时棚屋，文庙已失去祭祀先师孔圣、推崇文化精神财富的意义。

最先提出要修复文庙的是重庆卫戍总司令部。1940 年 4 月，该部第三十七次扩大会议决定，“市内文庙之一角因开辟马路被拆，殊失尊圣之意，应请市政府提早于可能范围内修复，以免外人讥议”。重庆市工务局命令城区工务管理处拟具修复计划及工程预算，但此事并没有进一步行动。1941 年 4 月，国民党第五届中央执行委员会第八次全体会议上，柏文蔚等委员提交“请修整孔庙保护佛刹案”，提出“近年以来中央屡颁明令于先圣孔子诞辰全国祭祀，垂为典礼，实足以昌明文化而正人心，惟各省、县除于祭祀时敷衍故事稍清尘埃外，事后悉委之不顾。且值兹军事时期，师旅所经，更任意拴系驴马，尿屎盈庭，臭秽薰蒸，不可向迩。如此尊孔，未免亵渎，拟请国民政府严令各该省、县地方官吏将各该地方之学宫年加修葺，培植固有松柏，栽种其他花木，式如公园，俾游览人士知所景仰。令各县县党部随时宣讲散发本党主义之书，并请各县耆旧演讲经史中可与本党主义互相发明者，方可得尊孔之义意”。该提案获通过：交行政院办理。国防最高委员会秘书厅 4 月 29 日以国纪字第 17547 号公函送达行政院，行政院于 5 月 15 日用壹字 7525 号训令有关部门及地方政府办理。

1940 年 9 月 6 日国民政府明定重庆为陪都时，对重庆的定位乃“战时蔚成军事政治经济之枢纽，战后自更为西南建设之中心”，但重庆无论其疆域区划或是市政建设都远远不能满足此要求，行政院特组设直属机构“陪都建设计划委员会”专门规划陪都建设。11 月 8 日，国民政府任命行政院副院长孔祥熙为陪都建设计划委员会主任委员，内政部部长周钟岳为副主任委员。经过几个月的准备，到1941年3月1日，陪都建设计划委员会成立，孔祥熙、周钟岳分任正、副主任，重庆市市长吴国桢任秘书长，许大纯任副秘书长。该会主要研究重庆行政区划分区设计、城市规划建设、道路建设、公共设施建设、水电网络区域分配、土地使用、管线建设、环境卫生、防疫等。根据该会组织规程，该会可自行聘任专家为设计委员。不知是否因为一直以孔圣人后裔自居的孔祥熙自认有弘扬儒学的历史使命，当时文庙修复工作虽由重庆市政府主持（因为种种原故一直未能进行），但作为陪都建设计划委员会主任的他上任伊始即热心重庆文庙的修复。1941年春，梁思成因向教育部申请营造学社经费事来到重庆时，走马上任的孔祥熙立即召见他，请他出任陪都建设计划委员会专门委员，并拜托他就重庆文庙修葺提出意见。不久后柏文蔚等修整孔庙提案在国民党第五届中央执行委员会第八次会议上获得通过，孔祥熙对重庆文庙的操心就更是名正言顺了，可以说是从个人情感上升到国家意志。

中国营造学社迁到李庄后，工作和生活条件异常艰苦，梁思成不得不在安顿下不久即到重庆筹措经费。几乎是孔祥熙召见他的同时，夫人林徽因肺病复发病势汹汹。更不幸的是，林徽因的弟弟林恒，一个年轻的国军飞行员，于1941年3月14日在成都对日空战中牺牲，梁思成不得不赶到成都处理后事，故不能在重庆久留。梁思成到文庙进行了实地勘察，毁损情况比较严重，要攀爬其间摸清斗拱、梁架、顶板等结构，架设仪器测量高度、弧度等，一时半会不能完成。他对文庙外观、建筑风格和损毁情况大致摸清后，征得孔祥熙的同意，委托基泰工程司先行勘测绘制文庙现状图，完成后寄到李庄以此为修复设计根据。为慎重起见，该委托以行政院秘书处名义致函基泰工程司："陪都建设计划委员会专门委员梁思成委托台端等初步测量重庆市夫子池圣庙一案，除通知军政部转饬现驻该处之附属机关免滋误会外，相应检同证明书函达查照。此致关颂声、杨廷宝君。附检送证明书一件。行政院秘书处　三十年四月十八日。"基泰工程司是当时国内最负盛名的建筑师事务所，其负责人关颂声、杨廷宝和梁思成关系非常密切，杨廷宝是梁在美国宾夕法尼亚大学学习建筑时的师兄，早年曾加入中国营造学社，1939年梁思成带领中国营造学社成员对川康进行野外考察时，杨廷宝曾计划与之同行，重庆市政府发给营造学社6份考察护照，杨廷宝赫然位列其中；而关颂声的弟弟关颂坚，也曾在营造学社与梁共事；由他们负责具体测绘工作，梁思成非常放心。此事也足以说明孔祥熙对梁思成的赏识和信任非同一般。当时基泰工程司总部在重庆，主要成员关颂声、杨廷宝、朱彬等都留学美国学习建筑，在国内有很多著名设计作品，如永利化学工业公司大楼、东北大学校舍、沈阳车站、中原公司大楼、基泰大楼、南京中央体育场、金陵大学图书馆、中山陵音乐台等，且主持过北京天坛祈年殿、国子监等的修缮，而当时重庆最宏伟的两座建筑美丰大楼、川盐大楼分别由基泰工程司设计和承建。基泰工程司的名声和实力对于设计修复重庆文庙应该是胜任的，而孔祥熙舍近求远，不惮繁复，钦定梁思成作为修复工程设计人，在梁不方便滞留重庆的情况下，宁愿基泰工程司职司测量工作，也坚持最后由梁思成完成设计，也许是梁思成曾经提出的《曲阜孔庙之建筑及修葺计划》令他对梁思成尤其赏识。

1941年6月4日，陪都建设计划委员会副秘书长许大纯向孔祥熙汇报工作，孔指示修复重庆文庙的工程计划拨归陪都建设计划委员会主持。事实上，虽然重庆市政府将此项工作交市工务局，但工务局还未能就修复做任何事情。许大纯在接受孔祥熙面谕后，即命令该会设计委员夏昌世、技士郑祖良着手对文庙查勘，并提出修复整理意见。夏昌世已知道基泰工程司正在勘测孔庙，且已定梁思成负责拟定修复计划，遂请求由梁思成专门负责，自己不用加入，以免重复工作。但基泰工程司测量工作进展并不顺利，梁思成远在李庄，必须拿到测量数据和图纸才能拟定计划，远水解不了近渴，所以，夏昌世得到的指示是利用基泰初步测绘数据制定工作计划。二人经过初步调查，发现文庙规模宏大，损坏过于严重，修复需要数百万元，且有再次被炸可能，遂提出具体修整意见：迁出庙内所驻机关，

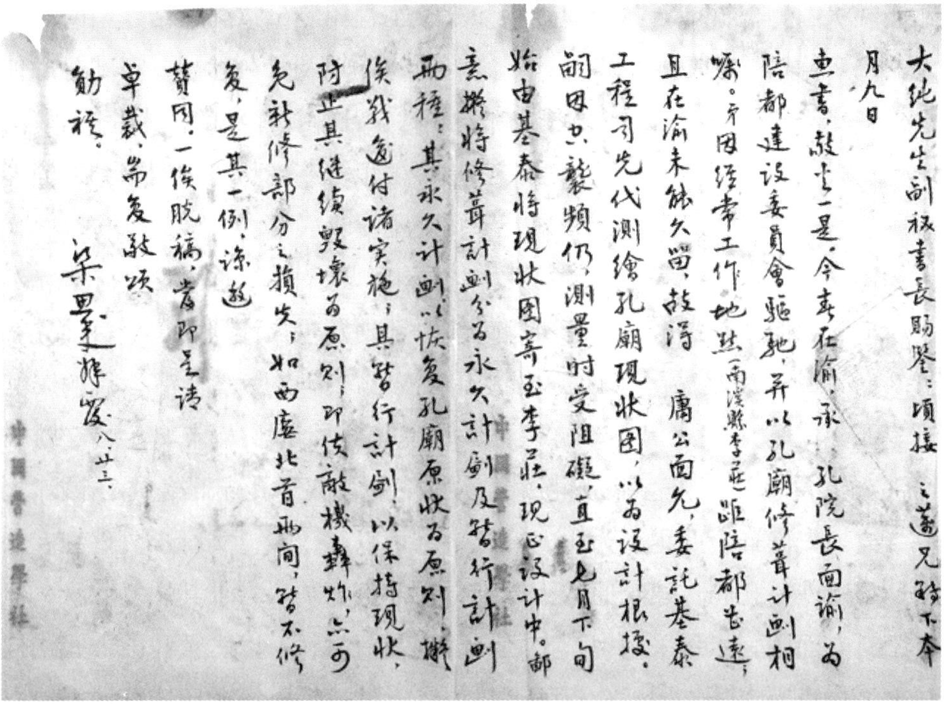

大纯先生副秘书长赐鉴：顷接之邁兄转下本月九日惠书，敬悉一是。今春在渝，承孔院长面谕，为陪都建设委员会驰驱，并以孔庙修葺计划相嘱。弟因经常工作地点（南溪县李庄）距陪都甚远，且在渝未能久留，故得庸公面允，委托基泰工程司先代测绘孔庙现状图，以为设计根据。嗣因空袭频仍，测量时受阻碍，直至七月下旬始由基泰将现状图寄至李庄，现正设计中。鄙意拟将修葺计划分为永久计划及暂行计划两种：其永久计划以恢复孔庙原状为原则，拟俟战后付诸实施；其暂行计划以保持现状，防止其继续毁坏为原则，即使敌机轰炸，亦可免新修部分之损失；如西庑北首两间，暂不修复，是其一例。谅邀赞同，一俟脱稿，当即呈请卓裁。专复敬颂勋祺。

梁思成拜启 八.廿三.

中国营造学社

1941 年 8 月，梁思成致许大纯函

拆除一切非原属孔庙之建筑；清除垃圾，修补走道，种植花木；扶正斜柱危梁，修补门窗。所要做的是改善环境，避免进一步损坏，待战后进行彻底维修。9 月初吴国桢、许大纯将此意见报告孔祥熙。

梁思成拟定文庙修葺暂时计划及永久计划“两步走”方案

1941 年夏天在重庆历史上是一段悲惨的记忆，日机对重庆的轰炸达到疯狂。6 月 5 日，日军制造了震惊中外的大隧道惨案，轰炸并没有因上千无辜百姓的死亡而停止。基泰工程司的测量因轰炸时断时续，前后花费 50 多天，一直到 7 月中旬才完成，梁思成在 8 月初才收到基泰工程司测绘的孔庙现状图。根据他自己实地查勘和基泰工程司测量情况，结合当时整个大的现实背景，梁思成将修葺计划定为暂时计划及永久计划，在 8 月底他已先将此想法写信报告许大纯，在他 10 月 5 日给孔祥熙的信中写道："面谕拟重庆文庙重修计划，至八月初旬基泰工程司将现状实测图寄到，当即参照春间当时勘察情形拟成计划，于孔子圣诞日脱稿，本应立即寄呈，无奈阴雨匝月，乡间僻鄙，设备简陋，未能印晒蓝图，延误至今，始克奉呈，歉仄无似。蠡见拟分修葺工程为暂时计划及永久计划两步，目前先实行暂时计划，以足蔽风雨保持现状不再浸漏，但求庄严整洁为目的，其近岁添建之房屋席棚等一律拆除，其已完全炸毁部分及琉璃瓦装修雕饰等部分拟暂缓补配，盖暴敌继续轰炸我陪都，诚恐孔庙难免再三被炸之厄，故拟先修葺至此程度为止，待战事结束以后，再行实行永久计划。永久计划以恢复孔庙古建筑原状为原则，在外表上须尽力求其恢复原状，但在工料方面则宜尽量采用力学上之新智识及新材料，以匡救我国古式结构法上之弱点而求其永固。兹仅依上述原则，试拟《重庆文庙修葺计划》寄呈……"梁思成的《重庆文庙修葺计划》与他抗战时期考察川康古建筑时所写调查记录一样，工整地誊抄在中国营造学社的稿纸上，共 12 页，另附蓝图两张，分别是现存文庙纵剖面图，各部分立面图、剖面图。计划扉页《重庆文庙修葺计划》标题下落款"梁思成敬拟　卅年圣诞日"，此圣诞非彼圣诞，乃孔子诞辰日，表达了一代建筑宗师对先贤的无比尊重。

我们先来看看梁思成提出的暂时计划，这是从战时特殊情况考虑，因年久朽坏或轰炸破坏处，修复到可以遮风蔽雨，拆除后期修建的半永久或临时建筑，清除杂物，"在简单朴素情形之下仍保圣庙之整洁庄严为原则"。重庆文庙当时存有大成殿、东庑、西庑、戟门及棂星门，修葺计划所面临的一大问题是需要拆除的部分很多，如最前面棂星门前兵役署合作社及小食部房屋，棂星门内戟门前卫生所及其附属房屋竹篱，旁边的公共厕所，其后戟门内兵役署堆放货物的席棚，再后面大成殿后廊及西廊内席棚，殿后兵役署库房等。棂星门为全庙入口，原有三道，因扩展马路将西边拆去改为圆形，梁思成建议将拆除部分修复，保留西侧拆下石柱，为将来恢复原状使用。戟门七楹，东北西南两角被炸损坏，基柱、屋顶部分梁架椽檩已破坏，琉璃瓦损坏亦多。梁思成设计被毁石柱按照原式以钢筋水泥柱代替，如有困难暂以木柱支撑，旨在修复上面梁架椽檩，屋顶以现有旧琉璃瓦盖在南面（前面），用青瓦盖在北面。东西庑各 7 间，炸毁 4 间，将炸坏墙壁重新修整，屋顶瓦面检查修补漏处，两端阶基炸毁部分予以修复。大成殿为孔庙主体建筑，共 9 间，梁柱构架大都完整，槛窗格扇缺损严重，天花板残破，琉璃瓦顶损坏很多，上檐部分角梁椽檩残毁，殿内神龛也有损坏。因是主体建筑，角梁椽檩一律配补修复，屋瓦全部翻盖，尽量利用旧瓦，用于南面及东西二面，不足部分用青瓦补盖在北面。槛窗格扇全部补齐外框，至于上面的雕饰花纹等将来进行。围墙坍塌处总长 80 多米，建议用土砖垒砌或用板筑将缺处补齐，照原有部分抹灰粉刷。整个建筑不用重新油漆，仅在新添木料部分用防腐材料涂刷，使新增部分色彩与旧有颜色协调，屋内墙壁按原有颜色全部粉刷，外部墙壁新修部分也要粉刷，以与旧有部分协调和不过于鲜明为宜。这是梁思成给出的暂时修复计划，主要思路是尽量利用原有材料修整，防止进一步恶化，为永久修复做准备。

永久计划则以恢复原状为原则。按原状补造损坏者，拆除新增临时建筑，恢复原有形状。因中国古建筑木构的固有限制，设计时在不改变原有外观的前提下，尽量应用现代建筑的新方法与新材料。遵循这个原则，棂星门、楹门、东西庑拆除或毁坏的全部照原样彻底修复，损坏石柱重新配置或以钢筋水泥铸制，木梁与石柱间联系松懈的地方换用钢筋水泥梁，琉璃瓦屋顶揭下翻盖配齐，梁架椽檩修理补换，槛窗格扇按原花式恢复，天花板全部按原样配补，恢复内部原有色彩，损坏台阶围墙照原样修复。大成殿全部构架中，梁柱交接处一律加安钢条用螺丝钉紧固，以防榫卯松动，梁柱倾斜。殿内地面用方砖或石板铺就，修复神位。修整完成后建筑木制部分必须全部油漆，将旧有油漆刮刷干净，第一道上清桐油，然后按

梁思成（左）在重庆缙云寺

原有颜色油漆两道。梁思成还将潮湿因素考虑进去，凡新砌砖墙地下 15 厘米处一律铺就柏油牛毛毡阻隔湿气，屋顶望板上也铺用牛毛毡。

在梁思成的修葺计划中，无论是临时或永久计划，都依建筑排列顺序详述各部分现状及修复方法，并说明原因，条理清楚，意思明白。他将该计划直接寄给孔祥熙，即使孔副院长不是学建筑出身，也应该很能理解该计划的内容。

文庙修复一再受阻终致拆毁厄运

因夏昌世等所拟计划与梁思成维修思路契合，为了修复工作尽快启动，陪都建设计划委员会于 1941 年 9 月 19 日将夏昌世等查勘重庆府文庙和巴县文庙情况报告及修理意见上报行政院，10 月 5 日，获行政院批拨维修经费 184465.7 元。陪都建设计划委员会立即着手庙内驻扎单位的搬迁与临时建筑的拆除。该会请重庆市政府进行具体工作，市警察局、市工务局对所驻单位和修建房屋进行调查，军政部下属机构最多，有兵役署、会计处、特务团第一营等，另外还有陪都空袭救护委员会第三救伤站、重庆市卫生局夫子池卫生所等，但无论如何动员，就是没有单位撤出。军政部的回答很干脆，市区房屋紧张，没有办法搬迁。眼见梁思成的修复计划已经制定，修复工作迟迟不能开始，吴国桢、许大纯着急万分，甚至想到请孔祥熙亲自给占屋单位手谕，勒令搬迁，修复工作一开始就胶着在房屋拆迁上。到 1942 年春，陪都建设计划委员会突然奉令裁撤，修复工作遂告停止，梁思成精心所拟《重庆文庙修葺计划》随着陪都建设计划委员会的档案封存了。

此后，因为重庆文庙毁损日益恶化，已严重威胁到人员安全，重庆市政府决定进行维修。维修工作由市工务局具体负责，梁思成所拟修葺计划并未移交到工务局，所以此时修缮工作由工务局对损坏严重部分查勘后拟定修复意见。工务局建议拆除严重破损部分，但 1942 年 9 月行政院接报后仍指示修复，并批准 20 万元专项维修费。1942 年 12 月，教育部和重庆市政府协商决定将重庆文庙作为国立中央民众教育馆正式馆址，在抗战胜利后移交重庆市民众教育馆，教育部为此支持 10 万元修理费。维修症结依然在庙内驻扎单位方面，不断有单位报称房屋危在眉睫，但都不愿意搬迁。维修预算作过多次，随着物价上涨，一次一次不断增加，而上面划拨的经费始终也没有到位，所以维修都成了纸面上的公文。到抗战胜利时，无论是行政院或是重庆市政府，对维修文庙都已不再关注。1946 年占据文庙的单位回迁后，重庆市参议会曾有修复文庙作为该会永久会址的计划，但因经费等种种原因未能实行。重庆解放后，因城市建设，岌岌可危的文庙被拆除，一条大马路将庙址分为两半，大成殿部分修建了重庆市二十九中学，夫子池这边成为大众游艺园。

沧海桑田，重庆文庙所在地如今已是繁华商场和学校，而孔庙则定格为城市记忆的一部分，今天，我甚至不能找到一张它的照片一睹芳容，唯有夫子池、魁星楼等地名还隐约可以追溯它曾经的存在。当年梁思成茅屋油灯下对文庙所拟修葺计划和晒制的蓝图虽然最后没能实施，但亦留下了完整的数据、图纸和建筑情况，对于我们了解历史弥足珍贵。如果陪都建设计划委员会当时没有突然被裁撤，如果占据文庙的各个单位能及时搬迁，如果国民政府部门之间办事不那么拖沓敷衍，也许梁思成的构想能够变成现实，重庆文庙会得到必要的修复直至彻底修缮，而不是任其毁坏直至非拆不可。可是，历史没有如果。

（原刊于《世纪》2016 年第 6 期）

王冶秋先生讲解故宫历史

汤世稼 *

曾任国家文物局局长的王冶秋

我同王冶秋先生是1972年相识的。当时王冶秋任国务院“图博口领导小组”副组长并主持故宫博物院重新开放后的工作。2月间，他陪同美国总统尼克松一行参观故宫，给客人留下了深刻的印象。

1972年5月中旬的一天，外交部副部长余湛把我找到他的办公室，告诉我：“最近故宫重新开放，尼克松总统参观后，反应很好。我们考虑也可以邀请苏联边界代表团参观一次，请王冶秋同志陪同并担任讲解。王冶秋同志是鲁迅的好友，对历史、中国古代建筑和文物有丰富的知识并有许多独到的见解。作为翻译，你需要认真准备一下。”

---

* 汤世稼，中央编译局编审。

听到这个消息，我感到无比振奋。首先，我是鲁迅作品的崇拜者。鲁迅翻译的果戈理小说《死魂灵》曾使我佩服得五体投地。青年时代我曾对鲁迅的作品以及他生活中的一切都十分感兴趣。有机会亲自结识一位曾与鲁迅共事的友人对我说来无疑是一种无上的荣誉。再则，我也酷爱故宫的建筑艺术以及故宫收藏的各种文物，闲暇时常来这里散步观赏。为了准备好这次参观活动，我重新阅读了大量有关故宫的中外资料，把这次活动看成一次极好的学习机会。

金秋的北京，艳阳高照，气候格外凉爽宜人。10 月下旬的一天，我们久久盼望的一刻终于来到了。上午 9 时许，我们随同苏联边界谈判代表团一起来到了故宫博物院正门口。冶秋先生早在这里等候我们，他穿一套浅色布便服，已是六十开外、白发苍苍的老人了。他同参观者一一握手后便兴致勃勃地健步带领大家进入紫禁城。

冶秋先生介绍说，现在你们看到的一切就是明成祖时开始营建的紫禁城，从永乐四年（1406 年）动工，到永乐十八年（1420 年）竣工，前后共花费了 15 年时间。这是明清两个朝代 24 位皇帝居住和生活的地方。至今，紫禁城经历了 580 年的沧桑巨变，却依然保持着当年的英姿，它是我国，也是目前世界上规模最大、保存最完整的皇宫建筑群。

故宫博物院的入口处就是午门。冶秋先生说，关于“推出午门斩首”的说法在民间广为流传。许多传唱至今的戏曲、小说里常有：皇帝勃然大怒，大喝一声：“推出午门斩首”，然后倒霉的官员就一命呜呼了。因此，老百姓以为午门外是一个杀人的刑场。其实这纯属误传、戏说。

明清时代刑场大多设在闹市区，为的是让人观看，杀一儆百。像今天北京南城的菜市口，就是清代著名刑场，以谭嗣同为首的“戊戌六君子”就是在菜市口被杀害的。但另一方面，“午门外斩首”的说法也不完全是凭空捏造，因为这里曾经是明朝“廷杖”大臣的地方。刑杖是一种碗口粗的毛竹，据说为了加强杀伤力，里面还灌上水银，几杖下去，就能皮开肉绽。廷杖还分“着实打”和“用心打”两种。前者被打人往往能拣回一条命；如果是后者——“用心打”，一般都没有生还可能。即使不死，也要终生致残。

冶秋先生带我们进了太和门。他说，眼前就是著名的“故宫三大殿”——太和殿、中和殿、保和殿，这是故宫的主体建筑和核心。太和殿是举行最高级别的仪式和大典的地方。如皇帝登基、皇帝大婚、册立皇后，还有国家发生战争时“要命将出征”，这时皇帝会在太和殿举行隆重大典。每逢一年的三大节日——元旦、冬至、万寿（皇帝生日），皇帝也要在太和殿举行盛大宴会。传说中的“金銮宝座”就设在太和殿。这是一把雕龙漆金的大椅，用紫檀木精制而成，整座椅子被形态各异的金龙环绕着。宝座后面有一个金漆屏风，从上到下密布金龙。宝座安放在 1 米多高的宽大平台上，皇帝坐在上面显得特别高大、威严，因此这一宝座变成了至高无上的皇权和国威的象征。

比起太和殿，中和殿的规模要小得多。中和殿的主要作用是为皇帝在大典之前提供休息和更衣的场所。中和殿的另一特殊作用是供皇帝修订家谱。皇帝的家谱叫“玉牒”，每隔十年，皇族内的出生、死亡记录都要在这里由皇帝过目确认一次。

三大殿中最后一殿——保和殿是一座非常著名的宫殿，它在中国政治史和文化史上地位极高。明清两朝这里曾是皇家高级宴会厅。每逢重大节日、寿辰等，皇帝都要在这里宴请文武百官。少数民族领袖、西藏高僧、蒙古王公前来朝觐时，皇帝也会在此设一家宴。除了宴会厅功能之外，保和殿还是中国科举考试的最高一级——殿试的考场。人们熟知的状元、榜眼、探花就是当年殿试中的前三名。

离开三大殿后，我们来到皇帝大婚的洞房——坤宁宫。冶秋先生给我们详细讲述了皇帝的婚礼。按照礼仪，皇帝新婚后要在坤宁宫住满三天，作为大婚的庆典。三天期满后，皇帝才可返回养心殿。皇后则在东西六宫之间择一宫居住。以后帝后再在一起时，皇帝通常把皇后接到养心殿后院——体顺堂同房。清代，在坤宁宫东暖阁举行大婚的有同治、光绪两位幼年登基的皇帝。最后一位在这里举行大婚的是末代皇帝溥仪。今天的坤宁宫东暖阁还基本保留了溥仪和他的皇后婉容大婚的场景。从这里我们仍可看到当年天子的洞房风貌。房间面积并不大，但陈设非常讲究。东西两侧影壁门上各有一个金漆双禧大字，喻示“开门见禧”。靠窗的南面有两张坐榻，北边就是皇帝、皇后的龙凤禧床。床上的被子和帐子都绣有100个嬉戏的顽童，叫“百子被”和“百子帐”，表示祝愿多子多福。清朝皇帝大婚仪式非常盛大隆重。大婚之前要有“纳彩礼”和“大徵礼”，这是送给皇后家的彩礼。礼品有上万两白银、成百两黄金，还有大量金银器皿、绸缎布匹、服装、马匹、甲胄等。到了大婚吉日，宫内御道要铺上红毡，宫门上红灯高悬，主要宫殿都张灯结彩。在迎娶皇后前要先在太和殿举行“册立礼”，即由大学士给迎亲的使者授节，礼部官员宣读册文，正式确立皇后的正宫地位；然后由使者持节作先导，校尉抬着放有皇后金册和御宝的龙亭，在官员和侍卫跟随下，一支浩浩荡荡的迎亲队伍就出发了。迎娶皇后还要用“奉迎礼”，皇后的凤舆从大清门正中门洞沿中轴线一路抬进来，至午门时钟鼓齐鸣，一直要抬到乾清宫前皇后才下轿，然后由宫女扶入坤宁宫东暖阁洞房。大婚的高潮是“合卺礼”，在洞房里皇帝、皇后穿着礼服共饮交杯酒，至此，才算正式成婚。

皇帝大婚不仅仅是仪式隆重，在这些繁文缛节的礼仪背后，是大量财富被耗费。封建统治者的腐朽奢靡暴露无遗。以光绪大婚为例，当时清朝内忧外患，国力日衰，但大婚各项开支总共耗银550万两，由户部分三次拨出350万两，向各省摊派200万两。按当时的粮价，这550万两白银可买400万石粮食，足够供190万人吃一年。窥一斑可见全豹，腐朽的清朝怎能不亡呢?

结束参观之前，冶秋先生带我们来到了绘画馆。绘画馆在保和殿的西庑房，是故宫展示古代字画的专馆，这里收藏着从晋代到明清的名家书画10万余件。

在这些收藏品中，我们能看到隋人展子虔，唐人阎立本、韩晃，五代的黄筌、顾闳中，宋代的郭熙、李公麟、张择端、刘松年、马远，元代的钱选、王蒙、吴镇、王冕、倪瓒，明代的唐寅、仇英等大画家的画卷以及陆机、王洵、颜真卿、柳公权、欧阳询、苏轼、黄庭坚、米芾、蔡襄、赵孟頫等书法家的墨迹。这些都是中华民族文化精品中的稀世之宝。明代以前的书画更加珍贵，保存要求很高，要收藏在特定温度和特定湿度的库房里，是不轻易示人的。按照北京的气候，冬季是取暖的季节，室内湿度低，偏干燥，不宜展出字画；春季是“扬花”季节，杨树的花蕊一旦随风飘入古籍书卷，来年便是虫蛀斑斑的大灾难。夏季多雨，室内潮湿，也不宜展示，所以每年只有金秋十月才是适宜展画的时刻。从文物保护的角度说，这是一年中最难得的参观欣赏期。只有在这个季节来到北京，参观者才能有幸欣赏到难得一见的艺术珍品。

在冶秋先生的陪同下，我们边参观边听得津津有味，两个多小时的参观活动就这样不知不觉地过去了。冶秋先生既像一名普通的博物馆讲解员，详细介绍了故宫历史，又穿插一些丰富有趣的文化历史知识，还要不时回答参观者的各种问题。他谈笑风生、妙趣横生的讲解和渊博的历史知识常常使参观者赞叹不已。对于冶秋先生来说，这里的一草一木、一砖一瓦是那样亲切，宛如家里的一位长者和家人一起，带领着一群宾客在参观自己的旧居，好客的主人如数家珍地讲述着这里发生的每一件趣闻轶事。不知不觉中，他给大家上了一堂极好的政治课、历史课，而且也广泛宣传和传授了许多重要的文物保护知识。

参观结束时，外宾纷纷向冶秋先生表示由衷感谢。他们中有人说：“王冶秋先生的讲解是令人佩服的，这说明中国是尊重历史、保护文物的。”有人更坦率地说：“王冶秋先生是一位知识渊博的历史学家，中国需要这样的人才，因为只有真正了解中国历史的人才是中国的主人。”

1990 年底，当我从国外工作回来，再一次参观故宫时，冶秋先生已经与世长辞了。冶秋先生匆匆走完短暂的人生之路，但他留给后人的是一笔对保护文物、研究历史等方面的精神财富。

（原刊于《世纪》2003 年第 1 期）

心归敦煌

樊锦诗 *

2019 年 9 月 17 日，是我终生难忘的日子。习近平总书记签署主席令，授予我“文物保护杰出贡献者”国家荣誉称号，这是对我的工作，更是对敦煌研究院和全国所有文物工作者的最大肯定和最高褒奖。2019 年 10 月，《我心归处是敦煌：樊锦诗自述》（顾春芳撰写）一书由译林出版社出版，这是对我与敦煌石窟近 60 年情缘的一次总结和回顾。

我今年（2019 年）81 岁了，一生经历很简单：生在北京，长在上海，求学北大；1963 年到敦煌工作，1998 年任敦煌研究院院长，2015 年任名誉院长。2007 年 11 月，我被聘为中央文史研究馆馆员，那一年，我 69 岁。然而，在千年莫高窟面前，我还只是个在河滩上捡拾美丽石子的孩子。

把保护敦煌文物作为一生的使命

从到敦煌的第一天起，我就把敦煌石窟（含敦煌莫高窟、西千佛洞、瓜州榆林窟）文物保护和文化传承视为自己的使命。半个世纪过去，初心

---

* 樊锦诗，中央文史研究馆资深馆员，敦煌研究院名誉院长。

敦煌莫高窟

不改，使命依然。

文化遗产保护利用是政策性和专业性很强的事业，不是谁想怎么做就可以做的，要是做不好，就会把文化遗产毁了，怎么办？全世界再没有第二个莫高窟了。我觉得自己有责任保护好祖先的遗产，如果莫高窟被破坏了，那我就是历史的罪人。

1979 年敦煌莫高窟正式对外开放后，负责保管莫高窟的敦煌研究院严格遵循《中华人民共和国文物保护法》规定的“保护为主，抢救第一，合理利用，加强管理”的总方针，坚持辩证地处理好莫高窟保护和开放利用的关系，既保障莫高窟洞窟壁画和彩塑的安全，又保证游客在安全的环境中观赏敦煌艺术。可是 20 世纪末，我刚任院长不久，面对的却是旅游开发的热潮和游客参观数量迅速攀升的热潮。

所谓的旅游开发，就是把价值无与伦比的世界文化遗产莫高窟当作“摇钱树”“唐僧肉”，有关部门要将莫高窟“捆绑”上市。当时我坚决不同意，硬是把压力给顶了回去。现在回想起来，我还是坚持当时的立场。

游客参观数量迅速攀升，是指 20 世纪末以来，每年的旅游旺季（5—

10月），游客人数远远超过了日游客最高承载量的两倍或三倍，甚至更多。我们经过多年科学的调查、测算与核定，正式公布的莫高窟的日游客最高承载量为6000人次。莫高窟多数洞窟空间狭小，普遍小于25平方米；壁画和彩塑采用的是十分脆弱的泥土、草料、木料和颜料等；绵延千余年的洞窟文物，几乎普遍不同程度地产生了各种病害。每天超量的游客进入洞窟带来了温度、相对湿度以及二氧化碳浓度的持续升高，对壁画和彩塑保护造成极大的潜在威胁，甚至使壁画已有的病害雪上加霜。如今莫高窟相当于“重病在身的老人”，还在继续负重。

为了解决不当的旅游开发及保护和开放矛盾的问题，我根据国际《保护世界文化和自然遗产公约》和《中华人民共和国文物保护法》，发起和组织起草莫高窟保护法规，上报省里，积极推进甘肃省2003年制定颁布《甘肃敦煌莫高窟保护条例》专项法规，为莫高窟的保护提供了法律保障。我们与中外科研机构合作，吸收国际先进理念和管理经验，编制《敦煌莫高窟保护总体规划（2006—2025）》，明确了敦煌莫高窟20年的保护、研究、利用和管理分项规划目标与内容，制定了将其建为符合国际保护规范的世界文化遗产地、世界级的遗址博物馆、具有国际影响的敦煌石窟研究信息资料中心、石窟壁画保护研究中心的总目标，使敦煌事业有明确的前进目标，让莫高窟得到规范化的管理。

为既保证文物安全，又满足游客观赏体验，并保障日游客最高承载量的执行，我在2003年向全国政协提出《建设莫高窟游客服务中心的建议》提案（莫高窟游客服务中心现称莫高窟数字展示中心）。2008年，国家投入2.61亿元，用于建设莫高窟数字展示中心工程，以及相关配套的保护工程，包括莫高窟崖顶风沙防护工程、崖体加固工程、栈道改造工程以及安防工程等子项目。

2011年，崖顶风沙防护、崖体加固等工程相继完工。通过这些工程，莫高窟的风沙减少75%左右，极大地减缓了风沙对敦煌壁画和塑像的磨蚀，改善了游客参观大环境。加固后的崖体稳定性和抗风化能力得到加

樊锦诗参加 2014 年全国政协会议时发言

强，遇到刮风下雨等极端天气时，少有崖体落石的现象。2011 年 6 月 16 日莫高窟崖体经受特大暴雨的冲刷安然无恙，露天壁画毫无损坏，这都是得益于莫高窟崖体加固工程。

2014 年 9 月 10 日，莫高窟数字展示中心工程正式竣工投入运营，改变了原来只是单一参观洞窟的老模式，实施以“总量控制，网上预约，数字展示，实地看窟”为特点的莫高窟旅游开放新模式。游客在参观莫高窟洞窟之前，先到数字展示中心影院，观看介绍莫高窟历史文化背景的 4K 超高清宽银幕电影《千年莫高》和介绍敦煌精湛艺术实景的 8K 超高清球幕电影《梦幻佛宫》，然后再由专业导游带入莫高窟实地参观洞窟。这样做不仅让游客在较短时间内了解到更多、更详细的文化信息，而且极大地缓解了莫高窟洞窟文物保护的巨大压力。

成为中央文史研究馆馆员后，我仍然积极参加文物保护有关工作。2015 年 12 月，我参加中央文史研究馆“海上丝绸之路”申遗调研组，形成《关于尽快建立高层协调机制以推进海丝申遗工作的建议》并上报国务院，得到有关领导同志的批示。2016 年 10—11 月，我与其他几位文史馆馆员一道，就我国世界文化遗产保护管理与合理利用开展调研，最终完成《世界文化遗产保护管理与合理利用存在问题与对策建议》，有利于继续开展敦煌莫高窟保护与管理工作。

保存敦煌艺术历史信息义不容辞

敦煌石窟壁画和彩塑在逐渐退化，这个事沉甸甸地压在我的心头，我总在想有什么办法把稀有的敦煌石窟艺术的珍贵价值和历史信息保存下来。20 世纪 80 年代末，一次偶然的机会，我看到了计算机，知道了“图像数字化后储存在计算机中可以不变”，使我深受启发。经过不断琢磨，一个构想渐渐明晰起来：要为敦煌石窟所有洞窟及窟内的壁画和彩塑建立数字档案，使其能“永久保存，永续利用”。于是，敦煌研究院在文物界首先开始了敦煌莫高窟壁画和彩塑数字化试验，并与美国西北大学合作，引进了当时比较先进的数字技术，采用覆盖式拍摄采集和电脑图像拼接的

2009 年 8 月，樊锦诗在敦煌石窟中讨论数字化工作

壁画数字化方法，初步建立了敦煌石窟数字档案。这是一项浩大繁重艰巨的工程，我们一定要坚持完成全部洞窟的数字档案，让敦煌数字资源为石窟保护、敦煌学研究、传承弘扬中华文化发挥积极作用。

与此同时，我们利用数字资源，使敦煌石窟艺术走出敦煌，走出甘肃，走出国门，让它“活”起来。我们在国内外举办多次数字敦煌展览；开展数字敦煌艺术“进校园、进社区、进军营、进企业、进乡村”系列活动；为参观的游客制作放映数字敦煌电影；上线30个洞窟的高清数字敦煌图像和虚拟漫游节目，通过互联网让全球观众都能点击观看。不过，要使敦煌数字资源发挥更大的作用，我们还存在一定的局限和不足。今后，我们要加强数字资源储存管理的安全保护，“数字敦煌”要进一步实现智慧化的检索功能，逐步完成敦煌壁画、壁画保护、敦煌学等方面的知识图谱与知识库建设，丰富数字展示形式，研发敦煌文化艺术元素自动提取工具，支撑文创产业发展等。

完成石窟考古报告是今生的夙愿

《敦煌石窟全集》第一卷《莫高窟第266—275窟考古报告》在宿白先生的指导下，通过院内外多学科专业人员的团结合作，综合人文和自然学科领域的研究成果与科学技术，采用文字、测绘、摄影的手段，完整、科学、系统记录了该卷各个洞窟。从开始筹备到2011年出版，经过大概20年时间的反复研究、试验、修改。我的态度是必须把考古报告，也即留史的石窟科学档案做好，才能拿出来出版，绝不马虎，绝不草率。2017年，这卷考古报告获第七届吴玉章人文社会科学奖优秀奖。我想，这仅仅是个开端，不值得自满，百卷《敦煌石窟全集》考古报告是项宏大艰巨的跨世纪工程，任重道远，这项工程必须坚持长期做下去！在我有生之年，仍要为继续做好敦煌石窟考古报告而努力。

命中注定我此生是莫高窟的守护人

中学时期，有一篇介绍莫高窟的课文，深深打动了我，让我对敦煌、对考古产生了兴趣。1958 年，我考入北大，成了一名考古专业的学生。1963 年到敦煌文物研究所工作，如今已经 56 年。

在敦煌的时间越长，我对敦煌石窟的感情越深，对敦煌研究院的前辈越发感佩。因为随着自己对博大、宽广、厚重、高深的敦煌石窟的价值认识逐渐深入，越发地崇敬她，视同亲人般舍不得离开她，总想着如何更好地去呵护她。我们的前辈 70 多年前背井离乡，来到莫高窟，在极其艰难的条件下，开创了敦煌事业，不仅为我们奠定了继续发展敦煌事业的基础，还为我们留下了宝贵的精神财富。在敦煌研究院成立 70 周年之际，我为前辈总结了 16 个字的“莫高精神”：坚守大漠，甘于奉献，勇于担当，开拓进取。

文化遗产的保护、研究、弘扬、管理工作永远没有终点，我只不过是长征路上的一个接力棒手，前面的路还很长，未来研究院还需要有更多保护、研究、弘扬和管理的接力棒手，继承发扬前辈的“莫高精神”，精心呵护敦煌石窟，代代相传，薪火不断。

（原刊于《世纪》2020 年第 5 期）

敦煌写经卷《羯摩经》归国始末

谢佐口述　谢震宇撰稿 *

1978 年 9 月我考入中央民族学院，攻读古藏文专业研究生。1979 年底因家庭困难，学校领导批准让我转入青海民族学院，继续完成学业。1981 年毕业后，我回到青海民族教材编译处工作。翌年，听父亲说起他过去蒙藏学校的同学侯国柱先生藏有“敦煌写经卷”一事，我很感兴趣，希望一睹为快。

初见国宝《羯摩经》，大开眼界

1982 年夏秋之际的一天，侯国柱先生专程从我的家乡青海乐都来到西宁，一见面即自报家门“我是侯国柱”，腋下夹着黑皮包，说话间取出 17 米长的敦煌写经卷《羯摩经》，使我大开眼界：经文均用楷体书写，字体秀丽而豁达有致，使人对我国敦煌学文献产生向往之心。

侯先生对我说：“希望你能帮我把经卷捐给国家，如果捐不了，我就送给你。我的后人不懂，会当成糊窗子的纸哩。”我赶忙回答：“侯先生，

* 谢佐，青海省文史研究馆名誉馆长，民族宗教学教授；谢震宇，谢佐之子。

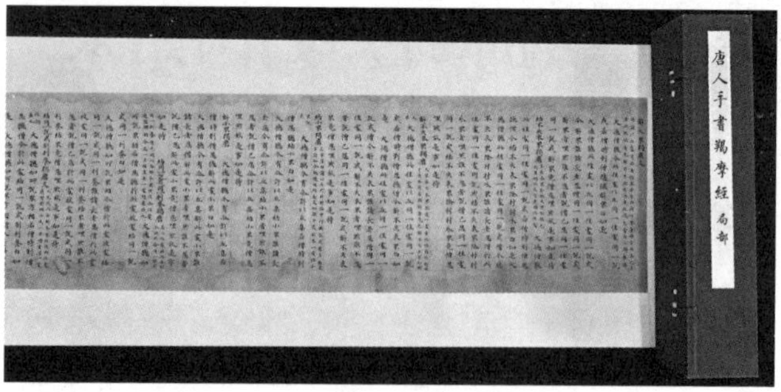

《羯摩经》局部照片

听您说您保存了35年，但它不是您的，也不是我的，它是国家的。我一定会想办法反映给国家有关部门的，请您放心。”侯先生和我说了几句话后，就把敦煌写经卷交我保存，回乐都家中去了。

意外以5000美元高价买得敦煌写经卷

侯国柱先生出生于青海省乐都县达拉乡的土族农民家庭，自小受私塾教育，略通古文言文，又曾追随著名藏学家才旦夏茸先生（1910—1985）学过藏文。

在印度加尔各答，一些爱国华人向侯国柱先生反映，有人向外国人出售敦煌写经卷，希望侯先生收藏并带回祖国。侯国柱先生通过华人王仁，给介绍人送了两条江孜产地毯和一架美式落地式收音机，以5000美元之价买得敦煌写经卷《羯摩经》，携带回国。

寻契机力促国宝回归

这部经卷在我家保存了1年，我等待时机向国家有关部门反映它的前世和今生。1983 年冬天，青海省文学艺术界联合会召开有关藏族英雄史诗《格萨尔王传》手抄本保护方面的学术研究会，这之前省文联干部徐国琼先生曾抢救过一批几经火焚的《格萨尔王传》手抄本，而我通过《光明日报》驻青海记者站站长陈宗立同志反映此事，得到有关部门的支持并得以保存。出席这次会议的国家民族事务委员会的一位女司长黄铁在会上讲话指出："这些珍贵文献资料如果在我们这一代人手上失传的话，就是对后人的犯罪。"这与侯国柱先生所说的"我们吃先人的饭，不能砸后人的锅"有着相同的信念。黄铁司长讲话的当天晚上，我便急忙找到黄铁司长下榻的西宁宾馆，向她反映侯国柱先生藏敦煌写经卷一事的来龙去脉，黄铁司长听了很高兴，要我写封信由她带回北京。临了黄铁司长对我说："你为国家做了一件好事！"

为求稳妥，我又请《光明日报》驻青海记者站站长陈宗立同志写"内参"向中央反映此事。后来得知：黄铁司长将我的信转交当时的国家文物局局长，国家文物局局长又将信呈送当时的中央宣传部部长邓力群同志。因我在信中除了说明侯国柱先生的简历和敦煌写经卷的归国经历，特别说明了侯国柱先生此举为爱国行为，并希望国家派敦煌学专家来青鉴定。邓力群部长在批示中也指出侯国柱先生的爱国行为，指示若征集，给侯先生以征集费；若捐赠，则给予奖励。其后国务院办公厅向青海省政府办公厅催办此事。

1984 年春节刚过，春寒料峭，敦煌研究院两位李姓专家风尘仆仆来到西宁纸坊街我家，认真研究鉴定了敦煌写经卷《羯摩经》。经鉴定，17 米长的手写经卷《羯摩经》系用皇家用纸染黄纸写成，卷轴系敦煌地区所产沙柳棍制成，因经文未回避李世民的"世"字，专家判定此卷书写于隋末唐初之际，距今已有 1400 年左右。经卷由 34 张长约 49 厘米、宽约 25 厘米的纸张连接而成，计 933 行 16000 多字。楷书书法精美，字体圆润俊秀，是一部难得的艺术珍品，属国宝级文物。两位专家随即向国务院呈送了鉴定书。

1984 年夏天，青海省文化厅为侯国柱先生举行敦煌写经卷《羯摩经》捐赠仪式，副省长班玛丹增出席，全国各大新闻媒体都作了特别报道。我因出差，未能出席仪式，便从我家将经卷移交给侯先生，侯先生又捐赠给省文化厅。文化厅副厅长张午明对侯先生说："侯老，你办了一件好事。"侯先生当即回答："我是中国人 man。"（man，青海方言语气词）

青海省省长黄静波知道这件事后，指示让侯国柱先生担任乐都县政协副主席，侯先生从此度过了幸福的晚年，直至 80 多岁仙逝。

（原刊于《世纪》2019 年第 2 期）

“刀下”留平遥古城

阮仪三口述　潘君祥撰稿 *

20 世纪 80 年代初紧急叫停平遥拆古城墙

早在 1963 年，同济大学为了编写《中国城市建设史》，我跟随董鉴泓先生到过山西省，进行过实地考察。我们从大同、太原等地，沿着同蒲铁路南下，不时见到山西的许多城镇，像太谷、平遥、新绛、洪洞等，都保持着完整的古城风貌，给我们留下了很深的印象。到了 20 世纪 80 年代，不少古城乱拆了大批古色古香的民居，乱开了大马路，盖起了没有特色的方楼房，古城遭到很大的破坏，有的甚至基本上将古城拆光了。

1981 年初，同济大学建筑系接受山西省建设委员会的委托，到山西榆次市做城市总体规划工作。当时全国各地建设高潮正在兴起，到处是沸腾的工地，许多古城的城墙被拆毁，原先的窄街旧巷被拓宽改造。平遥城由于在 20 世纪 50 年代以后经济发展缓慢，建设活动较少，受到的破坏就轻些，算是这些古城中仅存的孤品。但是，改变古城风貌的冲动已经产生，改变城市面貌的“宏伟”打算已经出台。县里已经制定了一份“平遥城总体规划”，根据这份规划，古城中要纵横开拓出几条大马路，城市中心要

* 阮仪三，上海市文史研究馆资深馆员，同济大学建筑与城市规划学院教授；潘君祥，上海市历史博物馆原馆长、研究员。

开辟出广场，在原有的市楼周围要建造出环形的交叉口，还要建设新的商业大街。如果按照这个规划实施，平遥古城同样不复存在了，省建委建议我们过问一下。我们立即赶到平遥去一看，情况果然如此。古城的西部已经在按此规划实施，城墙上已经扒开了一个大口子，正在拓宽马路，180米长的道路两旁的传统民居已经被拆除。平遥的文管所长告诉我们，拆除的全部都是明清时期的老民居。

在那里，我还见到了1962年我们搞调查考察时就结识的平遥古建文物队的队长李祖孝和李有华，他们看到我也还认识。他们就对我讲，这里要救一救，这么好的东西不要拆啊，太可惜了。我还找到了山西省建委的规划处处长赵晋甫，他是我们同济的学生，我教过他。他找到了省建委主任，这个主任同意我来做一个合理的规划，但是说要快，这个规划一个月一定要做出来，以后按不按照这个规划执行，也不知道，但是拆城墙的事可以叫它停一停，先不要拆，赶快做个规划。

平遥古城鸟瞰（未修缮），1980年8月摄

我们立刻向平遥县政府建议，立即停止这种“建设性”的破坏，并和山西省建委商定，由我们来帮助平遥县重新做总体规划。我一想，正好学校放暑假了，有时间做这件事。我回到学校，就向系里主要领导汇报了平遥的工作，一个是建筑系主任董鉴泓，一个是古建筑专家陈从周。陈从周教授给了我很重要的启发，他说对于这些城市来讲，保护和建设就是两句话：“老城老到底，新城新到家。”他还专门给我一份关于平

左图：1980 年暑期参加平遥古城保护规划的同济大学师生（前排右三为阮仪三）；
右图：做平遥古城保护规划时同济师生与平遥地方文物干部合影（后排中为阮仪三）

遥保护的设想计划，可见他对古城的保护和建设都是有深谋远虑的。

利用暑假带学生奔赴平遥重新编制规划

我赶快回到学校挑选了 12 个优秀的学生。我告诉他们这是一件很有意义的任务，要求他们参加义务劳动，要能吃苦耐劳。他们都能画能写，会骑自行车。当时挑选的 12 个学生现在看来全是能干的人，以后都成为国内建筑界有影响的人物，或在其他领域有作为的人。他们分别是吴志强，后任同济大学副校长、中国工程院院士；研究生李晓江，后任中国城市规划设计研究院院长；研究生张庭伟，后在美国芝加哥任伊利诺伊州立大学终身教授；苏功洲，后任上海市城市规划设计研究院总工程师；熊鲁霞，后任上海市城市规划设计研究院总规划师；史小予，后任广州市规划局总工程师；于一丁，后任武汉市规划设计院院长；吴晓勤，后任安徽省住房和城乡建设厅副厅长、党组成员、巡视员。还有后去加拿大的李卫利，旅居美国的张伟，以及效力于现代集团的沈毅、刘晓红。

我还马上向学校预支了 3000 元，用作路费和吃住开销费。我们做保护规划，平遥当地政府是一分钱也不出的。当年 7 月，我带这 12 名大学生开赴平遥，利用暑期重新编制“平遥县城市总体规划”。董鉴泓先生是同济大学城市规划系主任，他亲临现场指导，给了我们精神上的支持。我们在规划中指出平遥古城是不可多得的重要历史文化遗产，必须给予很好的保护，而且这种保护应该是整体性的。因为平遥古城从城镇到整个城市基本上保持了明清以来的格局和风貌，街道完整，巷里修齐，民宅多为瓦屋大院和窑洞式房舍，拱顶券门，装修精巧，古城里还留存许多处古建筑。那里民风淳朴，民间工艺丰富多彩，是汉民族北方古城的典型。

为满足古城内人们生活改善的需要，在不破坏古城格局的前提下，规划中设计了一条环形的车行道，也安排了给排水及电力、电信工程的管网等。更为重要的是，在古城的西面和南面规划开辟了一块新区，城市新的建设和发展全部放在新区里，建设的方针是“新旧截然分开，确保老城，开发新区”。开始的时候，县政府对这个规划抱着相当怀疑的态度。这也难怪他们，那时候人们满脑子要发展经济，而我们却提出要保护古城，似乎很不合时宜。所以古城的保护工作一时进展得并不顺当。

在现场，我们的工作和生活条件十分艰苦，当地条件很差，饮食卫生状况糟糕。中午 10 点多饭菜烧好端到饭桌上，不久饭菜上面一片都是黑黑的苍蝇。开始我们没有注意，结果所有人员都染上了菌痢，12 个人都病了，大便出血。后来我就派学生坐在那里专门赶苍蝇，看管好饭菜。为了争分夺秒，大家都带病坚持工作。工作条件也很差，我们的设计要放大照片，但街上找不到一家照相馆会做。我只得到太原买了放大机、照相纸、药水，让设计人员自己放大资料照片。借不到自行车，我们只好步行，把好多时间都花在路上了。

我们日夜奋战了一个月，完成了现场资料的全部制作工作。先把这一保护古城的规划方案连同说明古城风貌完整价值极高的全部资料（包括古建筑、古民居的测绘和照片图册）向当地县领导一一汇报，然后再向省里汇报，他们的反应都不强烈。在这种局面下，我拿出自己的公关本领，把全部资料直接送到北京，反映给国家建设部和文化部的领导。

从北京搬来重量级救兵

从平遥出发去北京的那天，我连自行车都没有借到。外面天还下着雨，我一个人既要背图纸资料，又要背行李，走了7里路到火车站，弄得我一身泥浆。乘着当天的夜车坐到太原，从太原转程去北京。到了北京，我找到建设部和文化部的有关负责人，向他们汇报了保护平遥古城的重要文化价值。当时北京的几位有影响力的老专家，如建设部的高级工程师、任全国政协城建组长的郑孝燮，文化部高级工程师、任全国政协文化组长的罗哲文都在。罗哲文见到我的时候，对我说的第一句话是：阮老师，您赶快想办法去洗个澡吧！当时，我完全像个叫花子一样，一身的泥浆。我把规划和资料交给罗哲文、郑孝燮先生看了，他们都傻眼了，说这么好的东西，一定要保护，他们都被我汇报的具体情况所感动。我就说请他们到平遥那里去一趟。当时他俩都已经是国内古城保护和古建筑保护的重量级专家，人也很热心，先前因工作接触我和他们已经熟悉了。不久他们都到平遥考察。他们都是全国政协常委，山西省长就出来接待了。郑老跟山西省长说，这个规划是“刀下留城”的规划，是高水平的规划，你们应该认真执行。我就对他们说，赶快把它变成红头文件。当场就请他们把郑老这句话写下来，然后叫郑老签名。在会议记录上要写上这句话：“这个规划是高水平的。”郑老在我们做的保护古城规划方案上写的评议是：“这个规划起到了‘刀下留城’的作用，为保护祖国文化遗产作出了重要贡献。”既然北京的专家都肯定了我们的保护方案，省长也就马上批示“希望按照规划认真执行”。

除了我们的保护规划得到地方上的肯定，我还在北京说动了罗哲文拨专款用于修复已经受损的平遥古城墙。在罗哲文的斡旋下，文化部拨了一笔8万元的专款供平遥维修古城墙。平遥城墙建于后周时期，全长6157.7米，墙高10米。城墙每隔40—100米筑有马面，即墙上向外突出的墩台，可供瞭望和发挥侧射火力。马面上设窝铺，即在马面墙顶上建造的小屋，供士兵避风雨、藏兵器。平遥城墙共有马面、窝铺72个，城垛、垛口3000个，象征孔子七十二贤和三千弟子，这多有寓意啊！

当时的8万元是一笔巨大的拨款了，相当于现在的800万元。这笔专款直接拨到平遥，专款专用，维修城墙。我怕这笔款不落实，就专门让同济研究生李晓江要他负责给我盯着。先到北京去盯，盯到文化部的财务处，看着这笔钱汇出北京。再追到山西平遥去盯，在平遥等了两天，钱终于到了，我要他去找县长。县长开始不相信有这么多的钱，根本不相信有一笔8万元的大款项从北京汇到他们的账上。后来李晓江盯到银行的行长，要他出具款项专票的抄件，拿着支票的抄件去找县长，还是个手抄件。因为那时还没有复印机，两个人一起找到了县长，县长一看高兴得不得了！

后来李晓江给我回电说：阮老师，我到了平遥也没有人理睬我，问起钱的事，都是翻白眼的，现在钱汇到了，我现在是关老爷了。我问他，你怎么变成关老爷了？他说现在他们待我如贵宾，原来住破旧的招待所，现在转到了专门接待领导的招待所，一人一间。吃饭顿顿有人陪，就像曹操优待关公一样。我就让李晓江在平遥建立古城墙保护的修缮委员会，成立一个古城墙修缮的工程队，把建筑工程师调过去修城墙，要他落实了这些工作再回来。这样平遥古城总算保存了下来。他在同济毕业后到北京工作，任过中国城市规划设计研究院的院长。跟我到平遥去的学生，现在回忆起在平遥的那段工作经历，都会激动、兴奋。

在同济办专题培训班，培养保护历史文化遗产的骨干

一开始，我们做的平遥规划还不能很好落实，我发现很多平遥的干部，包括他们的领导都不懂什么叫新旧分开，什么叫保护，什么叫留住古城、另开新区，他们担心的是这个古城留下来以后，连车都不通，那怎么办？

北方城市的道路还是宽的，都是5米6米宽，但是不符合现代的交通要求，现在的马路要求至少7米，3.5米一根车道，两车道要7米。我说5米可以用单行道的方式来解决平遥城里的交通问题，一时他们每个人都听得目瞪口呆，他们从没有听说过单行道这个名称。从县长到技术人员没有人懂什么叫单行道，什么叫单循环都不懂，缺少这方面的知识。因此我就在同济大学开办了培训班，请这些中国名城的领导干部都到我这里来学习。他们说到你们那里来学习，到上海来一趟是好的，但是没有钱。我说免费，我给你出个证明，路费你报销，学费你嫌贵我就不收。这样一来我就连办了三期培训班，以后这个培训班把他们平遥主要的城市领导干部、文物局的领导干部、城建科长、城建局长、建委主任、文物队长等都请到同济来学习。他们在我的培训班不是只简单地上课，每次学期都超过3个月。我们除了开办课程外，还到附近的一些城市去参观。苏州、扬州做得比较好，请他们看人家到底是怎么保护、怎么修缮古城的，回去以后这些人都成了骨干。这就是我的方法，我跟人家不一样，我做成了文化遗产保护人员的具体培养工作。他们那里常常会来一些领导首长，对一些有价值的文物和建筑，领导认为这些建筑留下没价值，表态要拆掉。这些经过文物保护培训的同志就会来告诉我。然后我就去，找那些要搞拆迁的市长、书记直接联系打交道，就很容易用道理说服他们。在当地，我也办讲座，给他们讲点道理。我专门买了幻灯机，我还有很多片子，我们用现代的手段，给他们看，他们也很要看。有国外的例子，有德国怎么保护下来的、波兰华沙怎么保护下来的例子，给了他们很大的启发。

1986年，我还自己整理了有关平遥的材料，竭力推荐平遥成为第二批国家级历史文化名城。此后，又邀请香港著名摄影家马元浩三次赴平遥摄影。1997年，台湾淑馨出版社出版了由我撰文的大型画册《平遥——中国保存最完整的古城》。其间，我们又多次赴平遥考察、指导，也向国外作了多方面的介绍。

1986 年以后，去平遥参观的人多了，古城里的县政府招待所要扩建，地方上要盖成四层楼的方楼房。设在文庙里的平遥中学要建新楼，省里已经拨下了经费，校长讲要盖得比金代的大成殿还漂亮，想造成有五层高的大屋顶楼房。我得到消息后赶到平遥去，及时阻止了这两起违反保护规划的错误做法。当时房子已经造了一半，硬是想法子降掉两层，才没有造成风貌的破坏。回想起来，如果当时我们不具有保护古城、古建筑的意识，不热心地去管这件事，没有国家相关部门和山西省领导认真的支持，没有拨款修古城墙，没有经过培训的人才，平遥古城也会和其他城市一样，在推土机和铁铲下被拆毁，现在见到的只能是千城一貌的宽马路、方楼房，一样的“旧城新貌”，留下的只能是一些单幢的文物建筑和令人懊丧的遗憾了。

平遥古城“申遗”成功

1992 年，国家建设部和联合国人居中心在平遥举办了古城保护规划

2007 年 12 月，平遥申遗成功 10 周年阮仪三（左二）与法国专家阿兰（右二）、王景慧（左一）合影

培训班，邀请专家巴克莱·琼斯、卡尼·阿斯和弗莱明·阿罗德等担纲主讲。在巴克莱·琼斯授课时，有学员提问：平遥可不可以成为世界文化遗产？琼斯说，按他的看法可以。学员又问：要成为世界文化遗产如何办理？琼斯回答，国家申报，专家考察，世界文化遗产委员会全委会通过。从此，在平遥人头脑里不仅有了世界遗产这一概念，也产生了申报的意愿。后来，全国历史文化名城委员会的相关专家和国家建设部有关领导就平遥“申遗”一事展开讨论，我也为平遥“申遗”一事做了汇报。全国历史文化名城保护委员会专家委员会副主任郑孝燮先生也极力主张：“这不是当地的事，这是我们国家对世界的贡献。”

1994 年，全国历史文化名城保护委员会会议移师平遥召开。郑孝燮、罗哲文等专家提出，应争取将平遥列入“世界文化遗产”。会议最后一天，与会者一致举手通过了《关于支持尽快向联合国申报平遥历史文化名城为世界文化遗产的倡议书》。由此，平遥的“申遗”准备正式拉开帷幕。

1997 年，为平遥古城申报“世界文化遗产”，郑老、罗老和我又专程到平遥进行了考察调研，撰写了推荐报告。

同一年，联合国教科文组织世界遗产委员会在意大利那不勒斯城正式表决，通过将平遥古城以及城外的双林寺、镇国寺列入《世界遗产名录》文化遗产项目。

中国以整座古城列入《世界遗产名录》的，平遥是第一个。不同于此前长城、故宫等单体建筑申遗，平遥古城是以古代城墙、官衙、街市、民居、寺庙等作为整体列入《世界遗产名录》。由此，平遥成为人们研究中国政治、经济、文化、艺术和宗教发展的活标本，平遥是作为一个“大文物”来保护的。

2006 年，我的学生、同济大学教授邵甬带队开始进行平遥古城新一轮的保护规划。他们对平遥的保护提出了更高的要求。“平遥是中国最早提出进行整体保护的历史城市之一。它是一个城市遗产，不是一个大建筑遗产群。”所以除了要完整保存建筑古迹，更要关注它内在的肌理和血肉，也就是人居环境、空间关系、周边村落等。2007年，邵甬将8名学生的毕业设计放到了平遥，此后陆续有30多名同济学生参与新一轮测绘调研。大家以包干街区的形式，深入城区的473处民居。经过走访，结合政府提供的户口信息以及同学们“蹲点”了解到的情况，提出“保留居住功能，降低人口密度，改善人居环境”的策略。疏解了一部分人口后，简化了一部分民居产权问题，这些老宅子的修缮工作被提上了日程。2012年，以邵甬和同济大学建筑与城市规划学院副教授张鹏为核心的团队，在山西省住房和城乡建设厅、平遥县政府的支持下，编制了《平遥古城传统民居保护修缮及环境治理实用导则》。联合国教科文组织颇为赞同该书的编写模式，组织人员将其译成英文版，推广到其他世界遗产地。

除了民居修缮，近些年他们还建议将已经迁出的部分工业和仓储用地调整为文化展览和创意产业功能，已经开始关注城外一些村落的发展状况，希望将来把这些有故事的村落一起纳入保护范围，进行整体保护和发展。

现在，在我们这两代人的不断努力下，平遥的新区已经建成，而它的古城风姿依旧。通过联合国和世界遗产委员会的评审，平遥人民对古城的保护会愈加认真与自觉。凡是到过平遥的人，无不为其卓绝的古城风采所倾倒。平遥的知名度已经大大提高，它已经是中国和世界的旅游热点。

（原刊于《世纪》2019年第1期）

《辞海》修订工作回忆片段

孙琴安 *

《辞海》自问世以来，至今已 85 周年了。有时在报刊上读到一些与《辞海》相关的文章，也不禁会勾起自己参加《辞海》修订工作的一些回忆。虽然已是 47 年前的事了，但历历在目，仿佛昨日。

一、参加外国文学条目修订

1974 年春，我正在崇明前进农场劳动，场部忽然来电话，要我去参加《辞海》修订工作。因为我前些时候曾被《文汇报》、县团委借调过，所以此次又照例与连队领导打了招呼，便去指定的地点——瑞金二路 272 号（即今上海古籍出版社）报到。

接待我的是一位姓许的中年编辑，从他口中得知：要加快《辞海》的修订工作。接着对我们 6 位代表作了介绍。除了我和小孔来自农场，其他几位都来自工厂企业，如张锦江来自有色金属压延厂，徐润苟来自江南造船厂，都是各单位的文艺骨干，20 多岁，很有活力和生气。

---

* 孙琴安，上海市文史研究馆馆员，上海社会科学院文学研究所研究员。

2003年，孙琴安（左）和章培恒教授在浙江湖州南浔召开的国际评点文学研讨会合影

当时我们的任务主要是修订外国文学条目。年长几岁的张锦江被推选为修订组组长。因为工作需要，我们必须阅读作品。那些世界文学名著，如雨果的《悲惨世界》《九三年》，巴尔扎克的《邦斯舅舅》《搅水女人》《高老头》，以及列夫·托尔斯泰、福楼拜、契诃夫、狄更斯、雪莱、拜伦、歌德等人的作品，一下子全都涌现到眼前，真令我们心花怒放，大饱眼福。我们如饥似渴地阅读，然后进行热烈的讨论，并对《辞海》有关条目作修订。因此，阅读、讨论、修订，成为我们每天的基本工作。而其中的阅读是最引发我们兴趣、吸引我们眼球的。

二、参加古典文学条目修订，向章培恒请教

外国文学条目修订完毕后，文艺室的编辑又请我去参加中国现代文学和新闻条目的修订。但这些领域的条目并不算多，真正分量重的是中国古典文学条目。当时汤高才组建修订小组时就想调我过去，现在知道我的现代文学和新闻条目修订完毕，就来与我商量，请我参加中国古典文学

条目的修订。但我参加了一段时间后，看看秋收将临，便想回农场参加劳动，不想修订了。为了使我安心修订，《辞海》编辑室根据我平时工作表现，破例决定把我从农场调到《辞海》编辑室工作。组织部门还派汤高才去前进农场商量协调，征得农场同意，只等年底发调令。汤高才从崇明回来后向领导汇报了我的工作调动情况，又满心欢喜地把消息告诉了我。这样我也就安安心心地继续在《辞海》参加古典文学条目的修订工作。

古典文学也有一个修订组，组长是复旦大学教师章培恒，组员有李俊民、陈振鹏、李国章、谭兰芳和我，一共6人。其中李俊民岁数最大，当时已70多岁，后任上海市社联副主席、上海古籍出版社社长。陈振鹏也已五六十岁，原《新民晚报》副刊组副组长，后任上海古籍出版社副总编、编审。李国章系复旦大学中文系毕业，后任上海古籍出版社总编辑、社长。谭兰芳为复旦大学青年教师。我岁数最小，20多岁。但大家关系相当融洽，都能畅所欲言，发表己见。大家对修订工作的态度也相当认真仔细，对每个条目都是逐字逐句地讨论琢磨，有时碰到疑难，甚至讨论一整天都定不下来。

组长章培恒是个很本分的人，除了天天来上班讨论条目，其他事都与他不相关。走路谈话总是轻轻的，从不串门，总是规规矩矩地坐在他那个固定的办公室椅子上看书写字，也很少与人打招呼。我和谭兰芳有些什么问题请教他，他都会耐心地向我们讲解。我和谭兰芳一直尊敬地称他章老师。

由于审稿工作需要，我们办公室里堆满了各类文史读物，如《四部备要》，各种丛书、别集，几乎全是线装书，而且根据审稿进程不断更换，真可谓书海茫茫无从下手，一时难摸边际。这时章培恒、李国章等便经常告诫我："既要钻得进，又要拔得出。钻不进去不行，但钻得进拔不出也不行。"

此话真可谓金玉良言，至今受用不尽。记得《佩文韵府》《中国丛书综录》等一些大型工具书的使用都是在章培恒手把手地亲自传授下才学会的，以后我专门从事中国古代文学研究，细心回想起来，第一个把我领进学术殿堂的，还真的要数章培恒。由于我后来与章培恒成了同行，所以有时开学术会议，仍经常有机会相见交流，数十年来一直保持着良好的关系。

三、刘大杰与李俊民

刘大杰是《辞海》古典文学的分科主编，对《辞海》的修订工作十分关心。好在他家住静安寺乌鲁木齐路，离陕西北路的《辞海》编辑室不远，仅两站地之隔，只要有空便会来看看，询问工作的进展情况或疑难条目的处理。他此时虽已年过古稀，但精神尚健，一来总是谈笑风生，使我们这间一向安静的办公室变得活跃起来。

给我印象最深刻的是刘大杰爱抽烟。而且他每次抽都要先分一支给李俊民，然后给陈振鹏。李俊民也从不客气，拿了就抽，有时还与刘大杰对抽，仿佛老朋友似的。后来我曾问李俊民，他对我说："我和刘大杰是老同学了，又同岁，都是郁达夫的学生，我们的交往已有几十年的历史了。"

"噢，原来如此！"我一听刘大杰与李俊民都是郁达夫的学生，兴致来了，又问："你们既然是师生关系，感情一定不错吧？"

"那当然。"李俊民笑道："我和刘大杰在武汉大学读书时，可以说都是郁达夫最为满意的学生。郁达夫曾住上海静安寺附近，离刘大杰住处不远。所以他们的交往更多些。后来刘大杰继续教书做学问，而我干革命去了，所以他的学问要比我好。"

后来李俊民还与我谈起过民国时期许多文人的逸事，包括他与潘漠华等人的关系。刘大杰去世，李俊民、章培恒、李国章、谭兰芳和我都曾去参加追悼会。追悼会由苏步青主持，周谷城等都参加了。此后，我与李俊民保持着“忘年交”的关系。我的研究生毕业论文《试论刘禹锡在唐诗中的地位》还是在他的推荐下，在《文艺论丛》上发表的。多年以后，发我文章的编辑王一纲调到文学研究所，还对我说：“你的这篇文章是李俊民先生坐轿车亲自送来的，交我手上。他如此重视。我当然要认真对待。没想到你这样年轻。”自此，我对李俊民更加心存感激，与他的家人都很熟，直至他临终。

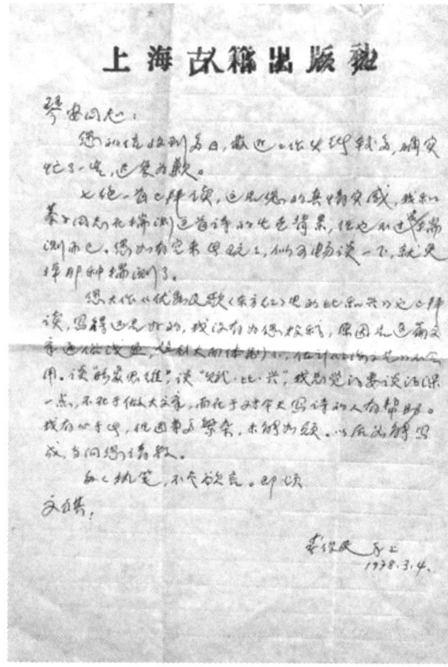
上海古籍出版社
琴安同志：
1978.3.4.

1978年3月4日李俊民致孙琴安信

四、有趣的专家“会诊”

我们修订《辞海》古典文学条目时，存在一些难点。如在对杜甫、韩愈、李商隐、苏轼等人的评价上，产生过一些分歧。对于这些有分歧有争议的疑难条目，我们一方面听刘大杰讲他过去与毛泽东的交谈情况，一方面也会集中一些古典文学领域的专家学者来“会诊”。记得复旦大学的王运熙、顾易生、李庆甲，华东师范大学的万云骏、郭豫适等都来“会诊”过。那时除了刘大杰、万云骏上了岁数，王运熙、顾易生、李庆甲都不过只是四五十岁的中年人，蒋凡甚至还有点青年人的模样。除此之外，徐鹏、陈允吉等也都单独找过章培恒。无论是大家“会诊”，讨论疑难条目，还是个别来访，交谈的几乎都是学问。而我每次讨论都在场，有时居然也发表意见，高谈阔论，现在想来，实在幼稚。但这些专家对我这个来自农场、尚未入门的小青年从不轻视，相反对我还非常友好，总是很认真地听我把那些肤浅的见解讲完，有时还加以鼓励。

所以，有一次在刘大杰、李俊民、王运熙、顾易生、章培恒、万云骏、郭豫适的“会诊”结束以后，汤高才曾深有感触地对我说：“小孙啊！你可真是幸运得很，有这么好的学习条件。我们过去在复旦大学读书，根本没有机会见到这些名教授，更不用说交流请教了。有一年黑板报说刘大杰要做一次讲座，学生早就等在教室里，挤得满满的，有的来聆听，有的只不过来一睹名家风采。而你现在居然经常有机会与这些名家接触交谈，讨论学问，这是我们过去想都不敢想的事，就连研究生也没这么好的条件，你要珍惜这些机会，好好努力啊！”

此话当时体会不深，现在想想的确是语重心长，千真万确。绝大多数人的学问是在大学读书时学来的，而我都是从《辞海》修订工作中学来的，并且有这么多的机会能与这么多的名家接触请教，获益之多，实难想象。况且后来我又有机会跟从万云骏先生读研究生，专攻诗词，真是幸中之幸！

五、《新民晚报》三名流：林放、束纫秋、冯英子

《新民晚报》是上海乃至全国都有影响的报纸。上海市民有句谣谚：“《新民晚报》，晚饭吃饱，早点睡觉。”意思是下班回家，一张《新民晚报》，一顿晚饭吃好，就可以睡觉休息了。这份报纸已成为上海市民生活的一部分，足见其影响之大。当时该报停刊，报社中有一批核心人员被安排到《辞海》编辑室工作，如新民晚报社原社长、杂文家赵超构（即林放），原总编辑束纫秋，总副编辑、名作家冯英子以及编辑汤高才等，《辞海》园里经常可以看到他们的身影。

赵超构当时在《辞海》语词组工作，年近古稀，看上去个头很小，又瘦，但精神矍铄，两眼炯炯有神，脸色白里透红。因他耳朵有点聋，戴着助听器，交流不太方便，所以他一般不与人交谈，独往独来。他吃起饭来胃口很好，每天上午休息期间，《辞海》园里会播放广播体操的节目，他是必到的，而且广播体操做得很认真，伸臂、弯腰、扩胸、踢腿等动作做得都很到位，干净利落。他的笔名“林放”在上海是家喻户晓的，比他的真名影响大得多。

汤高才曾在我们古典文学室不止一次地说起赵超构。他说：“你别看他小老头儿一个，毛主席曾经七次接见过他呢！”令我大吃一惊。汤高才又说：“过去赵超构在《新民晚报》时，往往先看一会报，喝两口茶，不说话，很安静。过一会儿，才开始动笔写文章。大概事前已经先构思好了，他写下的文字都非常流畅，一般不作修改，至多就改动几个字，一篇好文章就出来了。”

听了汤高才的介绍，我对赵超构非常敬佩，总想有机会接近他，能与他聊两句，但见大家都与他敬而远之，极少见他与人说话，所以也就不敢冒昧。直到十年以后，我因写毛泽东与文化名人的交往，需要采访大量文化名人，才来到他的家中（当时住虹口区），有了交谈，他还建议我看他的回忆文章，然后我又借助其他人的回忆，以及他所写的《延安一月》一书，终于写成《林放七见毛泽东》一文，把他七次晤面毛泽东的前后顺序捋清楚了。

同是《新民晚报》的领导，束纫秋的外表与赵超构完全不同，高大魁梧，风度翩翩，一头银发更增加他的风度、威仪和魅力。我初次见他，简直不敢近前，他却微笑着引我进入他的办公室。因为他当时与洪泽都是《辞海》的领导，我的一位朋友要带些话给洪泽，而恰巧此时洪泽刚好走开，我才有了与束纫秋的初次接触。他很重视古典文学条目的修订，经常到我们办公室一起参与对疑难条目的审订。应该说，他对中国古代文史知识的了解还是相当丰富的，知识面也相当广博，所提问题也有一定的深度

20 世纪 70 年代末，赵超构（前排左三）、束纫秋（后排右三）、冯英子（前排左四）与上海辞书出版社同仁合影（图片来自新民网）

和专业水平，所以我们还是相当乐意和喜欢他的加入的。可惜他因工作头绪多，后来未能常来。

我离开《辞海》，去华东师大读研究生后，听说束纫秋担任了辞书出版社社长、总编辑和《辞海》副主编，感到很欣慰，因为他的能力、知识结构、思想观念都足以担当这一角色。1982 年，《新民晚报》复刊，又调他去重当总编辑，与赵超构再度合作，使该报重焕生机，重新赢得读者的喜爱。

束纫秋喜欢看昆曲，我后来曾在兰心大戏院碰到他几次，那时约在 20 世纪 80 年代中期，他风度依旧，饶有谈兴，但因熟人不少，交谈中经常被人打断，后来我只能礼节性地问候几句。据说前两年刚去世，应该是很长寿的。

我与冯英子的接触要晚一些。那时已是 1974 年的冬天，我常去一楼的资料室查书看杂志，总能看到一个面色黝黑的长者与人聊天，个子中等偏矮，穿一件短大衣，戴一顶黑绒鸭舌帽，聊到得意处，总会开心地笑。因为资料室不能大声喧哗，所以他说话声音总是压得很低。也不知道他们在谈些什么，我也从未关心过。后来汤高才告诉我，他就是冯英子。

冯英子是位著名的老报人，文章很多，名气也大。只是当时与他无工作上来往，所以也只是认识，从未深谈。直到10多年后，我写毛泽东与文化名人交往实录，写到范长江和储安平时曾采访他。那时他还在《新民晚报》工作，可能是返聘，与张林岚等老报人一起接待了我。

他晚年曾写过一部回忆录《我走过的道路》，其中对他参加抗战认识范长江、从事新闻事业的经历叙述甚详，引发了我的兴趣，为此我写过一篇评论刊发在香港《大公报》上。一次路过他家附近，顺便去看望他，此时他已九十高龄，与老伴都躺在家中客厅的沙发上，脚搁凳上，虽还认识我，尚能谈吐，思路清晰，但显然已是老态龙钟。我问他："你对抗战初期的记者生涯写得如此详细，是不是当时写有日记作了参考？"他说："没有日记，都是凭自己的记忆写的。"我钦佩地说："你好厉害喔！"他嘿嘿地笑了，使我想起了在《辞海》最初认识他时的笑容。

我在《辞海》参加修订工作足有两年，其间不仅接触了许多专家名流，而且也获得了不少专业知识，为自己日后的文史研究工作打下良好的基础。这是我的一个人生驿站，也是一个很好的机缘。我的中学同学蒋国华，当年参加的是《辞海》中医条目的修订，我俩有时外出旅游，只要一谈起当年参加《辞海》修订的情景，就会感慨不已，感恩不尽。

（原刊于《世纪》2021年第4期）

《翁氏藏书》入藏上海图书馆的前前后后

王鹤鸣 *

2000 年 4 月 13 日，上海图书馆得到上海市财政支持，经与同治、光绪两代帝师常熟翁同龢第五代嫡孙翁万戈先生和北京中国嘉德国际拍卖公司协商，以 450 万美元将《翁氏藏书》转让，于是日上午 11 时入藏上海

翁同龢五世孙翁万戈

---

* 王鹤鸣，上海图书馆原党委书记兼历史文献研究所所长、研究员。

图书馆善本书库，被誉为“海内外瞩目的文化大事”。我时任上海图书馆党委书记（馆务委员会主任）兼历史文献研究所所长，亲身经历这件盛事，与有荣焉。

《翁氏藏书》，本文指的是翁同龢第五代嫡孙翁万戈先生保存在美国的一批珍本古籍，计有 80 种、542 册，分别为宋代刻本 11 种，元代刻本 4 种，明代刻本 12 种，清代刻本 26 种，名家抄本、稿本 27 种。学者谓："《翁氏藏书》是已知海外唯一数量最多、保存最完好的私家藏书"，“论版本学上的价值，显然在包括美国国会图书馆、哈佛燕京图书馆在内的美国各馆所藏中国宋元刊本之上”，“属国宝级重点文物”。

上博副馆长汪庆正告知《翁氏藏书》即将被拍卖转让的消息

1999 年 10 月 1 日上午，中共上海市委副书记龚学平，市委常委、宣传部部长金炳华在国际会议中心接待来沪访问的全国政协特邀委员、浙江富阳印刷厂厂长蒋放年先生。上海博物馆副馆长汪庆正等数人参加了这次活动。我因与蒋先生有多次交往，也应邀来到国际会议中心。

与会时，汪庆正副馆长提供信息，称翁同龢的藏书一直由其第五代嫡孙翁万戈老先生保存在美国，现翁老先生有意拍卖转让，并于 7 天前即 9 月 24 日与北京嘉德拍卖公司达成转让协议。条件是整体转让给中国或亚洲其他地方，但不能转让给日本，转让要有个善价等。汪副馆长强调："这批藏书真正代表了中国文化的精髓，是任何书画瓷器都不可相比的。"虽然这是我第一次听到此信息，但我立即向两位市领导表示："既然是古籍图书，就由我们上海图书馆来争取吧！"

回到馆里，我即与马远良馆长等通气。我们一致认为，要千方百计争取《翁氏藏书》入藏上海图书馆。为此，我们立即与汪庆正副馆长联系，以进一步了解有关线索。

得悉汪庆正副馆长因病在瑞金医院住院治疗，我与马馆长立即赶往瑞金医院看望汪副馆长。汪副馆长介绍了翁万戈先生收藏的《翁氏藏书》简况，告知翁已委托北京嘉德拍卖公司代其办理转让《翁氏藏书》事宜，并将北京嘉德拍卖公司总经理王雁南的联系电话告诉了我们。

接着，我们就直接与王雁南取得了联系。王雁南告诉我们，翁老先生春节后要将《翁氏藏书》自美国运来北京，建议我们春节后到北京，直接与翁老先生和嘉德拍卖公司商谈有关《翁氏藏书》转让事宜。

亲赴北京与翁万戈老先生商谈转让事宜

春节过后，得悉翁老先生已于2000年2月22日将《翁氏藏书》运到北京，我立即与馆长马远良研究员，党委副书记、分管历史文献中心工作的王世伟教授，上海博物馆馆长陈燮君研究员（原上海图书馆党委副书记、副馆长）一行四人直飞北京，与中国嘉德国际拍卖公司总经理王雁南和翁万戈老先生商谈有关《翁氏藏书》转让上海图书馆事宜。

在北京，我们进一步了解了《翁氏藏书》的来历：1904年7月4日，翁同龢在常熟过世，他所拥有的家族藏书传给了曾孙翁之廉。翁之廉把藏书的精华部分放在天津，夫人强氏看管有方，使其完好无损地保存下来。而翁氏故居彩衣堂的藏书则在战乱中散失。翁之廉无后，从弟弟翁之憙处过继翁万戈为子。翁万戈成年后，《翁氏藏书》便交到了他的手上。翁万戈说："从我高祖翁同龢到现在，这一部分古籍，已经守藏五世，少数的书，从高高祖翁心存算起，那就有六世了。"1948年，翁万戈从美国留学回来，眼看局势动荡，找了一艘运煤船，把天津的藏书和文献转移到相对安全的上海，后来又借助外国人的海轮，当年就将其全部运往大洋彼岸的美国。

此时，翁老先生已82岁。他决定让《翁氏藏书》回归中国，于是与北京中国嘉德国际拍卖公司达成拍卖转让协议。

在北京，我们也进一步了解到翁老先生愿意将《翁氏藏书》整体拍卖或转让给一个第一流的永久性机构的三个条件：“一是要整批，不能打散；二是收藏单位要有相当之水平，限定在亚洲地区，首选是中国，并且排除了日本；三是要善价。”

2月26日，在中国嘉德国际拍卖公司，我们与翁老先生及夫人和王雁南见了面。翁老先生介绍，《翁氏藏书》已于4天前全部自美国安全运抵北京，并给我们看了几部善本。我们得以一睹《翁氏藏书》真容。王雁南介绍，《翁氏藏书》转让的信息已引起国内文史专家和有关部门的关注，考虑到《翁氏藏书》的价值，经与翁老先生商定，全部转让费用为500万美元。

我对翁老先生和王雁南表示：上海图书馆是国内仅次于国家图书馆的特大研究型图书馆，1996年开放的新馆面积83000平方米，位居世界十大图书馆之列。这次我们上海图书馆领导和上海博物馆馆长（原上海图书馆副馆长）一行四人专程来到北京，专门商谈《翁氏藏书》转让事宜，充分表明了我们的诚意和决心。《翁氏藏书》我们志在必得！请相信，《翁氏藏书》入藏上海图书馆，我们一定会保存好，保护好，发挥它的作用。但上

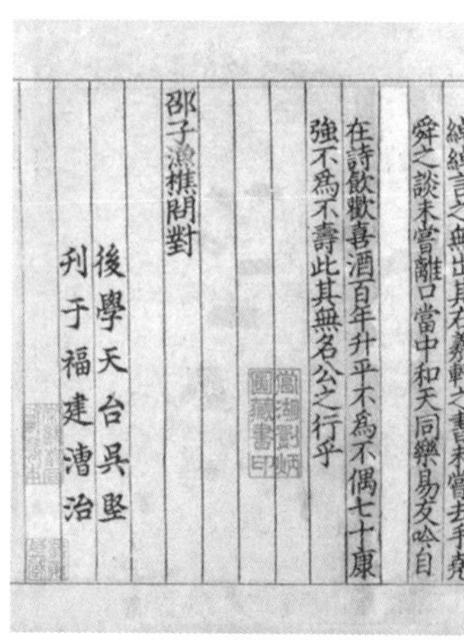

左图：翁氏藏书之宋刻本《长短经》；右图：宋刻本《邵子观物渔樵问对》

海图书馆无专款支付这笔费用，要向上海市政府专门申请，因此，希转让费用能适当优惠一些。

2月27日上午，王雁南告诉我们，经与翁老先生协商，同意转让费用由500万美元降为450万美元。于是由中国嘉德国际拍卖公司出面，上海图书馆与翁万戈先生达成了不通过拍卖，以协商转让方式将这批珍本入藏上海图书馆的意向。

三家相争，“谁快就给谁！”

翁万戈先生后来在他的信中回忆：“2月下旬到北京的第四天（2000年2月26日），就得到了同上海图书馆各位领导欢宴的机会。席间馆务委员会王鹤鸣主任开门见山的诚恳发言，上图愿意为这批古籍安家。”

在北京，我们了解到，国家图书馆馆长任继愈曾于1月19日约见王雁南，专门了解《翁氏藏书》的拍卖转让情况。2月20日，著名学者任继愈、季羡林、周一良、启功、王世襄、朱家溍、张岱年、傅熹年等12位老先生曾专门致函国家文物局局长张文彬与文化部部长孙家正，信中写道，翁氏藏书“是学人仰望而不知存否的有很高学术价值的善本，以国内标准应属国宝级重点文物，是包括我国国家图书馆在内的国内外图书馆所无的珍籍。现在是争取《翁氏藏书》返回祖国的最好机会，希望国家在公开拍卖之前拨款购买”。

除国家图书馆外，北京博物馆也开始联系《翁氏藏书》转让事宜。面对三家相争的局面，嘉德公司请示了翁老先生。翁先生表明：“谁快就给谁！”

时间紧迫，分秒必争！我们一行四人于2月27日立即乘飞机赶回上海。

450万美元如何筹集呢？我与马馆长等商量，50万美元由上图从当年

2000 年 4 月 28 日，入藏仪式盛大举行，中国嘉德国际拍卖公司总经理王雁南（左）向马远良馆长移交《翁氏藏书》转让证书

的购书经费中挤一下支付，400 万美元折合人民币 3000 万元则争取由市财政专款支付。于是 2 月 28 日（星期一）一上班，立即由我馆历史文献中心起草关于请求市财政拨专款 3000 万元支付《翁氏藏书》转让费用的专题报告。

自 2 月 28 日至 3 月 4 日，我们几乎天天向市有关部门、有关领导汇报，论述《翁氏藏书》入藏上海图书馆的重要性、必要性和紧迫性。我们说，《翁氏藏书》的价值，尤其那 11 种宋本，具有不可替代之文献与文物价值；根据当时的拍卖行情，450 万美元只是这批书的起拍价而已，具有很大的升值空间；我们特别强调政府对古籍保护收藏重视的一贯性，如上海市政府 20 世纪 50 年代曾拨专款购买吴县潘氏滂喜斋旧藏善本 74 种等。

经过我们不断争取，市领导同意由市财政局拨专款 3000 万元用于支付《翁氏藏书》入藏上海图书馆转让费用。

我们有了市财政局的专项拨款，终于赶在国家图书馆之前、特别是赶在北京博物馆之前三天，将《翁氏藏书》入藏上海图书馆的愿望变成了现实。我们立即电告王雁南总经理。

《翁氏藏书》牵手上图

3月初,《翁氏藏书》牵手上图基本成为定局。翁老先生来到上海图书馆。正如翁万戈先生事后所言:“3月初我过上海时专程拜访上图,又见到王鹤鸣主任、马远良馆长和王世伟副馆长,使我能仔细参观这宏伟的建筑和现代化的设备。过了两天,古籍部陈先行主任带我看到古籍的储藏、急救、精修等部分,而且告诉我那著名的朱氏结一庐的遗书就在此,使我非常钦佩他们工作的精神和方法。那时我心中已深感这就是翁藏古籍的理想新居。”

3月24日,上海图书馆与翁万戈先生、中国嘉德国际拍卖公司正式签订《翁氏藏书》转让合同。

王鹤鸣(左一)、马远良(左二)、陈燮君(右二)、王世伟(右一)与翁万戈及夫人在北京合影

4月12日，上海图书馆一行十人在馆领导王世伟、李道林的带领下到达北京，前往嘉德公司接收《翁氏藏书》，逐种逐册清点并装箱。然后7只箱子装在两辆面包车上，运到北京老火车站站台。为了确保万无一失，在京沪13次列车我们包下了一节硬卧车厢。这节车厢由持枪特警护卫，专门护送《翁氏藏书》至上海。4月13日上午11时，《翁氏藏书》运抵上海图书馆，入藏善本书库。

2000年4月28日上午，一项隆重的具有时代意义的《翁氏藏书》入藏上海图书馆的典礼在上海图书馆举行。北京中国嘉德国际拍卖公司的领导以及社会文化知名人士等出席了盛大的交接仪式。中共上海市委副书记龚学平，市委宣传部部长金炳华，原国家文物局局长张德勤、副局长马自树，文化部社会文化图书馆司司长陈琪林，著名学者王元化、傅熹年等在仪式前观赏了流失海外半个多世纪的国宝级文物《翁氏藏书》。其中11种宋刻本为其精品，如宋版《集韵》《邵子观物篇》《长短经》《重彫足本鉴诚录》《会昌一品制集》等既是各书的最早刻本和祖本，也是海内外仅存的孤本，其学术文献价值、历史文物价值和文化艺术价值极高。

《翁氏藏书》的原主人、翁同龢五世孙翁万戈先生特地发来了传真件，上面写道："现在是我向上海市致敬的时候。我原籍常熟，而生在上海，所以对这件事感到莫大的庆幸。我在这好似天涯海角一样的美国东北山林间，梦想已经告别的家藏古籍，免不了断续的怀念，但更为它们重返祖国，有说不出的无限欣慰。"

乱世散书，盛世聚书。上海市政府出巨资3000万元让民国时流至海外的《翁氏藏书》重回国土，入藏上海图书馆，这是中国当代文化界、文物界、学术界、图书馆界的一件盛举。它向世界昭告，中国政府对于流失海外的中华古籍的回归一直非常重视，通过政府收购、专项调查等方式促使古籍以各种形式回归祖国，是我们党和国家历来重视、保护和发展文化事业一贯政策的体现。《翁氏藏书》入藏仪式举行，新闻传媒竞相报道，在海内外产生积极、广泛和深远的影响。

参加入藏仪式有关领导、专家合影，前排右起：吴建中、王鹤鸣、陈琪林、马自树、张德勤、傅熹年、马远良

《翁氏藏书》入藏上海图书馆后，历史文献中心对翁氏文献设立“翁氏专藏”，对其全部特制（汉代）金丝楠木书盒予以储存，集中收藏，集中保护，所有文献均进行数字化扫描、展览、宣传、研究和出版。2010 年，翁万戈先生在侄子翁以钧的陪同下，来上图参观馆藏宋本展览，看到自家的藏书被保护在德国制造的恒温恒湿展柜之中，并且陈列于展厅最为醒目的位置，92 岁的耄耋老人既兴奋又激动：“上海图书馆把书保存得这么好，不但进行研究，还把它们拿出来为公众服务，看来我十年前的选择完全正确，这里是最好的归宿。”

15 年后《翁同龢日记》手稿再回故土，上图翁氏专藏锦上添花

翁万戈先生将颠沛流离的家族藏书安置妥当，此时他又开始考虑另一

件大事，那便是高祖《翁同龢日记》手稿的去留。相比常熟的翁同龢纪念馆与北京的国家图书馆，同为候选的上海图书馆无疑是更理想的“管家”，毕竟《翁氏藏书》保存于此，而古籍文献集中起来更便于人们整理和研究。

为接洽翁老先生将《翁同龢日记》捐赠上海图书馆事宜，2015 年 12 月 17 日，上海图书馆历史文献中心黄显功主任和陈先行研究馆员等一行五人抵达美国东北部翁万戈先生居住的莱溪居。在他们登门之前，翁老先生在家用了整整两天时间，对照清单把《翁同龢日记》手稿重新盘点了一遍。宾主相见时，翁老先生又花了 1 个多小时来讲述自己对这批文献的喜爱，言辞恳切，令人动容。本来上海图书馆的这趟美国之行只是看一眼翁氏文献，双方的正式交接约定在 2016 年，但是体会到赴美签证事宜的复杂和繁琐，老先生临时改变了主意：“算了算了，既然这次来了，你们就带回去吧。”12 月 19 日，47 册《翁同龢日记》、12 包《翁氏文献丛编》手稿经过逐一清点，正式入藏上图的善本库。这些漂泊海外半个多世纪的日记、手稿终于回到了故土，时隔 15 年，与《翁氏藏书》重新团聚。2016 年 3 月，翁同书五世孙翁铭庆又捐赠了翁同龢早年日记 1 册、家谱资料以及翁同书的档案等，至此，《翁同龢日记》的稿本在上海图书馆完整重聚，也进一步充实了翁氏专藏。

2016 年 11 月 7—16 日，上海图书馆展出了以《翁氏藏书》和《翁同龢日记》为主要内容的“琼林济美——上海图书馆翁氏藏书与文献精品展”，受到了广大文史爱好者和读者的热烈欢迎和高度评价，充分显示了《翁氏藏书》的文献价值与社会价值，也践行了上海图书馆“积淀文化，致力于卓越的知识服务”的宗旨。

《翁氏藏书》入藏上海图书馆已经整整 21 年，这件盛事应该大字书写在上海图书馆事业发展史上。

（原刊于《世纪》2021 年第 3 期）

在南开聆听叶嘉莹先生古典诗词讲座

韦承金 *

2016 年 9 月 11 日，叶嘉莹先生在南开大学东方艺术大楼作古典诗词讲座，年逾九旬之高龄而全程站立授课（韦承金摄）

听过叶嘉莹先生（号“迦陵”，以下敬称“迦陵先生”）讲课的，大约都会有这样的印象：先生一向不看讲稿，任凭自己的联想来发挥——从一首诗或一阕词发端，引申到老庄孔孟，到《诗经》《古诗十九首》，到屈原、陶渊明，到张惠言《词选序》、王国维《人间词话》，忽然又从中国儒释道讲到西方符号学……就这样滔滔不绝站着讲两三个小时，兴之所至，如羚羊挂角，无迹可寻。恰苍茫旷野流连处，一声喃喃自语“又‘跑野马’了”，好似“缰绳”一收，这“野马”就被拉回来

---

* 韦承金，《南开大学报》副刊编辑。

了……迦陵先生管“跑题”叫做“跑野马”，我以为这其实是先生的自谦，先生授课的艺术魅力之所在，恰恰是“跑野马”。

自 1979 年开始回国讲学至今，迦陵先生已在南开大学执教 42 年。因缘巧合，我有幸多次聆听先生的古典诗词讲座。自知学识疏阔浅薄，不敢妄评先生之学问文章，唯先生授课时“跑野马”一事自感受益良多，因而最为难忘。故而不揣谫陋，借助记录的片段，试述迦陵先生授课印象之一二，敬乞诸位师友、同道赐正为盼。

以渊博学识而致“跑野马”之“纵横无涯”

一般教师讲课，总会有按章节分类目的讲稿、教案或 PPT，按部就班，清晰明了，学生也便于记笔记。而迦陵先生从没有准备讲稿的习惯，PPT 上往往只演示课上将要阐释的几首古诗词。一旦讲起来，则常常因即兴的感发而征引许多材料来对所讲的古诗词加以阐述。

讲词的美感特质，迦陵先生先以 PPT 演示了温庭筠的词《菩萨蛮》，然后以体现古音之平仄韵律的声调、句读步节分明的节奏朗诵一遍这首词——“小山重叠金明灭”的“叠”字，普通话是阳平声，迦陵先生一定要按古音读成短促的入声字，这样才合乎词谱的格律，体现词的平仄声韵之美感。讲到“菩萨蛮”曲牌名，迦陵先生顺带介绍了作为中国古代两种不同的音乐文学传统之一的“曲牌体”之特点，以及“菩萨蛮”这个曲牌在唐朝的流传情况，兼及古诗吟诵，以此阐释诗词的音乐之美感。我上大学时开始喜欢昆曲，因而对南北曲的音乐与文学之间的关系很感兴趣。而先生对于宋词音乐与文学关系的阐释及偶尔的吟诵示范，虽然只是“跑野马”式的点到为止，但却让我对中国音乐与文学之关系有一种探源溯流而贯通的求知欲望。此后我读吴梅、任中敏、杨荫浏、洛地等学者的著作，除了喜欢昆曲的原因，与迦陵先生课上的启发不无关系，因而在阅读过程中，不仅仅关注曲学知识，更关注这背后的中国音乐文学之大传统。

随之，迦陵先生又由有关妇女相思怨别的一类词作，讲到美国学者劳伦斯·利普金在《弃妇与诗歌传统》所谈到的西方古代类似作品——由此让人明白东西方文学作品之共通性。

而在审美意象及典故之解读上，迦陵先生极尽“跑野马”之能事：由温庭筠《菩萨蛮》中“小山重叠金明灭”句，讲到古代的山眉、枕头、屏风；由“懒起画蛾眉，弄妆梳洗迟”讲到历代诗词中的“蛾眉”意象，又从“弄”字引出“云破月来花弄影”等带“弄”字的古诗词句；讲到“照花前后镜，花面交相映”，又佐以杜甫诗句“种竹交加翠，栽桃烂漫红”以证文学中之饱满笔力；讲到作者温庭筠的身世，以其诗句“有气干牛斗，无人识辘轳”引出《晋书·张华传》关于“牛斗”的典故和“温八叉”的怀才不遇……

又从起床化妆的“照花前后镜，花面交相映”以及“新贴绣罗襦”的衣裳之美讲到其妆饰之华妍“乃离骚初服之意”。又由《离骚》之“初服”引出《论语》“士志于道”、杜甫“致君尧舜上，再使风俗淳”、范仲淹“先天下之忧而忧，后天下之乐而乐”等所代表的士的传统和士人的精神境界——由此，从诗歌“意象”之解说，转到了更抽象、更具精神本质解读的各种不同学术观点之阐释。

如何抽象地概括词的美感特质呢？这时候，迦陵先生将“野马”的缰绳一收，前面所讲种种类比、阐释，都通向了最终的理性概括：张惠言以“比兴”论词过于褊狭，王国维以“境界”论词过于含糊。在没有相应的传统文学理论的情况下，迦陵先生提出，德国美学家沃尔夫冈·伊塞尔提出的“潜能”一词或可概括引起读者丰富联想的内在原因，解释词深微幽隐的言外意蕴之美……

以上是迦陵先生2006年在南开大学东方艺术大楼所作的“爱情与道德的矛盾和超越——谈词学发展的过程”讲座中的一个片段。在这场长达两个多小时的讲座中，风雅颂、赋比兴，屈骚陶诗、李杜苏辛，儒释道学说、诗论文论……不时与西方文艺美学思想甚或中西古今奇闻杂谈“串通一气”，可谓旁征博引、左右逢源，似乎全是无法可依、无章可循的“跑野马”。

然而仔细回味之后会发现，迦陵先生对于诗词之评析虽是“跑野马”，但理路是脉络分明的。这匹纵横上下、奔腾八方的“野马”，始终在迦陵先生的掌控之中，始终没有脱离“爱情与道德的矛盾和超越——谈词学发展的过程”的主轴。

以古典诗词“兴发感动”之生命精神而致“跑野马”之“全任神行”

迦陵先生“跑野马”的神奇之处，还在于先生以己之诗心解古人之诗心的“全任神行”，来引导学生之“兴发感动”。

以迦陵先生讲东坡词《八声甘州·寄参寥子》为例。

这是苏东坡56岁时写给他的朋友参寥子的赠别词。此时的苏东坡，经历了“乌台诗案”之后被贬谪黄州、转登州，一度被召回朝廷，因论政不合而一再被贬谪，辗转杭州、密州、徐州、湖州……讲这首词之前，迦陵先生的“野马”先“驰骋”在苏东坡那历尽坎坷起伏的人生“旷野”里，时而穿插着《定风波》(莫听穿林打叶声）等苏东坡其他诗词作品的讲说，以对比苏东坡不同时期的内心精神状态。

苏东坡如此百转千回的人生，究竟有什么样的诗词呢?

“你看他第一句开头，真是‘天风海涛之曲’——‘有情风万里卷潮来，无情送潮归。’写得真是好!”为什么好呢?迦陵先生的“野马”跑到自己的海边观潮经历、人生感悟，介绍自己所体悟的东坡词之境界:“远远的一条白线——到你眼前——翻滚得波浪滔天……它来了，它又走了，如果来是有情，走就是无情……人世间的盛衰兴亡就如同那潮来潮退，如同那日升日落……”

“‘不用思量今古，俯仰昔人非。’在北宋苏东坡那个时候的新旧党争之间，多少人上台了，多少人下台了，朝廷上整天所搬演的就是这种升降祸福的剧目……”迦陵先生的“野马”不知不觉跑到北宋时期广阔的社会背景中去，可是，缰绳一收，又“跑”回来了：“这时，苏东坡忽然间一转，所以这首词真是抑扬起伏：不但有这样博大的气势，而且有这样低回婉转的变化，他说：‘谁似东坡老，白首忘机’……‘记取西湖西畔，正春山好处，空翠烟霏。’这真是写得美！刚才的‘有情风万里卷潮来’，写得如此之波涛澎湃；而现在写的却如同‘春花散空’……”

由是，东坡词境之高妙，经过迦陵先生的条分缕析，在我的脑海里不断地升腾，如沐春风，如饮甘泉。

“现在苏东坡就要被朝廷召回到首都去，他跟他的好朋友参寥子说‘约他年’，将来‘东还海道’，我像当年的谢安一样，会坐着船回到杭州这里来，我还会在杭州这么美丽的空翠烟霏、春山好处的地方与你再相见。可是人有多少理想，都能够完成吗……”讲到这里，讲台下许多人与我一样，不禁热泪盈眶。

“他说‘他年’的‘东还海道’，谢公的‘雅志莫相违’，他有多少忧危念乱的话？可是都没有说出来。他说‘莫相违’，说‘不应回首’，写得这样低回婉转……在朝廷的党争之间，他此去的安危祸福，有很多话不能说，环境也不允许他说。于是在这种低回掩抑之中，他写出这样幽约怨悱的好词。这是苏东坡的上乘佳作，这可谓‘天风海涛之曲，中多幽咽怨断之音’。”由是，我渐次明白东坡词这种洒脱豪迈之中有博大浑厚、痛快淋漓之中有沉着苍茫的境界之缘由。

讲解这首东坡词竟花了迦陵先生大约一节课的时间，这是由于讲解过程中迦陵先生不断地“跑野马”：讲到海潮，又“跑”到苏曼殊“何时归看浙江潮”，“跑”到迦陵先生自己观海潮的美妙体验里；讲到“几度斜晖”，与晏殊“夕阳西下几时回”的境界作对比；讲到“白首忘机”，又“穿越”到《红楼梦》里与王熙凤“机关算尽太聪明”作对比；讲到“诗人相得”，迦陵先生介绍古代诗人的“惺惺相惜”，感慨“人生得一知己死而无憾”……

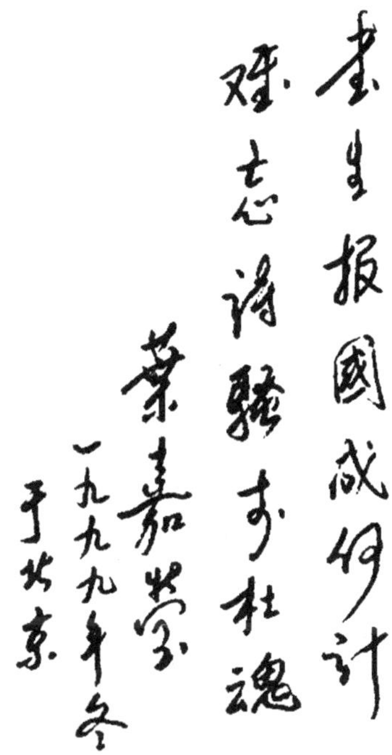

1999 年冬，叶嘉莹手书“书生报国成何计，难忘诗骚李杜魂”

在对《八声甘州》进行逐句讲解的“纵轴”上，迦陵先生的“野马”不时“跑”到苏东坡的人生经历、社会背景里，“跑”到同一词语在历代诗词中的意象里，乃至“跑”到迦陵先生自己的人生经历、体悟里，苏东坡的词境与迦陵先生的人生境界纵横交错、水乳交融。迦陵先生的语调，或慷慨激昂，或低回婉转，仿佛与那千年前的另一个生命同频共振……我感觉整个人都随着迦陵先生的“野马”，穿越到一片“前不见古人，后不见来者”的苍茫宽阔旷野里，不知不觉之间，东坡先生的音容笑貌仿佛就在眼前，东坡先生的悲欣慷慨仿佛就奔腾在我的血液里了。

那是 2008 年 11 月 15 日。那次讲座，迦陵先生连续讲了两个多小时，发现“野马”跑得远了，就带着歉意对我们说：“我今天讲得太啰嗦了，很抱歉没有时间了，讲座的题目还没有讲完。我还需要再讲一次才能结束这个题目……”（于是，在原计划的三讲之后，先生又在 2008 年 11 月 28 日晚讲了第四讲，才完成“王国维《人间词话》问世百年的词学反思”这一主题的系列讲演。）而台下的听众非但没有“怪罪”于先生，反而报以持久热烈的掌声。

襟怀宽广而著手成春　不激不厉而风规自远

迦陵先生在讲课中经常对大家说，如果想提升你的眼光，一是要对人世有博大的关怀，杜甫的诗之所以伟大，就是因为他的关怀是博大的；另一个是要有对大自然、对宇宙的关怀，这两方面的关怀可以提高人的境界。不仅要“通古今之变”，还要“究天人之际”，这样眼光才能开阔起来。

我发现，除了中西文学、美学理论等，其他门类的文艺乃至日常生活中的琐事、大自然中的奇闻，也时常成为迦陵先生的“野马”素材，而且就像先生熟稔的古诗词一样即兴而为、信手拈来。

比如：讲到陈廷焯在《白雨斋词话》中评价吴梦窗《唐多令》这首词“几于油腔滑调，在梦窗集中最属下乘”，迦陵先生解释道，一般说起来，中国人讲究书品、画品，书画要求“宁拙勿巧，宁丑勿媚”，如果作品油滑浅俗有媚态，其品格自然低下。讲到歌辞之词、诗化之词、赋化之词各具其美时，迦陵先生认为，欣赏评论词的人不能老用同一标准来衡量，正如“你不能够用衡量篮球的方法来衡量足球，也不能用衡量乒乓球的方法来衡量游泳对不对”。谈到自作词“莲实有心应不死”，迦陵先生引用报纸上登的一则消息，说某地方挖掘古墓时挖出了一个千年的莲子来，有人把它培养种植，后来居然长叶开花了。讲到晏殊词《山亭柳·赠歌者》里的歌者“博艺随身”，迦陵先生说，有的武侠小说，写一个人自己的本领打不过人家了，就祭起一个法宝来，就把那个人捉住了。而所谓“博艺随身”者，不是身外的法宝，是自己真正的能力，不是假借外在的力量，是自己的才能。谈到诗词表达的含蓄，迦陵先生说，一定要能给读者留下回想、体味的余地才称得上是好诗，不能是如同白开水一样的大白话、喊口号，这也是现代白话诗出现“朦胧诗”的缘由，而梦窗词奇情壮采的想象力，具有像现代朦胧诗一样超越现实的感发力……此类旁征博引，在迦陵先生讲座中都是信手拈来。盖因迦陵先生不仅将各方面学问熔铸于诗词之

2019 年 9 月 10 日，叶嘉莹教授（右一）归国执教 40 周年暨中华诗教国际学术研讨会，右二为中央文史研究馆馆员王蒙（韦承金摄）

炉，而且对人世、对大自然有着深切的关怀，那些多么微妙的情感、多么细小的变化在诗词意境的触发之下，都不知不觉“跑”出来成为先生讲课的素材了。

迦陵先生“跑野马”的魅力不仅体现在为后生授课的小课堂，也体现在名流荟萃的大会堂。

2004 年秋在南开大学“庆祝叶嘉莹教授八十华诞暨词与词学国际学术研讨会”上，面对来自陈省身、杨振宁、文怀沙、冯其庸、范曾等名家和社会各界的赞誉，迦陵先生引用孟子“声闻过情，君子耻之”来表达自己的“惶恐”“惭愧”，然后从容自若地开始“跑野马”式的讲故事，从谋生的需要做了教师引起对古典诗词传承的关怀，谈到后来在海内外各地讲学的坎坷经历，娓娓道出自己从事古典诗词教学六十余载而“人生易老梦偏痴”的缘由：“我觉得，我们国家、民族，现在虽然是日臻富强了，可是我常常想，我们在追求物质这方面的成就之外，我们的精神、我们民族的精神、国民的品质，也同样是非常重要的……我们虽然生命是短暂的，但我们的感情、我们的理想、我们的希望、我们的追求是永远的，我们诗歌的生命、我们中国文化的那个血脉的源流，这种精神是生生不已的。”迦陵先生那种对中华古典诗词的爱恋之深切，溢于言表。

2005 年秋某日，范曾先生以“大丈夫之词”为题在南开大学主楼小礼堂讲稼轩词。“富贵不能淫，贫贱不能移，威武不能屈”，“诗词要与天地精神相往还”，“辛稼轩有大丈夫之襟怀和肝胆，然后有大丈夫之辞章”……范先生的讲座引经据典、滔滔不绝、气势飞扬，可谓先声夺人。

当时迦陵先生被邀请为点评嘉宾。范曾先生讲完之后，迦陵先生并不立即点评讲座内容，而是先从与范曾相识、交往的故事开始“跑野马”，然后谦逊地表示自己“既非高才，也不是丈夫，不敢妄加点评”。最后，迦陵先生才从词的起源和美感特质谈起，以她一以贯之的“弱德之美”观点分析自己对于稼轩词的不同理解，表示以此“向范先生请教”。

迦陵先生说，稼轩的词之所以好，不仅因为其词之豪放，更在于其中有一种深微婉曲、低徊要眇的韵致隐藏在范曾先生所举的这些豪壮激烈的稼轩词中——稼轩有一种向上的男子的大丈夫的志向，而作为一个臣子，他又处处不得不在与小女子相类（“臣妾”）的地位上遭受许多屈辱、许多挫折，这使得他的词低回婉转、百转千回，虽豪放却有一种要眇幽微的双重意蕴。

迦陵先生如此阐释之后，现场听众对于稼轩词的理解仿佛又进入另外一层境界，顿时主楼小礼堂里掌声雷动、经久不息……

先生常常自谦“小女子”，却有一种敢于“跑野马”并且收放自如的大气度。先生的发言自始至终都是一如既往的不激不厉，却因为内中有一种透彻的了悟，使得先生能做到“和而不同”。先生虽然没有与他人一争高下之心，却总能自然而然地展现出一种强韧、自信和自在。

“信马由缰”，得大自在

鲜有人知的是，迦陵先生那不羁的“野马”也有受到束缚而倍感艰辛的时候。2012 年初春，迦陵先生讲授“小词中的修养境界”公开课。讲课过程中，某摄制组从录像效果的角度，对现场观众提出这样那样的要求，比如为了观众席“美观”要求观众按照个子高矮调换座位，个子较高的学生被要求“腰身弯着点儿，不要坐得太直”，开拍前先让迦陵先生试音，然后先生开始讲了，却被告知暂停，说是得让场记板打下之后才能开讲。而讲课过程中，除了几次由摄制组策划的鼓掌之外，场内除了演讲者的声音，别人不能发出其他任何声音……迦陵先生很克制很配合地按部就班地讲完了那次课。等摄像机关上之后，迦陵先生才对几位摄制组工作人员悄悄地说：“你们这么拍，非常造作！这让我讲得支离破碎，不成样儿了……”很少见到迦陵先生如此难过。那时，我也很难过。那次课，迦陵先生讲得非常拘束，以前讲课几乎每次都“跑野马”，唯独那次，因为要配合摄制组的录制，先生的“野马”好像困顿了一样，始终没能“跑”起来。

对迦陵先生来说，讲课是一门艺术，需要较为轻松自由的氛围，如果授课各环节过于“安排”、受到过多的外部干预，讲课很难有出人意料的精彩发挥，更不可有现场随机生发灵思妙悟的“跑野马”了。这种领悟，由于 5 年后 2017 年 4 月 9 日我听了“镜中之影——《迦陵诗词稿》中的心路历程”讲座而更为深刻。

那天南开大学东方艺术大楼的听众，除了南开大学的青年学生，还有迦陵先生早年在台湾的学生——虽已是满头华发，但他们望向先生的眼神，与座中青年学子一样真诚炽热而满怀敬仰。先生不无激动地说：“今天我们的讲座现场来了一些台湾的朋友，是我多年的老友。另外，还来了一些新的朋友。我实在是太开心、太激动了！”

先生回忆了自己当年初到海外讲学流离失所、受语言所限而无比怀念国内讲学的“跑野马”，提起 1970 年写下的《鹏飞》一诗：“鹏飞谁与话云程，失所今悲匍地行。北海南溟俱往事，一枝聊此托余生。”先生感叹道：“那时候（国内讲学时期）哪有课件呀，我讲课就是用一支粉笔。我想到哪里就讲到哪里，真是自由！要是跑得远了再拉回来。现在受英语限制，只能用课件，都把人限制了，好像在地上爬一样，都跑不起来了。”这般幽默的解释，引起了台下一片会心的笑声和掌声。

当晚，93岁高龄的迦陵先生依然是站立演讲，“野马”跑得很远，往往由自己创作的一首诗词引发，“跑”在自己近百年人生的坎坷经历“旷野”里，跑在古今中外学问的“天地”间，浩浩荡荡、横无际涯。而迦陵先生抑扬顿挫的声音配以她那“独家”的手势，让台下每一角落的观众都能感受她的致意，举手投足之间的那种风度，仿佛嵇康诗所言“目送归鸿，手挥五弦。俯仰自得，游心太玄”之境界，又仿佛庄子所言“独与天地精神相往来”之境界……演讲结束时，观众席中的所有人都站了起来，讲座之余韵伴着掌声久久绕梁。

迦陵先生尝言：“我首先是老师，其次是研究者，最后才是诗人。”而我以为，先生的教师、学者、诗人三重身份是相辅相成的。先生授课“信马由缰”之境界，有赖于先生作为大诗人的灵心妙悟和作为大学者的融会儒释道、贯通中西学之学识根柢；同时，先生在中华传统文化式微之时，以“知其不可而为之”的信念，做传承传播中华传统文化和古典诗词的“入世”之事业，孜孜不倦躬耕三尺讲坛70余载，在这过程中，先生以“足乎己无待于外”的定力，践行并锻炼了其诗心与学养，正如先生早年诗句所言：“入世已拼愁似海，逃禅不借隐为名。”亦正如先生课上之所言：“真正伟大的诗人，是用生命来写自己的诗篇、用自己的生活来实践自己的诗篇。”

如今，年近百岁的迦陵先生，渐臻于“得大自在”的至高人生境界。能有机会聆听先生的教诲，乃吾辈之幸也！

2019年12月11日初稿

2021年3月21日改定

（原刊于《世纪》2021年第4期）

我在恩师梅兰芳家学戏的日子

舒昌玉口述　沈飞德　章洁采访　章洁撰稿 *

京剧乾旦、梅派弟子舒昌玉先生1927年出生于上海一户药材业世家，即四马路百年老店“舒同寿国药店”。因父辈是生意人免不了应酬，所以少年时的舒昌玉常随忙于社交的父亲出入戏院和堂会，渐渐和京剧结下了不解之缘，自此不爱地黄爱皮黄。1950年弃商从艺，正式踏入梨园。1951年，舒昌玉先生因缘结识梅兰芳先生的化妆师顾宝森先生，经后者推荐，正式拜入梅先生门下，并得梅先生亲炙住家学戏数月。1985年，经周恩来堂弟周恩霔和俞振飞推荐，舒昌玉被聘为上海市文史研究馆馆员，由市长汪道涵亲发聘书。本文由舒昌玉先生口述，回忆了在梅宅学戏、生活的点滴细节。

一、由顾宝森先生引荐拜入梅先生门下

我喜欢梅戏的时候，正值抗日战争，那时候梅兰芳先生已经蓄须明志

---

* 舒昌玉，上海市文史研究馆资深馆员；沈飞德，上海市文史研究馆副馆长兼《世纪》主编；章洁，上海市文史研究馆干部。

舒昌玉拜师照，摄于梅宅主屋前。正中戴眼镜者为舒昌玉。前排右起：顾宝森、舒昌玉姐姐、姜妙香、福芝芳、梅兰芳。前排左三为梅葆玖，后排舒昌玉右边为沈曼华

不演出了。但是无线电里每天都放京剧，很多是梅兰芳的，我经常听。开始的时候，我也不知道什么梅派还是什么别的派，一听就觉得这个（梅派戏）好听。我家里那时候经济条件还是很不错的，有三个药铺，那是我爷爷开的。最早的在四马路，也就是今天的福州路，在天蟾舞台附近，当时是英租界；第二家在法租界；第三家在南市城里。我们就住在南市，因为南市的房子比较好。四马路那房子，外面电车一过，咚咚咚咚的，老房子就要抖了。

正好我们南市铺子后面弄堂里有个会拉琴的票友，那时候他拉琴，我就跟着吊嗓子唱。唱了发现大嗓子不行，还是小嗓好，就学梅派了，正好我也喜欢梅派，后来就一直学。我最早学的就是梅先生的《凤还巢》。

我拜梅兰芳先生为师，有个机缘，是经顾宝森先生引荐的，他是梅先生的化妆师。我是1950年正式下海的，专门唱梅派戏，因为我喜欢

梅派戏。1951年春天在常州演出的时候，我专门请了顾宝森师傅给我化妆。他看了我的戏，就问我想不想拜梅兰芳为师？我说当然想啊。我那时候既然已经唱了梅派，如果能拜梅先生为师，那是梦寐以求的。就这样，回到上海以后，顾师傅就跟梅先生谈了，谈了以后，梅先生就说要见见我，然后就约了日子叫我去梅先生家里，就在思南路。顾师傅陪我一起去的。

当天去的时候比较紧张，竟然没有带礼物，空着手就上门了。梅宅的客厅在二楼，三楼是卧室。二楼是从弄堂里的小楼梯上去的。我当时忐忑不安，有些拘谨，但是抱着很大希望。正好言慧珠也在那里，给她拉琴的沈雁西也在，是拉梅派的专家，王少卿先生的学生。梅先生先问了我的家庭情况，包括我的学戏情况，跟谁学的。基本上我请的几个老师都是梅先生给葆玖请的先生。梅先生就说正好言、沈两位都在，让我唱一段试试。当时在场的还有许姬传许秘书，我唱的是《凤还巢》原版，“本应当随母亲镐京避难”那一段，那时候非常时兴的，连后面原版流水都唱完了。等我唱完，梅先生很和蔼地点点头，看样子挺高兴，他看出来我在他家拘谨得很，就让我先回去了。出来后我就跟解放了一样。到第二天，顾师傅就打电话到我们家，说梅先生同意了。我非常高兴！

梅先生答应了以后，我们就安排请客吃饭，定在上海国际饭店丰泽楼。除了梅先生和师母之外，请的有唱小生的姜妙香、言慧珠、沈雁西、葆玖、许秘书，葆玥没去。其他人都是先生请的，我也不熟悉。满满一大桌，在包房里。我家里就我姐姐作为代表去了，父母亲那时候对我学戏也谈不上重视，一心只有药铺。当时我姐姐已经成家，她出面就是作为家长招呼一下，最重要的就是要操办酒水，我什么也没管，负责到场就行了。这顿饭也不算什么正式的拜师宴，只是知道梅先生答应收徒弟了，大家见个面，当时要有门生帖子送给老师，那才是正式拜师。那会儿流行鞠躬，梅先生和师母坐好了，我就鞠了一躬。上海这次因为不是正式拜师，所以也没有准备压帖钱，这个是后面到北京再补的。吃饭的时候我还不知道梅

梅兰芳与舒昌玉师徒合影

先生要到北京去了，是席后顾师傅跟我说的，他问我去不去，我说能去当然最好，这才一起去的北京。

拜师之后，我也去过几次梅家，事先问问顾师傅要带什么东西吗？顾师傅就说，茄力克香烟就成（进口烟，当时还挺贵），先生喜欢抽这个牌子的烟。所以我每次去都带4听茄力克，也都是家里人给我准备好的。

那年9月，梅先生上北京去了，参加国庆典礼，他也上了天安门城楼。我就是这次跟他一起去的北京。

二、在北京正式拜师，住家学戏

跟梅先生去北京，顾师傅也跟着我们一起去，我们乘的是火车卧铺，我和姜妙香一个包厢，梅先生和太太、葆玖他们一个包厢。姜先生问我："你跟谁学戏啊？"我说："跟朱琴心、王幼卿、朱传茗老师都学过。"他又问："你跟朱琴心学过什么戏呢？"我说花旦戏。朱琴心先生是花旦，教过我《得意缘》，他的目的是让我多练练台上的京白，因为这出戏就是京白。一般青衣戏是练韵白的，他为了锻炼我的京白，就教我这个戏。听到这，姜妙香先生就说："哎，我跟你对对（戏）。"这是小生和花旦的戏，在车里没事，我们俩就对《得意缘》，他扮小生卢昆杰，我扮旦角狄云鸾。对完以后，他说不错不错，很夸我。

我是 1951 年 10 月 2 日正式拜师梅先生，到了北京之后就安排了拜师仪式。拜师仪式都是顾师傅帮着张罗的。那时候要写门生帖子，写完帖子以后递给老师，再行拜师礼，都是由许姬传秘书包办的。

拜师的时候我想磕头，先生说不用不用，鞠躬就行。这个拜师是在梅家客厅里办的，既简单又隆重。家里给我准备了压帖钱，是叫我姐姐带来的，放在红包里。我姐姐给梅家的佣人们也都准备了棉毛衫裤，每人一套，那时候流行送这个。这些都是顾宝森师傅关照的，说你上上下下都要考虑到。顾师傅我也准备了谢礼，不过不是当天送，是后来补的，送了毛线。反正这个事情都是我姐姐操办的。拜好师就请附近的照相馆来拍照，那天我穿的是中山装，那时候流行。梅先生也是，大家穿的都是中山装。然后在梅家的院子里拍了那张拜师照，就是今天的护国寺大街 9 号。照片上人也不少，我看大概有二三十号人（撰稿人按：实际为 20 人），好像有银行家冯耿光，演小生的沈曼华、姜妙香、顾宝森，还有梅先生家里的人。当天沈雁西没去。

到北京以后我住在梅先生家里，就是现在的梅兰芳纪念馆。

梅先生的家是三间北屋朝南，院子里分东厢房、西厢房，又各有里外两间。不叫四合院，应该是三合院。在西厢房背后还有一排房子，许秘书、葆玖他们都住在那里。正院中间是会客室，两边是书房和卧室。顾师傅也住在梅家，我跟顾师傅还有拉二胡的倪秋萍先生三个人一起住西厢房，我和倪秋萍师傅住里间，顾师傅一个人住外间。姜妙香和冯金芙他们夫妻两个住东厢房里间，外间就是餐厅。顾师傅他们是有演出了，就拿钱，平时管吃管住。王少卿先生是梅先生的琴师，但他在北京有家，所以不住梅先生家里。当然还有其他什么管事之类，他们都是北京人，不住在梅家。梅家佣人不多，女仆两个，外加打扫卫生的几个佣人，还有厨师，具体有几个厨师我不太清楚，我那时候也没有好奇心去看看厨房，他们都住在后面的一排房子，院子比较大。

我在梅家反正就一心学戏，杂务都不管，到点就吃饭。吃饭我跟姜妙香夫妇、倪秋萍、顾师傅一起，伙食不简单也不丰盛。我这个人不挑食，到什么地方都吃得惯。那时候年轻，白天也不怎么休息。有时候我要是到王瑶卿爷爷那去，回来晚我就在外面吃完再回来。因为不同桌吃饭，所以我对先生的口味不是很了解。就记得在上海丰泽楼吃饭那次，有个什么菜，好像是甜的，杏仁味道、奶酪那样的点心，先生说再来一个。我那会儿在梅家洗衣服这些事情都有保姆做，师母香妈对我十分疼爱，我除了学戏什么事都不问。琴师他们衣服要自己洗，顾宝森也是，家里佣人不管这些的。我也不用交伙食费，完全是白吃白住。我当时带了多少钱去梅家已经忘了，就知道没怎么花钱。在梅家的时候有空就往家里写写信，问候一下父母。

那会儿我跟梅先生的孩子葆玖葆玥他们也不大碰面，交流不多。那时候葆玖虚岁 19 岁，我是虚岁 26 岁。跟葆玖是 1978 年后接触多一点。

三、看梅先生的戏，百学不如一看

我到梅家以后，学戏是没有固定时间的。因为梅先生晚上经常有演出，白天就要休息，先生休息我是不能去打搅的。但他演出的时候我就看戏。戏班有这么一句话："百学不如一看，百看不如一演。"看戏比学戏还重要，你要是基本功好、悟性好的话一看就会，你要是基本功不好，看了也白看。所以有个话，我不知道当讲不当讲，这是顾宝森跟我讲的，他说梅先生私下感叹："人家外行的小孩儿，家里一个人也没有在戏班儿里的，就这么要学，葆玖偏偏不想学，喜欢玩儿。"当然我可以理解，那时候葆玖年纪轻喜欢新潮的事物，喜欢搞音响，有时候也喜欢修汽车。他当时根本就不喜欢京剧，是被动地学习。在上海的时候朱琴心先生教他戏，朱琴心这么一个大角儿给他走身段，走完了，轮到葆玖，他就拿一根香烟，把桌当台这么比划下，“到这里亮相，到这里……”，就这么比划给老师看。气得朱琴心不去了，梅先生又去给朱先生赔礼。不过后来葆玖挺好，1978年后也接班了，一方面有压力，一方面也懂事了。这是后话。

先生和师母挺喜欢我就是因为我好学，对戏是真的喜欢。有很多人拜师都是拜个名、镀个金，图个名义，还有的虽然拜了师，但并不是专唱梅派的。那时候女的唱荀派的多，因为唱腔好，容易讨巧，都是小本戏，有头有尾，一般人都喜欢看，而且也好唱，一个小生、一个小花脸就可以跑码头了。梅派戏比较难唱，内涵比较多，而且有长有短。

香妈在长安大戏院有一个包房，梅先生基本上都是在这里演出，每次先生演出的时候师母就带我去看。我们基本上都由小汽车接送去戏院。戏院二楼的前部分都是包厢，内分前后两排，包厢后面就是一排排的座位，当时楼上的座位都这样的。我就坐在包厢的后排，师母香妈坐在前排。这半年中，我看了先生很多场戏，经常演的有《霸王别姬》《凤还巢》《贵妃醉酒》《女起解》等。杂活不用我干，我跟香妈只看戏，不到后台去。梅先生有几个管事，郭效卿、姚玉芙、李春林都是，李春林是专门管后台的，类似于今天的舞台监督。到谁谁了该上场了啊！这些都是管事说的，后台的这些调度对先生这样的角儿是不用管的。姚玉芙管前台，管分账什么的。另外还有好几个管事，有类似今天经纪人一样角色的，还有人给先生拎行头啊什么的，俗称跟包的，都在后台。李春林老师跟我说：“你要看戏，不能单看梅先生一个人，全场的人、全场戏你都要看，戏的来龙去脉、前前后后你都要熟悉，要记得住。那你演出来就不一样了。”所以我看戏都是从头看到底，梅先生不出场的戏我也认真看。

师母基本上每场都去，我都陪着。看完了以后，有时候后台管事他们几个人吃夜宵，我们不参加，我们是跟后台分开的，后台还要卸妆什么的，我们看完就走，我要陪师母回去。师母对我很好，看到有的地方，她就会提醒我：“昌玉，这地方你要注意点！”比如说，《凤还巢》的“三看”是最精彩的一场，香妈就会叫我注意。香妈懂行的！

四、梅先生教戏的方法与众不同

我学戏就看梅先生的安排，先生没有演出或者心情好的时候，如果想教我什么，就让家里的老妈子来喊我。在梅家，梅先生生活习惯和我们不同，时间不一样。先生因为晚上经常有演出，第二天起床就比较晚，一般中午起身。白天就念念白，不吊嗓子。比如今天晚上演《霸王别姬》，他就念《霸王别姬》的戏词，所以我就在自己房间听，不走过去打扰先生，听得清清楚楚。他不教唱腔，因为唱腔我在梅先生演出的时候都可以学到。他在家念白，念白比吊嗓子出功夫。因为念白没有伴奏，吊嗓子有伴奏，有的时候可以借着透透气，让伴奏声音盖过去。念白最见功夫，“千斤念白四两唱”。所以后来我教学生，先教念白，不教唱。念白念好了，吐字归韵了，你唱起来也就准了。

梅先生给我说戏，也和一般老师教得不一样。传统的大多是老师教我跟着唱。他不教唱，他就给你讲这个戏的人物，人物性格、年龄、环境，

舒昌玉在梅家学艺期间居住的西厢房（沈飞德摄于 2019 年 3 月）

什么时候什么心情，如何表现这个人物，他就给我说这些。让我先理解，然后思考怎么去刻画。晚上先生有演出的时候我就按着这个思路边看边研究，都这么学的，这样之后就不一样了。

我感觉梅先生最大的贡献是他对人物的理解，和其他程式化东西不太一样。他名望那么大，一点没有架子。梅先生很开明，他跟我说："你跟哪个老师学戏，就按哪个老师教的唱，不要自己随意去改动。"他知道谁的唱腔好，什么戏适合什么唱腔。葆玖后面唱《三娘教子》，也是按王幼卿教的唱腔唱的。因为梅派是唱四句慢板的，王幼卿教的是八句慢板，我学的也是八句慢板。

梅先生教导我塑造人物要按照自己的理解去想象，他说，"你不要死学我，不要学我的外形，要学我内在的东西"，"我也没见过虞姬，但我自己创造了这个（人物形象）"。他塑造了《霸王别姬》。先生反复强调："你要学我的神，不要学我的形。"因为每个人的长处不一样，要扬长避短。王瑶卿先生跟我讲过最好的一句话："你要做一个好唱戏的，不要做唱好戏的。"不要专门挑什么戏卖钱就唱什么，这是唱好戏。要把冷门戏唱好，因为好唱戏。还有一句，先生说："我们一定要把戏唱好，不但要把戏唱好，还要把观众的欣赏能力提高。"这是梅先生说的。所以他的戏，每次都有改动，他不断创新，不是一成不变的。就拿梅先生的代表作《宇宙锋》(又名《一口剑》) 来说，秦二世时，赵高、匡洪一殿为臣，赵高要跟匡洪结为儿女亲家，匡洪不肯，赵高就请秦二世赐婚让匡洪无法拒绝。后赵高专权，匡洪不满。赵高就派人盗匡家所藏"宇宙锋"宝剑，又派人持剑行刺秦二世并且当场将刺客灭口嫁祸给匡家。秦二世震怒，下令满门抄斩匡家。匡洪的儿子匡扶逃跑了，他的妻子赵女赵艳容，就是赵高的女儿只得回赵家独居。后面秦二世胡亥看这个赵女容貌美丽，就想把她封为嫔妃。赵艳容不肯，于是就装疯。原来《宇宙锋》演出都是说这个赵艳容听哑奴的指挥装疯，哑奴叫赵女怎么样她就怎么样，她自己没有思想，梅先生在这点上做了改动，他表现了赵女自己的想法，一改再改，你看先生在舞台上装疯的准备，很容易把观众也带入到那种情感里，非常了不起！

印象最深的，有一次先生晚上有演出，要唱《霸王别姬》，白天他就在自家院子里琢磨舞剑的剑套子，许姬传秘书、姚玉芙都在，我也在旁边看着。他那剑套子，原来是顺时针这么亮出去指的，可他感觉不大顺，就在院子里琢磨着怎么比划，不停地换动作，后来他觉得倒过来逆时针这么指出来，连腰也一起动了，比较顺。他一看见我，就说："你来，你把这个动作做给我看看。"先生不但自己做，他还以观众的眼光来看，边看边说"这里挺好"，"这太高了"，"这太低了"，对我挺用心。当天晚上的演出梅先生就按新的动作演了，非常漂亮。

五、京昆大师赴津合作演绎《贩马记》

我在梅家的时候比较注意，没事不会窜来窜去的，顾宝森先生也有叮嘱，所以我平时就待在自己房里，梅家迎来送往的没有什么印象。梅先生不演戏的时候，顾先生和倪秋萍先生也没什么事，我们仨就经常在一起吊嗓子。如果梅先生要去天津演出，或者到别的什么地方去，我就跟着他们一起准备了。梅先生还经常到天津去演出，我也跟着一起去，算剧团里的人。

我记得国庆前一天，梅先生和葆玖在怀仁堂演《金山寺》，有点像国庆招待，是京剧专场，都是首长来看的。师母带我一起去了，我们四个人刚好一辆车。这种机会很难得，管得很严，一般人进不去，就一个车进去。

我陪先生去过一次天津演出，我们去的时候是一个团队去，下了车，先生、师母、葆玖还有我四个人坐一辆车，车把我们送到滨江道百福大楼，结果房间不够，我和葆玖如果住在一个房间也不方便，所以商量下来梅先生一家三口住百福大楼，我和其他的演员住在国民饭店，就在中国大戏院旁边。有萧长华，他演小花脸；还有小生姜妙香。梅先生他们原定演出的曲目是《贩马记》，当时俞振飞先生刚从香港回来，这恰恰也是俞先生的拿手戏。这出戏里有个角色叫赵宠，原来是姜妙香的。姜妙香主动让俞振飞演，这就成了梅先生和俞先生共同主演的《贩马记》，非常经典！姜妙香就出演了另一个角色，旦角李桂芝的弟弟，保童。

六、有幸得王瑶卿祖师爷的指点

我在梅家这几个月，另外一个大收获就是得到了京剧花衫行当创始人王瑶卿老师的指点。论起来我应该叫王瑶卿“爷爷”。我在上海学戏的时候，经朱琴心老师介绍，请王幼卿先生给我教青衣戏，教的有《三娘教子》《别宫祭江》《仕林祭塔》《龙凤呈祥》等。王幼卿是王瑶卿的过继儿子。王瑶卿没有儿子，只有一个女儿，名铁瑛，爱称“老铁”。他有个弟弟是唱老生的，叫王凤卿，王幼卿和王少卿都是王凤卿的儿子，王少卿是给梅先生拉京胡的。最初是王凤卿把梅先生带到上海的，介绍先生登台，结果梅先生一炮而红，赛过了王凤卿，后面梅先生唱大轴戏了，变成王凤卿要给梅先生垫戏了。

到北京以后，我就跟梅先生表达了想跟王瑶卿学戏的想法，他非常赞同。梅先生很包容，兼容并蓄，这点让我很感动。

王瑶卿爷爷住在大马神庙，和王少卿、王幼卿都住在一个院子里。王瑶卿是因材施教，他看你什么条件，就教你什么，文武都教。程砚秋程派的腔就是王瑶卿设计的。因为程砚秋号称“鬼音”，王瑶卿就给他设计了这个腔，倒独成一派了。王瑶卿听我嗓子挺好，扮相也不错，就教了我三出戏。

一出是“大探二”(《大保国》《探皇陵》《二进宫》)，这原是三个折子戏，中间的剧情都没有，听戏的都知道。讲的是明初，皇帝驾崩，太子年幼，太子之母李艳妃暂理国事。李艳妃之父李良起意篡位，定下一计：约定暂代皇帝，等太子长大成人再还政。李妃欲从之，李良又命文武百官签字画押。老臣徐彦昭和兵部侍郎杨波坚决拒绝，李妃不答应了，将二人赶出朝堂，声明永不录用。后李良原形毕露，将李艳妃封锁在昭阳宫。李艳妃一看这个情况知道自己错了，那怎么办呢，她就自己写诏书，叫徐彦昭的女儿射出宫去。结果让赵飞给接到了，赵飞是杨波的手下。赵飞拿着这个诏书给杨波一看，杨波当即决定招兵保护皇陵，这之前的李良封宫、写诏书什么的，过去都没有，都是王瑶卿编出来的。这么着前后就连贯了，又有艺术性，又有故事性，看戏的人都知道怎么回事了。要不然《大保国》完了以后，马上就《探皇陵》,《探皇陵》以后《二进宫》，没有个交待，没有剧情。在《二进宫》之后，王瑶卿又教了我《斩李良》，把这四出合在一起改名为《李艳妃》,“大探二”带《斩李良》。

另一出是全本的《王宝钏》，这出戏是他专门为王玉蓉编的，过去只有王玉蓉会演。原来也是一折一折演的，王瑶卿把它们都串起来，《花园赠金》《彩楼配》《三击掌》《探寒窑》《武家坡》《算粮》《大登殿》都串起来一天演完。原来在《三击掌》后面还有个《投军别窑》，当时因为有很多拉拉扯扯哭哭啼啼的情节，于是就禁演了。原来的折子戏，前几出都有慢板，《花园赠金》《彩楼配》是西皮慢板，《探寒窑》也有二黄慢板，王瑶卿把前面的慢板都掐掉，只唱几句摇板，仅仅保留过程，后面再唱《武家坡》《算粮》《大登殿》。这么看起来就完整了，不懂戏的也爱看了。

还有一出是全本的《孙尚香》。王瑶卿作了修改，把《龙凤呈祥》《回荆州》《截江夺斗》和《别宫祭江》串在一起，就是全本《孙尚香》。

再以后我就见过他一次，大概是 1955 年，他在北京病重了，那时候我在天津演出，就赶到北京去看他。他还记得我，但是已经说不出来话了，就看着我眼泪汪汪的。那一天王幼卿不在，后来没过多久王瑶卿爷爷就去世了。

七、梅先生身体力行引导梨园：戏德比戏重要

我 1951 年 9 月跟梅先生去北京，春节前回到上海，前后大概有 4 个多月。后面我就自己演出了。梅先生叮嘱我，不但要把自己的戏演好，另外在戏德方面也非常重要。

顺便说一句，那时候京剧行当氛围很好，四大名旦之间不抢戏，都是这出戏你唱得好我就让你唱，我自己就唱其他的。比如《六月雪》原来大家都唱，是老戏嘛，后来程砚秋唱红了，就让他唱。《霸王别姬》原来尚小云也唱过，但是后来梅先生唱火了，就是梅先生唱。这叫"让戏"，就是戏德。

我后来自己跑码头以后，和梅先生经常联系。

梅先生对同行一直是很包容的。我第二次到天津演出，大概是 1952 年。上海中国大戏院的后台老板叫韩金奎，是唱小花脸的，他儿子是唱老生的，叫韩锡麟。这个韩老板让我带他儿子一起去天津演出，我就同意了。韩锡麟因为没有上过台，就带了个老师给自己说戏。到了天津以后呢，韩锡麟对宣传不满意，对这个牌子不乐意了，我们这边宣传的是"舒昌玉京剧小组"，他要叫玉麟京剧团（舒昌玉韩锡麟京剧团），事先他并没有提这样的要求。唱了两天他就不唱了，让我给他出路费送他回去。我说你不唱了，要回去，我怎么送？这个钱是要分摊到大家头上的，我做不了主。他就自己回来了，回来后他父亲去梅先生那告我状。那是夏天，梅先生就在上海，我演出回来后就看先生去了。梅先生就说："你呀，对于同行要包容一点，不要太较真。"就说了这么几句话。

梅先生这么说，也是这么做的。他对剧团里的人都很关心和宽容，有一年在上海中国大戏院，我看先生演出，先生是日场，星期天的白天，演的是头二本《虹霓关》，头本他演的是东方氏，二本演的是丫鬟，他一个人赶两个角色。头本梅先生饰演的东方氏戴孝了，没有戴头面，二本就要戴头面、头花之类的，但是在场上头上插的花突然掉了一个。有的演员看

到这样就慌了，但梅先生不慌不忙的，做了一个很优美的动作把花捡起来又插上了，这个动作还引起了下面观众的叫好声。本来这个责任应该是后台包头的，就是顾宝森师傅负责的，他没把花插好，他后面跟我说非常愧疚，当时就跟梅先生道歉，连连说对不起，梅先生不仅没有责备他，还宽慰他说没事，你看你还让我多得了下面一个彩。

对于同行，梅先生也关怀备至。每到过年的时候，他总是带头唱义务戏，大家都不拿份子钱，所有的收入都归有困难的同行，让他们能够宽宽心心过个年。

我在贵州省京剧团的时候，有个艺校的老师叫方宝成，原来是梅剧团的人，梅剧团解散以后，他到贵州省艺校教书去了，梅先生还一直给他寄钱，这是方宝成亲自跟我说的，所以梅先生对同行非常关心和体贴，他也是这么教导我的。

（原刊于《世纪》2019 年第 4 期）

1956 年中国京剧轰动莫斯科

沈鸿鑫 *

2005 年 7 月，国家主席胡锦涛在访问俄罗斯期间，与普京总统共同宣布：中俄两国决定互办国家年活动。2006 年 3 月 21 日，中国举办的“俄罗斯年”在北京开幕；2007 年 3 月，俄罗斯举办“中国年”。这件事使我想

周信芳率上海京剧团赴苏联访问演出，受到热烈欢迎

* 沈鸿鑫，上海艺术研究所研究员。

起了50年前周信芳率上海京剧院演出团去苏联访问演出的情形。

1956年的夏天，周信芳接到出访苏联的外事演出任务，这是我国政府根据中苏文化合作协定执行计划加以安排的。不久组建了上海京剧院访苏演出团，周信芳任团长，伊兵任副团长，全团共77人，出访演出的剧目有麒派名剧《四进士》《徐策跑城》《打渔杀家》《投军别窑》等。

周总理指定出国演昆剧《十五贯》

上海京剧团出访前，周恩来总理亲自指示，要求把当时红遍全国的昆剧《十五贯》带出去演出。

昆剧《十五贯》是浙江国风昆苏剧团于1955年根据清代剧作家朱素臣的传奇剧本《双熊梦》改编而成的。新中国成立初期，昆曲比较衰落，1955年浙江的民营剧团国风昆苏剧团为了生存，根据《双熊梦》改编成《十五贯》在杭州西湖的“大世界”小剧场演出，被浙江省文化局副局长黄源发现，认为这是一出很有基础的好戏，并决定对它进行重点加工。新编的《十五贯》对《双熊梦》作了去芜存菁、推陈出新的改造和创作。原剧26折，要演12个小时，《十五贯》将全剧压缩成8场，使情节更为集中、精练。剧本结构严谨，情节连贯，一气呵成。对唱词、道白也进行了很大幅度的加工，使之更加通俗晓畅，适于现代观众接受。演出阵容也很强大，由昆曲名角周传瑛、王传淞、朱周梁分别饰演况钟、娄阿鼠、过于执。

《十五贯》先在杭州演出，受到好评。1956年春节到上海，在永安公司6楼的一个小剧场里演出。中共中央宣传部部长陆定一正好在上海，他看了演出后，认为是出好戏，经他推荐，文化部决定调该团进京演出。1956年4月，国风昆苏剧团改建为国营的浙江昆苏剧团赴北京演出。毛泽东两次观看了演出，刘少奇、周恩来、朱德等领导也观看了演出。周恩来看戏后，亲切接见演员，与他们长谈40分钟，还在中南海紫光阁亲自主持大型座谈会研讨《十五贯》，他盛赞《十五贯》"一出戏救活了一个剧种"。5月18日《人民日报》发表由田汉执笔的社论《从"一出戏救活了一个剧种"谈起》。从4月10日首演至5月27日，北京共有7万观众看了《十五贯》，北京出现了"满城争说《十五贯》"的盛况。在《十五贯》的推动下，各地纷纷成立昆剧团体，使昆剧这一古老的剧种在新的历史条件下焕发出勃勃生机。

了解了这样的背景，我们就明白为什么周总理要亲自指定《十五贯》为出国演出的剧目了。周信芳接到任务后，立即冒着酷暑带领剧团专程去杭州学戏。临走前，演出组就派定了角色，周信芳饰演况钟，孙正阳饰演娄阿鼠，王金璐饰演过于执，沈金波饰演周忱，赵晓岚饰演苏戌娟，黄正勤饰演熊友兰。这次学戏有几个困难，一是《十五贯》是昆剧，而周信芳等人都是京剧演员，京昆虽有相近之处，但毕竟是两个剧种，学起来当然有难度；二是时间比较紧迫；三是天气炎热，当时正值盛夏季节，杭州的白天连凳子都烫得不好坐人，即使到了晚上，也往往热得难以入睡。可是在周信芳的带领下，大家的劲头很高。浙江昆苏剧团的同行也十分热情。他们日以继夜地学戏，或是在剧场里看浙江昆苏剧团的演出，或由周传瑛、王传淞等同志给他们说戏，作身段的示范和唱腔的指导。周信芳非常虚心地向周传瑛请教塑造况钟艺术形象的经验。在全体同志的共同努力下，仅花了一个星期时间，就把这出戏学了回来。回到上海，剧团立即投入排练，每天从上午8点起，一直要排到晚上10点，十几个小时连着干。当时周信芳已经62岁，而且他的活最重，但还是照样干。

为了安全，周总理要求剧团出访不要坐飞机

1956年8月底，周信芳率领出访演出团到达北京，夏衍、田汉等文艺

界领导人到车站迎接。在北京，要完成出国前最后的准备工作，要把所有带出去的剧目排练成熟，这些节目还要等待周恩来总理来审看通过。经过一段时日，总理终于抽出时间来审看节目了，他一连看了几场，观看了《十五贯》《四进士》《打渔杀家》《空城计》《挑滑车》《盗仙草》等全部剧目。审看完毕后的第二天深夜 12 点半，周总理在首都剧场接见了周信芳和其他同志。周总理带着歉意说："让你们久等了，你们等急了吧！我实在忙，可又非来看戏不可，因为我是总理么！要是出了什么问题，我是有责任的。"他接着对节目发表了意见，说："戏都不错，完全可以拿出去。尤其是《十五贯》演得很成功。周信芳同志这么大年纪了，还演得这么认真，这么好，很不容易！"当他听说他们到浙江去学这个戏只用了一个星期，高兴地翘起大拇指说："高速度！"

周信芳（左）和儿子周少麟访苏时在谈摄影

周总理对这次出国访问，还特地提到了两点，第一点是建议周信芳和出访团不坐飞机去，因为前不久李少春率队出国演出，分乘两架飞机，其中一架飞机失事了，李少春因乘的是另一架而幸免于难。第二点是出国后要事事、处处注意两国之间的关系。总理详细介绍了斯大林逝世后苏联的一些新的情况。他还讲到一些细节问题，说："苏联人吃东西的习惯和我们不同。如果我们感到吃不惯，不要露出不满意的情绪。好在你们是演员，会表演，不像我们，我可是不会表演。"谈话一直持续到凌晨 2 点 3 刻，秘书提醒总理："您还没吃晚饭，早上 3 点钟还得到毛主席那儿去开会呢！"总理只得抽身离开，他对周信芳说："分别了几个月，真想多聊会儿，可是现在时间不行了，只好告别了！"周信芳和同志们对周总理在百忙中还如此关心出访演出团十分感动。

中国京剧倾倒苏联观众

1956 年 10 月 28 日，中国上海京剧院演出团从北京出发，乘了九天九夜的火车。当周信芳一行乘坐的国际列车到达苏联国境时，苏联文化部派了拉金同志前来迎接。11 月 5 日到达莫斯科，正值十月革命 39 周年纪念日的前夕，苏联文化部巡回演出局副局长加辽伊诺夫在和周信芳一行第一次共进午餐时，举杯说："你们在十月革命节的前夕来到莫斯科，意义就更加重大；因为你们的访问演出，在我们看来，无异于我们自己的演出。而我们的伟大的节日也就是你们的节日。"

11 月 7 日，苏联党和政府在红场举行十月革命 39 周年的盛大庆典。周信芳和演出团全体成员应邀出席，他们被安排在离主席台很近的第 7 号观礼台上。观礼台上还有法国、印度、捷克、埃及等各国的代表。游行的群众不断把手中举着的旗帜和鲜花向着观礼台挥舞，当他们发现第 7 号观礼台上成排地站着七十几位中国宾客时，队伍里唱起了《莫斯科—北京》

的歌曲，喊起了“中国人民万岁”“中华人民共和国万岁”的口号声，情绪十分热烈。周信芳深切地感受到苏联人民对中国人民发自内心的友好情谊。几天以后，周信芳又率领演出团到红场瞻仰列宁、斯大林墓，在这两位伟人的墓前敬献了花圈。

这次，上海京剧院的出访演出团从1956年11月5日到达莫斯科，到1957年1月7日离莫斯科返国，在苏联一共逗留64天，历经了6个加盟共和国的9个城市：莫斯科、列宁格勒、塔林、里加、考那斯、维尔纽斯、明斯克、高米尔、基辅，行程2万多公里，总共演出53场。

这次访苏演出，在艺术上有一个特点，就是把京剧艺术按照它们本来的面貌介绍给苏联艺术界和苏联观众。所带剧目有20个之多，其中有《十五贯》和《四进士》这样要演3个小时的大戏，也有一些折子戏，如《雁荡山》《拾玉镯》《投军别窑》《秋江》《盗仙草》《打渔杀家》《三岔口》《双射雁》《八仙过海》《徐策跑城》《追韩信》《泗州城》等。这些剧目中，虽有些武戏，但以文戏为主。有一些京剧团到国外演出回来反映，外国观众对武戏容易看懂，文戏不容易看懂。开始周信芳也有些担心，可是苏联观众不仅爱看武戏，也爱看文戏，这可能与梅兰芳来演过有关，另外也借助“译意风”。周信芳发现，苏联观众很看得懂，凡是演到国内观众叫好的地方，苏联观众也反应特别强烈。不少剧目使苏联观众着了迷。《雁荡山》一共演了21场，昆剧《十五贯》也演了8场。每场演出结束，观众都热烈地欢呼，久久不愿离去，演员谢幕最多的达十五六次。

苏联的艺术界、学术界对周信芳的表演艺术怀着浓烈的兴趣，给予高度评价。他们曾经领略过梅兰芳的风采，但周信芳带去的剧目有许多是与当年梅兰芳所演不同的，而周信芳的表演艺术又呈现出与梅兰芳完全不同的风格，这使苏联的艺术家领略到中国京剧丰富多彩、精彩纷呈的面貌。他们赞扬周信芳是一位杰出的艺术大师，非常推崇周信芳雄浑有力、逼真动人的表演。他演《打渔杀家》，尽管台上没有水，却能使人感到演员是在江中的船上，所做的船上动作，看起来都那么逼真。看着看着，观众忘了是在看戏，被带进了一个美妙的境界。在苏联文化部举行的欢迎会上，文化部负责人说："周信芳先生的表演，非常富有艺术魅力。不仅使人得到高度的艺术享受，而且能从中得到鼓舞力量，增强斗志。"他特别提到，《打渔杀家》中反抗官府的老英雄萧恩和《十五贯》中的况钟，对苏联人民也具有现实的教育意义。苏联木偶艺术大师奥勃拉兹卓夫说："周信芳不愧为艺术大师。他塑造的萧恩、宋士杰、况钟等人物形象，给观众留下的印象实在太深刻了！"

周信芳在苏联演出期间，还进行多次参观访问和艺术观摩活动。在莫斯科，参观了克里姆林宫。在列宁格勒，参观了停泊在涅瓦河边、在十月革命中向敌人发出震惊世界的第一炮的"阿芙乐尔"号巡洋舰，参观了冬宫博物馆，还冒雪跋涉33公里参观了十月革命前夕列宁避难的拉兹里夫"列宁草棚"。在明斯克，参观了规模宏大的明斯克汽车制造厂。在基辅，周信芳应邀出席全乌克兰戏剧工作者大会，并发表了演讲。在苏联期间，周信芳多次观摩了苏联艺术家演出的歌剧、芭蕾舞剧、轻歌剧、木偶戏、马戏等，如在立陶宛首都维尔纽斯观看了现代民族芭蕾舞剧《幸福之岸》，在不同城市观看了几个不同版本的普希金名作歌剧《鲍立斯·戈都诺夫》，在基辅观看了乌克兰艺术家表演的芭蕾舞和民间歌舞的集锦演出。此外，周信芳还观摩了芭蕾舞名剧《吉赛尔》《黑桃皇后》等。

通过参观访问及艺术观摩活动，周信芳深深感受到苏联社会主义建设事业飞速发展的面貌以及苏联人民忘我劳动的精神和强烈的责任感。周信芳在明斯克与一位没有脚的舞台工作者一道工作了5天。伏罗希洛夫军官之家的舞台管理李福同志，在卫国战争中失去了双腿，他安上了假腿，克服一切困难适应舞台工作，慢慢地，他不仅行动如常，能蹦能跳，还能在舞台结构的各部分爬上爬下，如履平地，使周信芳十分惊讶和钦佩。周信芳还为苏联艺术家的精湛艺术所陶醉。他们运用现实主义创作方法，富于民族风格和诗的意境的表演艺术以及严肃认真的艺术态度，给周信芳深深的启迪。

生活在友谊的海洋里

在整个演出过程中，周信芳的一个特别强烈的感受，就是苏联及各加盟共和国领导对这次访问演出的高度重视和苏联人民对演出团十分热情友好的态度。

苏联方面对周信芳一行的接待是非常热情、友好、隆重的。许多加盟共和国的领导人都把这次访问演出当成是他们国家文化和政治生活中的一件大事。在苏联文化部部长米哈伊洛夫亲自主持下，俄罗斯和乌克兰文艺界先后举行欢迎大会。拉脱维亚部长会议主席拉齐斯称京剧团在拉首都里加的那一个星期为“中国周”。有的加盟共和国的领导人，为了观看周信芳等人的演出，以及主持欢送宴会，特地从莫斯科乘飞机赶回来。演出团所到过的每个加盟共和国和每个城市，都向周信芳等人颁发了荣誉奖状。

周信芳在苏演出期间，始终生活在友情的海洋之中，一些接待演出团或协助演出团工作的苏联同志成了周信芳的好朋友。其中有话剧演员拉金，他特地到中苏边境迎接周信芳一行，不顾自己年事已高，一直陪同演出团，南北驰骋几千公里，两个月如一日，经常起早摸黑，亲自照顾饮食起居，既管菜谱，又调度车辆。周信芳为他的工作热情而深深感动。还有一位是著名汉学家艾德林。演出团还未到莫斯科，他就主持编译了演出的宣传材料，为了译得准确传神，他煞费苦心。比如“京剧”这个名词，他觉得简单地译成“北京歌剧”还不太确切，后来他译成了“北京音乐戏剧”。一些剧名他也译得很有趣，如《萧何月下追韩信》，他译成《韩信将军归来》；《打渔杀家》，他译成《渔人的复仇》；《投军别窑》，他译成《薛平贵与妻子分别》；《挑滑车》，他译成《战斗在山上》；《徐策跑城》，他译成《徐策急忙到皇宫去》……这些剧名译得很好，既便于苏联观众了解剧情，又引人入胜。周信芳刚到莫斯科，在莫斯科音乐剧院首次排演时，就与艾德林认识了。之后，演出团每次演出艾德林差不多都陪同在侧，他随时把一些苏联艺术家介绍给周信芳认识，有空就和演出团交换有关演出的意见。周信芳与苏联文化部派来的报幕员巴拉克谢也夫也成了好朋友。巴拉克谢也夫是文化部负责组织晚会的高级干部，克里姆林宫国家音乐会的报幕人。这次他担任中国演出团的报幕，口齿清晰，嗓音嘹亮，显得彬彬有礼。他生动、简洁地讲解中国历史剧的剧情，每一场间隙，恰当地插进一段分场的故事介绍，使苏联观众能理解京剧并产生浓厚的兴趣。每当谢幕时，他又以丰富的经验调节观众的情绪，使谢幕适可而止，达到最完美的效果。

除了演出团的陪同人员，周信芳还结识了不少苏联艺术界的朋友。在莫斯科，他结识了苏联木偶大师奥勃拉兹卓夫。有一次奥勃拉兹卓夫邀请周信芳及伊兵、李玉茹、刘斌昆、赵晓岚、张美娟等到他家里做客，他的夫人特地穿上中国的锦缎旗袍迎客，还以中国的茉莉花茶和中国菜招待他们。周信芳一行还参观他的房间。其中有一间 20 多平方米的“木偶室”，在许多玻璃橱内陈列着世界各国的木偶，其中一只玻璃橱里摆的全是孙悟空，有的是中国同行送的，有的是他自己制作的，形态各异，色彩缤纷。玻璃橱内装满了五彩的小灯泡，时明时灭，充满了童话的色彩。周信芳禁不住赞叹道：真是神奇美妙极了！奥勃拉兹卓夫还为周信芳一行表演布袋木偶，又诙谐，又传神。他极其热爱中国的京剧和戏曲，向周信芳询问了京剧表演、化妆、脸谱等诸多问题，两位艺术家谈得十分欢畅。

田汉称周信芳是“不倒的红旗”

这次出访演出任务重，日程安排紧凑，每天从清早忙到深夜，周信芳既是团长，又是领衔主演，比别人更忙更累。每次全体人员集合，他总是第一个到达，不仅每天演出任务重，而且在演出前要向观众讲话，演出后还要研究工作，因此累得够呛。有一天傍晚，有位演员去周信芳房里探望，只见他坐在椅子上睡着了。这位演员对正在房里的周信芳之子周少麟说："我想叫院长去吃饭，可他累得睡着了。"这时周信芳醒了。那位演员关切地问："累了吧，院长！"周信芳慢慢把身体坐直："说不累是假。我们虽然是剧团，但毕竟是代表国家出访，时时处处都得注意国际影响，我这当团长的，不累一点行吗？"晚饭后，周信芳又打起精神，带领大家去剧场了。那天演出《十五贯》，况钟要唱许多支昆曲曲牌，周信芳嗓子哑了，就尽量走低音，并用加强脸部表情和形体动作来弥补。演出十分精彩，观众掌声不绝。

这次访苏演出十分圆满，苏联文化部向周信芳等15位主要演员颁发了荣誉奖状。回国后，田汉热情地赞扬这次访问演出任务完成得非常出色，他称周信芳是"不倒的红旗"。

（原刊于《世纪》2007年第3期）

京剧《王子复仇记》欧美巡演记

孙重亮 *

2002—2013 年，我有幸担任上海京剧院院长，在全体员工的共同努力下，先后打造了新编历史剧《贞观盛事》《廉吏于成龙》《成败萧何》等精品剧目，获得了一系列国家级大奖。但是，如何创排一个更为世界各国人民理解，并能引起共鸣的剧目，使中国的京剧堂堂正正地走出国门周游世界呢？这成了萦绕我心头的一个梦想。转机出现在 2004 年。

2004 年 2 月 24 日上午，中国驻丹麦大使甄建国陪同丹麦王国首相访问上海，他通过文广集团副总裁刘文国联系我，我立即如约赶到威斯汀酒店，在大堂我们进行了简短而有成效的交谈，甄大使作风果断、快人快语，他说我国在北欧的影响不大，要想一切办法打开局面，在丹麦爱森诺市郊有个科隆博格城堡，简称“科隆堡”，是传说中哈姆雷特生活的城堡，莎士比亚名剧《哈姆雷特》的故事就发生在那里，每年 8 月丹麦都要在城堡内举办“哈姆雷特之夏戏剧节”，此项活动已经延续几十年了，每年世界各国的剧团都会到那儿去演各种版本的莎士比亚的《哈姆雷特》。丹麦人民十分钟爱这位丹麦王子，他们不厌其烦地观看着同一个故事的不同版本，而我们中国却从来没去参演过，他希望能送去一个极具中国民族特

---

* 孙重亮，上海市文史研究馆馆员，上海京剧院原院长。

色的京剧《哈姆雷特》。甄大使对京剧十分内行，他考察了京、津、沪几大京剧院，认为只有上海京剧院能做好这件事，只是资金问题他无法解决，问我愿不愿承担？甄大使的提议正中我下怀，他的激情和民族责任感更是把我的信心点燃，我当即表态一定不辱使命，并且约定2005年科隆堡见！

精心策划，打造“东方王子”

用中国的艺术样式和舞台语汇来演绎外国的故事，中国的戏曲尤其是京剧，唱、念、做、打形式多样，语汇丰富，一定能打造出一个独特的“东方王子”，对此我充满信心。回到院里我马上召开创作专题研究会议，大家一致认为这是京剧走出国门的又一契机，于是，院里立即派主创人员前往丹麦科隆堡实地考察。

考察组回来后我们马上召开策划会议，经过研讨大家对剧目的基本样式取得了共识，确定不要把京剧西式化，而要让“莎剧”京剧化，即把故事搬过来变为中国的故事，在中国的古代历史和民间传说中，类似“哈姆雷特”故事中的皇权争夺、宫闱秘闻哪个朝代没有？诸如“烛影斧声，千古之谜”“狸猫换太子”等，而表现这类题材正是京剧的强项。青年编剧冯刚出色地完成了文本的改编，该剧定名为《王子复仇记》，把故事置于一个虚拟的“赤城国”，以王子复仇为主线，砍掉枝蔓，精简人物，群众角色采用一人多角，全剧只需12个演员，加上乐队、舞美和相关工作人员，可组成43人的精干演出团。剧中人物分别以中国姓氏命名：王子子丹（哈姆雷特）由英俊潇洒的文武老生傅希如扮演，王后姜戎（乔德鲁特）由梅派青衣郭睿玥扮演，王子的意中人殷缡（奥菲莉亚）由程派青衣赵欢扮演，国王雍叔（克劳狄斯）由架子花脸陈宇扮演，殷缡的父亲朝廷重臣殷甫（波洛涅斯）由名丑严庆谷和青年演员朱何吉轮演，鬼魂雍伯（老哈姆雷特）由裘派花脸高明博、耿露轮演，子丹的挚友夏侯牧（霍拉旭）由武生刘涛扮演，殷缡的哥哥殷泽（雷欧提斯）由武花脸刘大可和武生顾典剧轮演，当时这组年轻演员的平均年龄还不到25岁。

全剧以中国化的形式演绎，把“莎剧”中大段富有哲理性的独白通俗化，分别纳入京剧念白和唱词中，使之更具诗意。唱腔设计充分体现流派特色；服装以京剧传统衣箱为主，只对个别服饰作些改良；布景引申“一桌二椅”的写意化理念，设计了四个移动变转的屏风和五张椅子，把空灵的舞台让给演员表演，五张椅子忽而组成宫中桌椅，忽而变成墓碑，忽而又是高台土坡；四个屏风既是前殿壁墙，又是后宫帷幔，在子丹为怎样复仇而陷入矛盾纠结时，屏风上显现篆、隶、魏、楷等各种字体书写的经典台词：“生存还是毁灭？这是值得思考的问题。”从而有力地烘托了人物的内心。因为演出将在科隆堡内广场的露天舞台进行，这套写意化的布景成为西式古典城堡和京剧传统装束之间的过渡，使之相对和谐融为一体。

著名导演石玉昆是京剧演员出身，对京剧的舞台语汇娴熟于胸。为了让子丹（哈姆雷特）这个人物在装疯时和正常时有所区别，他让演员分别用京白和韵白作不同的处理。为了外化殷甫（波洛涅斯）卑劣的人格，他要求采用丑行的矮子步，这在后来的演出中收到奇特效果，因为西方观众十分鄙视这个人物的灵魂，当他们的视觉形象和心理感受达到完全统一的时候，每每发出会心的笑声。整台戏充分体现了“以歌舞演故事”（王

左图：在丹麦科隆堡广场首场演出；右图：2005年10月在荷兰阿姆斯特丹音乐厅演出

国维）的中国戏曲特色，其中把传统京剧中的“水袖功”“甩发功”“矮子功”“椅子功”“毯子功”“把子功”等，都用得恰到好处。等全剧响排后发现了一个问题，根据协议我们的演出不得超过100分钟，尽管编剧一再精简剧本，但我们的合成时间还是超过了两小时，而此时离布景道具的启运没几天了，因为赴欧洲演出布景道具要提前一个月海运。在启运前我们必须进行彩排和演出，让舞美灯光与演员乐队有两次全面合成，以便调整补漏。时间已不允许再对文本进行结构性的调整压缩，况且英文字幕已发往丹麦，甄大使找了当地翻译正在译成丹麦文，我们只能对全剧进行成块面的取舍。我当即决定砍掉第一场“金殿”上的戏，让全剧从子丹“趟马”遇见父王的鬼魂开始，同时再与编导商议去掉后面的两段唱，使全剧既达到规定时间又不影响整体结构。没有时间和场地进行彩排了，只能在排练厅试穿服装和化妆。在演出部的紧急协调下，两天后我们进入学校为大学生演出，这是唯一的一次合成检验，剧组每一个人都全神贯注，演出虽然生疏，但却得到了大学师生的认可。演出后剧组立即将经过检验的布景服装打包装箱，直接运往码头托运，接下来的一个月，除了让演员和乐队不断磨合外，我们只能等待，就像决战前的寂静一样，在焦虑忐忑中等待，大学生能接受，可丹麦观众能否认可？他们可是看过世界各国无数《哈姆雷特》的群体，无疑是最挑剔的观众，这一个月竟是如此漫长。

首战科隆堡

2005年7月27日，我们终于来到了哈姆雷特的故居，这座科隆博格城堡含义为“皇冠之宫”，坐落在西兰岛北部的海边，离哥本哈根45公里，与瑞典的赫尔辛堡市隔海相望。它地处波罗的海出海口之一的厄勒海峡出口处，城堡至今仍保存完好，于2000年被联合国教科文组织列入世界文化遗产目录。城堡用沙岩石砌成，铜铸的屋顶，四周有围墙环抱，十分壮观，为北欧最精美的文艺复兴时期建筑风格的宫殿。广场的主楼前已经搭起了露天舞台，围墙内侧则是梯形看台，大家不顾长途旅行的疲劳，一到那儿就投入装台、走台、试音等准备工作。

戏剧节负责人凯伦是一位中年妇女，外表显得粗犷豪爽，其实是个十分精明的经理人，她对我们的外事主管赵春燕说要找我谈谈，我们只好带着翻译孙丽萍（新华社随团记者）离开工作现场。凯伦女士一开口就让人很难插上嘴，她叙述着戏剧节的辉煌历史，说英、美、法、德等世界各国著名剧团都来演出过，本届戏剧节让我们的演出作为开幕，是给了我们多大的荣耀。接着她悄悄地滑入主题：由于他们做了很好的宣传，不仅四场正式演出满座，连彩排的票也卖完了，我们应该感到荣幸。这是单方面违反合同，我当即提出抗议，按照合同彩排不带观众，对于我们而言这只是第二次正式合成，然而卖出去的票又无法收回，这是逼着我们背水一战啊！好在我对上京这支队伍的临战状态心中有底，我说既然卖了票，你们就得支付演出费。她强调按合同她只能支付四场正式演出的费用，我说合同已经被你违反，我不追究你的责任已经很友好了，几经纠缠双方各退一步，把彩排也作为正式演出处理。接着她又提出开幕前的字幕不能打，只能打唱词和念白的字幕，这完全是无理要求！开幕前第一条字幕是“京剧《王子复仇记》”，第二条是“中国・上海京剧院演出”，而且这些字幕都在幕前曲中完成，对演出时间长度毫无影响，我们怎么能不打？于是双方唇枪舌剑各持己见，最后她居然说丹麦观众没这个习惯，一旦看到前面的字幕会造成混乱。我质问她，电影片头都有字幕，在丹麦是否每放一场电影都会造成一场混乱？她愣了几秒钟，突然近乎神经质地扯开嗓门喋喋不休，连翻译也无法接招，就这么两件事她居然纠缠了两个多小时，那边走台已经结束，正等着我去听试音效果，院里同志已经第三次来催我，而她还在滔滔不绝，我被激怒了，对门外大声说道：“既然前面的字幕不让打，那么唱词也不打了，把字幕机撤掉！”回头示意翻译把意思告诉凯伦，然后拂袖而去。一会儿赵春燕告诉我，凯伦哭了，说院长发火了就按他的意思办吧。

演出虽然在露天，但内广场的结构非常拢音，鉴于西方人的欣赏习惯，我让打击乐进行弱声处理，京胡换成钢丝弦，再把乐队的麦克风去掉，经此调整，乐队的声音非常柔和动听，这使我信心倍增。

第二天下午，我抽空进城堡转转，这座古堡曾抵御过许多海盗的侵扰，而后改造成王宫，里面像迷宫一样，在阴暗处还陈列着许多铠甲盾牌、长矛利刃等，令人不寒而栗。我让几位主要演员化妆前进去参观，可他们认为在这儿要待很多天，有的是时间，不如先默默台词。我一定要他们进去看看，我说你们将会感到里面的每一个门洞、每一道帷幕后面都隐藏着一个阴谋，这有助于你们进入规定情境。果然当晚的演出演员们非常投入，令全场观众如痴如醉，尤其是子丹（哈姆雷特）向母后姜戎（乔德鲁特）揭露国王雍叔（克劳狄斯）杀兄夺权的阴谋，并劝导母后的那场戏，傅希如和郭睿玥两位演员完全进入了角色，观众被他们深深地吸引着，全场鸦雀无声。正当子丹（哈姆雷特）指着右上方呼喊着“母后你看，我的父王……是我的父王，穿着他生前的铠甲，此刻，从门内出去了！”突然，城堡顶楼的钟声响起，远处又传来两声海鸥凄厉的叫声，这一切竟是那么巧合，就像精心安排的一样，让人感觉如梦如幻。《哈姆雷特》是一出大悲剧，丹麦观众见过哈姆雷特无数种死法，却从未见过中国京剧的独特处理：末场，在国王雍叔（克劳狄斯）授意下，子丹（哈姆雷特）与殷泽（欧雷提斯）比武，中场时子丹被毒剑暗伤，王后姜戎（乔德鲁特）怀着万分愧疚，夺过国王送给子丹的毒酒一饮而尽，子丹怒杀国王为父报仇，而自己也剑伤毒发，他如泣如诉地吟唱出最后一句唱词：“……留一出人间的悲剧，代代朝朝。”此时饰演者傅希如身体慢慢前倾形成“探海”姿势，然后突然变身翻转，以一个“僵尸”技巧轰然倒地，随着全场一声惊呼，王宫卫士们在悲惨的乐声中缓缓放下长戈，一齐跪倒致哀，灯光渐渐收去。全场静默了几秒钟，突然爆发出疯狂的掌声、呼喊声、跺脚声。我们成功了！我不禁热泪夺眶而出。谢幕持续了近 10 分钟，许多观众仍不愿离去，他们绕到台后要求与演员合影，有一位老先生到处寻找饰演殷缡（奥菲莉亚）的演员，因为奥菲莉亚在西方观众的心目中是美的化身，我们的扮演者赵欢穿一身素白的服饰，用委婉深沉的程派唱腔，伴以加长水袖的婆娑舞姿，竟使这个人物“疯”得如此凄美，老先生不知从何处采来一朵洁白的野花，一定要献给赵欢。

第二天，报刊媒体的评论洋洋洒洒，凯伦女士兴致勃勃地跑来告诉我，丹麦和瑞典共有39家媒体记者观看了演出，一致给出“五星级”评价，在以往的戏剧节中，除了丹麦本国剧团外，外国演出团最高只获得过四颗星，她说她应该像尊敬艺术家那样尊敬我们，可她没有做到，为此她向我表示深深的歉意。平心而论，凯伦女士虽然难缠，但十分敬业，每天演出结束都要监督部下，用雨布缆绳对舞台设施进行防雨防风处理，而且做得一丝不苟。

7月30日，丹麦第一副议长、教育大臣贝特尔、王室前宫廷侍从长哈斯隆、文化部副部长基德、外交部礼宾司司长白慕申、艾森诺市市长等丹麦各级政要观看了演出。丹麦外交部礼宾司司长、前驻华大使白慕申早在5月就订好了戏票，虽然此前意外受伤，但还是坐着轮椅来观看演出，并激动地说：“在哈姆雷特生活过的城堡，用中国京剧演绎莎士比亚，这真是个不可思议的创意！”丹麦教育大臣在首场演出结束后特地到后台探望演员，称这是一次了不起的创举，是发生在丹麦的一桩重要文化事件，并赞美京剧是一门高超的艺术。观众拉斯和他的妻子用“很东方，也很莎士比亚”形容《王子复仇记》。他们说，每年都能在这里看到来自世界各地不同的哈姆雷特，但这部京剧也许是其中最好的，“京剧本身的魅力如此强烈，给人们已经听得有点腻味的莎士比亚对白带来了新意，舞台上有令人惊奇的造型、服饰、音乐、歌舞，甚至杂技……不过，最令人惊奇的还是京剧音乐，它如此精确，总是紧紧抓住你的注意力。那其实是非常现代的！”驱车3小时从瑞典赶来观看演出的艾兰德女士说：“在经历经济发展带来的巨变时，中国仍然拥有如此古老、精美而令人震撼的艺术，这非常了不起！”

丹麦的三大主要报纸《政治报》《贝林时报》和《日德兰邮报》连续两天以“中国京剧演绎的莎士比亚戏剧，为东西方文化找到了一个完美的结合点”为主题，用整版篇幅报道演出盛况并刊登巨幅剧照。丹麦国家电视台也在黄金时段予以详尽报道。丹麦的文化界人士更是高度评价京剧《王子复仇记》，称赞《王子复仇记》以中国京剧的“形”深刻表现出了莎士比亚剧作的“魂”，是东西方文化交融的一个成功范例。甚至瑞典媒体也极其少见地报道了发生在邻国的这一文化事件。

七八月虽值丹麦的盛夏，但处于北欧这一特殊地理位置，一到夜晚海风呼啸，阴雨绵绵，寒意袭人。然而，每场演出的前一个小时，就有大批观众带着毛毯、披肩、雨具，排着长长的队伍，等在城堡的大门前静候入场。其中不乏从哥本哈根赶来的观众。随着夜色渐浓，或者空中落下雨点，观众会裹上毛毯，打开雨具，依然专注地欣赏演员的表演。虽然演出前曾被告知这里的观众不习惯在演出过程中为演员鼓掌，但随着剧情的深入，这种习惯轻易就被打破，每场演出都会响起数十次热烈的掌声。

7 月 31 日的演出不断遭到阵雨袭扰，中途曾暂停 20 分钟，雨止后再恢复演出，但没有一名观众退场。按当地规定，如果实际演出不到 45 分钟观众可以退票，超过 45 分钟则不得退票。凯伦女士不断派人向我通报

左图：2005 年 7 月孙重亮（左二）在丹麦科隆堡首场演出后的酒会；右图：在西班牙演出时，外国观众兴致勃勃地向饰演王后的郭睿玥学习京剧身段

天气预报，当实际演出时间进行到42分钟时，细雨渐渐稠密起来了，凯伦女士亲自跑来遗憾地告诉我，马上要有大到暴雨，不得不中止演出。此刻饰演王后姜戎（乔德鲁特）的郭睿玥正在演唱大段咏叹调，我望着凯伦无奈的神色迟疑了片刻，走到台侧向舞台监督、乐队和郭睿玥做了一个停止的手势，他们心领神会，然而仍坚持在雨中把整个唱段完成，当郭睿玥向观众深深鞠躬终止演出时，全场观众报以热烈的掌声，既表达对该剧的喜爱，也表示对演出终止的理解。此刻实际演出时间达50分钟，超过退票时间，保证了主办方的利益，凯伦女士激动万分，给了我一个紧紧的拥抱，让我几乎透不过气来。

甄建国大使认为，中国京剧载誉丹麦，成功之处就在于用最纯粹的传统艺术去碰撞西方经典，呈现出中国文化古老和现代的双重面貌。同时，对我们这个团队的出色表现也给予高度评价，大使馆给外交部发去五页纸的长电，并抄报文化部和上海市委，详细报告演出盛况及产生的重大影响，《王子复仇记》在丹麦的成功，使当地刮起了一股中国传统文化的旋风。为此，上海市政府为上海京剧院颁发嘉奖令，市委宣传部专门召开了成功案例研讨会。

由于在丹麦演出期间，丹麦王室在国外度假，未能观看到该剧，2008年4月，丹麦女王的丈夫亨利克亲王殿下率领丹麦王室和政府要员访问中国期间，专程由甄建国大使陪同来到上海京剧院，我们为他播放了《王子复仇记》在丹麦演出情况的介绍片，并为他演出了该剧的片段，亨利克亲王殿下十分高兴，认为这弥补了他曾与"东方王子"失之交臂的遗憾。

圆梦爱丁堡

由于《王子复仇记》在丹麦获得成功，剧组不断受到欧洲各国的邀请，先后进入荷兰阿姆斯特丹音乐厅、德国科隆音乐厅、海牙芭蕾舞剧院、巴黎麦克道尔剧场、国际教科文组织会场等重要场馆演出，并受邀参加了西班牙的阿玛格罗古典戏剧节、奥尔梅多戏剧节和桑塔苏珊娜莎士比亚戏剧节。京剧《王子复仇记》一路出巡，每战必胜，该剧已经拥有中、英、法、德、丹麦、荷兰、西班牙 7 种文字字幕。自从该剧在丹麦一战成名后我就产生一个梦想，一定要到诞生莎士比亚的英国去，去参加爱丁堡国际艺术节，我想，莎士比亚是英国的，也是全人类的；京剧是中国的，也应该是全人类的。

爱丁堡国际艺术节成立于 1947 年，被誉为世界首个顶级的多元化艺术节，在过去的 63 年里，来自世界各国的艺术家都曾在他们的巅峰时期于艺术节演出。2011 年，爱丁堡国际艺术节艺术总监乔纳森亲自来中国选拔剧目，他选择了中央芭蕾舞团的舞剧《牡丹亭》和上海京剧院的京剧《王子复仇记》。

当年 8 月，我们抵达爱丁堡，那儿真不愧为艺术之都，每当艺术节期间，世界各国的戏剧爱好者都云集爱丁堡，市政厅门前的步行街上遍布街头艺人，各个大小广场都有演剧活动。我们被安排在“爱丁堡节日剧院”，从 8 月 19 日开始连演三场，能容纳两千人的剧场座无虚席，爱丁堡国际艺术节总监乔纳森，爱丁堡市长，中国驻伦敦大使馆吴公参、中国驻爱丁堡总领事馆总领事前来观看演出。每场演出观众的反应都异常热烈，当演出结束时观众总也按捺不住激动的心情，以爱丁堡人民特有的掌声伴以欢呼、口哨和跺脚，来表达他们的喜爱和欣赏。

上海市委宣传部副部长陈东专程赶到爱丁堡看望大家，爱丁堡艺术节总监乔纳森对她说，我们这儿有上千个“秀”，你们的《王子复仇记》是最好的。爱丁堡荣誉市长特意佩戴女王授予他的金质勋带，在市政厅为我们举办招待酒会，乔纳森在酒会上再次肯定了《王子复仇记》的演出，他称赞道：“很特别，很精彩，独树一帜，用独特的方式再一次向英国观众解读了哈姆雷特。”

当我们接到爱丁堡国际艺术节的获奖通知时，剧组早已返回上海，颁奖仪式也在爱丁堡节日剧院进行，上海京剧院的《王子复仇记》获“先驱天使奖”，中国驻爱丁堡总领事万德刚代表上海京剧院领奖，并宣读出品人孙重亮的感言：“艺术没有国界。西方的舞台语汇可以演绎东方的故事，东方的舞台语汇也同样可以演绎西方的故事。富有魅力的艺术，往往有益于人类情感的沟通和不同文化间的相互理解。非常感谢！”

《王子复仇记》创排至今已经10多年了，该剧10多年来曾10次出访欧美，剧组先后到过丹麦、法国、荷兰、德国、英国、西班牙、瑞士、美国、加拿大、墨西哥、厄瓜多尔、哥伦比亚等国巡演，被文化部评为“文化走出去工程优秀项目”。著名学者宗白华先生在20世纪30年代说过，“必须打开窗户让欧风美雨吹进来，使我们文明的僵化程度减低”，20世纪末他又说，“我们应该开门，让中华民族经过一个世纪与西学的碰撞整合后的新文明走出国门”，真可谓审时度势发人深省。时至今日，仍有不少国家向上海京剧院发出邀请，我们的“东方哈姆雷特”将承载着中华国剧艺术继续出巡。

（原刊于《世纪》2018年第3期）

回眸大型玉雕珍品《万水千山》的诞生

萧海春口述　包富樑整理 *

1978 年 8 月到 1979 年 11 月期间，上海玉石雕刻厂创作了大型玉雕作品《万水千山》。作品再现了中国共产党领导下的工农红军二万五千里长征的历史画卷，歌颂了毛泽东、周恩来、朱德等无产阶级革命家为中国革命所建树的丰功伟绩。作品原重 7.3 吨，高 2.6 米，宽 1.3 米。作品以“瑞金告别”“鏖战湘江”“遵义会议”“娄山关大捷”“巧袭金沙江”“歃血为盟”“强渡大渡河”“飞夺泸定桥”“爬雪山”“过草地”“突破腊子口”“会宁会师”等场景，表现主题之重大、场面之恢宏、艺术结构之复杂、工艺技术和技巧之难度，玉雕史上罕见，获得前所未有的成功，创造并保持着玉雕界多项第一。中国工艺美术大师、著名山水画家萧海春是当时的主创人员，曾创作《九龙浴太子释迦牟尼降生图》获全国比赛金奖，被中国工艺美术馆永久收藏；为静安寺 9 米高的玉雕释迦牟尼坐佛改制头型，解决了无人敢接的难题。

值得一提的是，上海市文史研究馆汪观清馆员参加了此次大型玉雕创作，其中缘由得追溯以往。1959 年他和应野平先生合作，创作《万水千山》中国画八条屏，即被选中参加全国美展；不意后成为各大影院播放电

* 萧海春，上海市文史研究馆馆员；包富樑，上海宝玉石行业协会秘书长。

影《万水千山》时的一段前奏。20世纪70年代，在我们共和国迎来新的长征的背景下，雕琢一座反映红军长征精神的优秀作品，汪观清成了手工业局局长胡铁生的最佳选择。于是，把当年国画创作的艺术灵感和构想毫无保留地奉献出来，成为他义不容辞的责任。

2016年是工农红军长征胜利80周年，由上海市文史研究馆组织编写的《中国大型玉雕艺术传世珍品——万水千山》已由上海书画出版社出版。

红军长征题材的确定

《万水千山》的创作，不能忘记一个人——上海市手工业局局长胡铁生，他参加过解放战争，是老革命，所以很想反映红军长征这个题材。正好当时中央提出要进行经济建设新的长征，在这种前提下，就顺理成章地把这件事提出来了。

但是这里面有很多难点，第一个是题材。当时对题材的考量也蛮多的，是红军长征呢，还是什么。还有这个大件叫《长征》，题目太直接了一点，最后商量下来决定叫《万水千山》，因为毛主席《长征》诗词写“万水千山只等闲”。还有一个，玉雕选料，是厂部提出来做这个东西正好有这么一块大碧玉，没这个玉就不行。这块材料放了很多年了，它是辽宁青玉，这块玉大，要怎

大型玉雕作品《万水千山》

么用好它一直没有定下来，所以就放在角落里。现在有这么一块大料，题材又是《万水千山》，可采用山子的形式来表现。中国玉雕史上，比如说《大禹治水》这样大的东西，基本上是以玉石山子的形式来雕刻，以山水的形式作为一个主体表现很适合玉雕。

定下来以后，这块长期遭冷落的青碧巨玉被赋予了历史的意义。党总支书记郑云生直接领导，具体分管由副厂长黄德荣负责，他在玉雕界也是老前辈、老法师，公司委派技术科科长贺志英专门来分管这件事情，汪观清老师也是他请过来指导创作的。

我不是在做这件产品的时候才知道汪老师，他的大名我很早就知道了，我们当时画中国画，画人物，我也很喜欢军事题材，汪老师的《红日》给我印象很深，他有一系列表现军事题材的作品，是非常成功的一位老法师，所以把他请过来直接指导我们创作。做好这件大事情，几方面都必须相当匹配。他在这方面是权威，画过这方面的题材。艺术创作要有一个很具体的形象，很多场景细节的真实性一定要匹配。在画稿设计的缜密上，汪老师起了很大的作用，他基本上有个构想，这块料像一支笋一样站着，长征各个篇章就采取绕上去的形式来展示。汪老师在我的一本小本子上面画过一个草图，他说这个东西要浑厚，整个石头是笋状的，不要把它做成鸡零狗碎。他说这是我的主题思想，不要把它做散掉。

创稿确定长征题材的内容后，有一个走长征路体验的安排。先到北京，初稿设想听取了军事博物馆的意见，军博方面还提供了长征的具体资料。长征选题内容确定后，我们沿长征路线体验生活，沿着长征路主要的几个点去走了一圈，汪老师把我们带到大凉山，他曾多次体验生活，对彝族地区的民族生活很熟悉，那里是刘伯承与小叶丹歃血为盟的地方。我们收集素材、拍照写生，最后一站到了靠近鱼海子的地方，后来因为要下雪了，没办法进去，我们就折回来。在做之前，我们还到北京故宫观摩《大禹治水》，当时还没有对外开放。

玉材限制和集体智慧

在设计前期，先要把材料中的瑕疵去掉，大的毛病都要去掉，去掉以后，有小的毛病就在制作过程中去“借”去“让”，原来设计的景点要移动，这个在我们玉雕里面叫因材施艺，一定要把料都弄清爽以后，很多具体的场景才能做。例如人物安排位置是不能有裂纹的，否则人物放上去就会断裂。为了攻克材料存在的一个先天不足，胡铁生局长还亲自抓，大家一起坐下来商量，顺势在上面打了一个轴加固，最后解决了这一难题。

受玉质的限制，设计场景形式要简化，如果每个场景都铺陈下来，没有代表性的形式符号放在里面，很多地方是没办法做的。场景复杂，细节也多，必须突出山的气势，人物又要照顾，相互之间还要有连贯，山的高低错落又要让人有看头，山和山的虚实关系处理得当与否，形式是决定性的，它要求有层次变化，有个气势雄浑的美学问题，这种形式的处理对玉雕工艺来说，在形式上的表现又是一个解放，就是如何把玉雕工艺的山势、气势表现出来。有很多细部应该说是很精彩的。

设计稿完成后，朱宁芳用雕塑泥做一个一比一等大的泥塑稿，为作品的出坯开料提供有效的参照模本，实际上也是一个大的深度关系把控，出大形的时候就可以按照这个来，如果没有泥塑参照的话，单单是画稿，它的深度就吃不准。在大玉雕当中搞雕塑这是第一次。

青玉山子像一支巨大的笋，具体的长征篇章就很审慎地放在巨玉体量里。从瑞金开始长征路，突破湘江封锁线，强渡大渡河，飞夺泸定桥，再绕到后面，经过雪山、草地，再到天险腊子口，一直到会宁会师。它整个过程是绕上去的。突破湘江和大渡河，这两部分是在底部。当时有一个问题，这块料在这里有两道横的大裂痕，有致命伤。我们必须有节制地避掉裂纹，所以在设计上因势利导加以运用，如上面的裂纹把它塑造成险峻的山势等。往里面推进去，这个山就像倒挂的悬崖一样，上面有一个险的形势，注意形势的变化和适合玉料的制作。

精英团队精雕细琢

当时朱宁芳是大件组组长，我是副组长，我们在工作进程方面作了合理安排，两个班组交叉在一个作业面上，一个班做前面，另外一个班做背面的部分，这种交叉进行的作业方法很特别，蛮有意思的。

场景制作主要是韩国卫和朱宁芳负责进行，具体制作时不时会遇到问题。飞夺泸定桥场景在工艺上有很高的难度，一开始适当的位置都没有定，我一直同负责该场景制作的韩国卫商量。这个题材有看点，飞夺泸定桥在老百姓脑子里印象很深，要放在主要的位置，并在细节上用链条表现出工艺的玲珑剔透，玉雕技艺上要高度显现它的技艺魅力。经过反复的推敲与取玉才定位，泸定桥场面正好是当头一块，位置很注目，选料也已经是最好的部分。它的铁链在主要段区要是活的，还有的是半活动的，有的是浮雕，难度是难以想象的，链条做得要活动，可以荡下来，但又不能荡得太厉害，荡得太厉害会失去整体的形式关系，因为其他几个地方是固定的，这几根东西做的时候难度在于，你不能像做链条瓶一样，里面的内容全部掏空，它内圈很小，既要动又不能荡下来。可是材料上面还是有毛病，有的地方像酥糖一样，一块块可以剥下来的，做的时候很危险。韩国

左图：萧海春（左立者）在创作设计效果图；中图：玉雕厂职工纷纷到现场参观即将竣工的《万水千山》；右图：《万水千山》玉雕侧影

卫也经常找我商量。还有这个桥是立体的，上面一面是动的，有的是不动的，你全部都做动的，很难，因为在那小角度范围里面就没办法操作工具了，软轴机是有一个角度限制的，只能做这一面。软轴机操作时下面还要用专门的东西托牢稳住，万一打滑，整个铁索桥就会崩掉，链条飞掉，那就不可收拾了。玉雕因材施宜，随机变化，必须要有应变的手段来随机处理一些难点和失误。我也只能随机进去，它的限制很厉害。韩国卫在链条制作工艺上没人能比。

韩国卫在飞夺泸定桥这部分完成后，再完成顶部会师和延安上面的部分。他说这是正面，人家做他也不放心，雪山上面倒挂的冰凌、腊子口山的气势也是韩国卫负责的，他有想法，在技艺上面也是相当好的。你在琢玉上碰到技术难题的时候去找他，他都有办法，这点我很佩服他。强渡大渡河这一部分是朱宁芳做的，遵义会议一部分是我做的，后面是其他人做的。

《万水千山》创作工作繁重，设备和工作环境都较艰苦。当时所有活动都回到以经济为中心，大家的热情是比较高的，困难能克服就自己克服了。领导安排你做这个工作，说明你技术和政治上都属于过硬的。

再艰难困苦也很值得

一般的玉雕加工是在台式机上完成，机器固定，手握着玉料转动操作。制作大件玉雕是软轴拿在手里操作，这是技术革新。大型硬玉制作软轴机头 50 多厘米长，分量重，拿在手上很不习惯。需要大的腕臂力量才能操作，而且又不可以坐着操作，8 个小时站着实在是很累的，腰还要弯一点。大件高度大约 3 米，加上水泥座大约 5 米高，在上面搭了一个脚手架子，软轴机粗又长，速度快，转动时会晃动或卷起来，做的时候旁边有人加水润滑，工具发热要崩掉，片子散开来，割在脸上像弹片，很危险，所以操作的时候要很当心。特别是砍大块或者切形的时候，錾砣在手里面要掌握好，要有软硬劲功夫。水和玉石的粉末还溅得满身都是，干了以后，就像京剧中的脸谱，全部都是白面孔。因为都是喷的浆，眼镜脱下来后，只有眼睛一圈是黑的。

漕河泾你们是知道的，那时还是乡下地方，天还没热，蚊子就很多，单单蚊香驱蚊没效果。晚上用艾草一样的东西熏，那种熏人的气味和湿热的环境现在是很难想象的。我们都像蚊子一样的，被熏得晕晕的，还常流泪水。你想想看，蚊子白天晚上都有，再加上地上一直积水，更加严重。车间是临时搭建的工棚，它是芦席棚搭起来的，外面没有门的，只有门帘，天冷有风，就烧一个火炉，但透冷风。那时绝对不会想到困难、艰苦、收入低，叫你去做这一工作应该是属于光荣的事情。那时候人的境界是高的，工期时间是规定的，倒计时，实行三班制，休息轮换。公司领导很重视，定期来检查进度，厂部在生活上尽量给我们照顾，胡局长后来专门特批了一些补助。

完工后，大家都非常兴奋。作品上还记录了创作经过，把主创人员姓名也刻上去了。当时要把它刻下来也是胡铁生局长的建议。

我这个人不太在意结果，只在意一个过程，我做过了就觉得蛮有趣的，是比较幸运的。人有这种经历应该说是很不错的，这种事情一辈子能够轮到几次啊。

（原刊于《世纪》2016 年第 5 期）

第二辑

名宿世范

不该忘却的章太炎

章念驰 *

一、我为什么要写《我所知道的祖父章太炎》

我的祖父章太炎在一个世纪前，曾如此巨大地影响过中国，无论政治与文化，都如此深刻地影响过几代中国人，他孕育过许多爱国主义志士，又造就了许多学术文化的精英，仅民国后的中国各大著名院校国文系领导人，几乎都是他的弟子，这样的传承历经了几代人。20 世纪 80 年代初，中国共产党曾将中国历史上作出过杰出贡献的人，概括为“中华八十三英杰”，作为爱国主义教材，在旧民主主义革命时期，就只有孙中山、章太炎、鲁迅三人被列入其中。我曾经汇编过祖父去世后 50 年间（1936—1986 年）人们研究他的著述目录，仅我所见就达 1500 多篇，数量仅次于对孙中山的研究。而近 30 年，特别近 20 年，对他的研究逐渐衰弱，了解他的人越来越少，以至于近 5 年来，正经的研究他的著述已寥若晨星，一个缔造共和、结束帝制的先驱，正逐步被人遗忘。

造成这种学术危机的原因，不是他所代表的价值与文化的衰落，而是这个社会的浮浅与急功好利。至于研究章太炎的学术，更是涉及中国学术

---

* 章念驰，章太炎之孙，上海东亚研究所所长。

文化的顶端，从音韵文字学到经学、诸子学、佛学、史学、文学、哲学、医学等方面，是中国学术文化最核心的一部分，没有相当功力是无法涉足的。如果说，一个人从念完大学到念完硕博，就可以啃下一个一般历史人物，那么，要啃下章太炎，起码还要再加上一倍的力气。届时人到中年，如今社会有容纳人们这样成长的空间吗？所以一般做学问的人都绕开了章太炎，久而久之，章太炎成了一个陌生人，从人们的视线中消失了。仅仅是在一二十年中，一个民族英杰、国学大师，就这样消失在我们的无知之中，太令人震惊了。

我作为他的后人，过去一直不愿以其后裔自居，不愿靠在这棵大树下吃先人的冷饭，甚至连他纪念活动都很少参加，我曾说：章太炎是最不需要靠“纪念”的历史人物，因为他的价值会被越来越多人赏识。如今，在我年届 75 岁之际，我反而感到了空前的危机，感到我应去拯救这段历史，否则我会很不安地离世。所以我一反故态，不揣浅薄，写了《我所知道的祖父章太炎》，让大家不要忘记这段历史，也不要忘记这位杰出的爱国者。

二、革命家的章太炎值得纪念

章太炎是中国近代少有的以一肩担两任的先驱人物，他既是一个革命家，又是一个学问家，鲁迅先生称他是“有学问的革命家”。鲁迅先生一生没有这样称呼过其他人。

作为一个革命家，他一生反对封建社会反对帝制反对专制反对外来侵略势力，反对社会的一切不公平不合理，从来没有妥协过，也没有停止过，被人视为“反对一切”的“怪人”。他所处的时代，黑暗太浓重了，社会太不合理了，他几乎反对一切，挑战一切，是一个完全的革命者。章太炎所处的年代，清政府成了一切腐朽势力黑暗势力的总代表，成了阻碍社会进步与发展的总阻力，他说，“今日之民智，不必恃他事以开之，但恃革命以开之”，“公理之未明，即以革命明之，旧俗之俱在，即以革命去之。革命非天雄大黄之猛剂，而实补泻兼备之良药矣”。所以，他选择了流血革命，以自己头颅去撞击冰冷的封建皇朝的壁垒，是准备去死的，这种勇气与行为，带动了一个时代的觉醒，这是当时的维新派的开明绅士或君主立宪派的达官贵人所没有的勇气与能力，嘲笑革命者是无知与无耻的。作为革命者的章太炎无论如何是值得尊敬的。

日本史学家河田悌一写过一本论章太炎的著作，叫《否定的思想家章炳麟》，他认为章太炎独立横行，几乎挑战一切和否定一切，他否定慈禧光绪，否定新老军阀袁世凯与蒋介石……他甚至否定过孙中山，对孙中山有些做法感到不满。他被清政府通缉过也关过，他被袁世凯通缉过也关过，他被蒋介石通缉过也被迫“画地为牢”自囚过……他之所以反对一切否定一切，是以国家利益与民族利益为标准，而他所处的时代，国家太落后，弊病丛生，灾祸不断，坏人横行，帝国主义霸占了许多领域，他不断地反抗，不顾一切地反对，他是一个真正的赤诚的爱国主义者。所以鲁迅高度评价他，说：“考其生平，以大勋章作扇坠，临总统府之门，大诟袁世凯的包藏祸心者，并世无第二人；七被追捕，三入牢狱，而革命之志，终不屈挠者，并世亦无第二人，这才是先哲的精神，后生的楷范。”章太炎作为这样忠贞不屈的爱国主义志士，世有几何，难道不值得我们纪念吗？

章太炎作为一个革命家，他不仅致力推翻封建专制的皇朝，他又致力建立民主共和，从而缔造了中国第一个民主政体的共和国——中华民国。“中华民国”国号出自他的手笔。他当年与孙中山一起流亡在日本，深入讨论了推翻清朝专制帝国后，中国应建立一个什么样国家，要走一条什么样道路，他们决定建立一个资产阶级民主共和国家，实行“三民主义”，这个政体与历史上所有国家政体有许多不同，提出了“主权在民”的概念，有了五族共和思想，有了初步的公民意识、自由民主概念及法律意识，提出了政党政治、政治监督、对政府权力的制约等新概念，也提倡了言论自由，人与人的平等，知识分子应该站在政府的对立面，在民主监督中完善政府……第一次在中国倡导西方“科学、民主、自由、法制、平等”等新概念。这些民主共和意识虽然很空洞与朦胧，但这毕竟是对经历了2000年封建专制的一种反动，当年持有这样思想的人，往往会被视为“发疯”，是异类与怪人。章太炎与孙中山是中国近代最早具有民主共和思想的人。章太炎在辛亥革命后，没有加入国民党，而是站在民间的立场上，监督政府，监督执政党，常常批评政府，也批评孙中山。他说政府好比一幢大楼，没有监督没人批评，总有一天会出问题。孙中山很赞同这看法，而孙中山的属下就没有这样素养了，他们把章太炎的批评监督看成“作梗”“捣乱”“破坏”……所以制造了“孙章不和”“章太炎反孙”的舆论，喋喋不休地讲了半个多世纪。而孙中山本人完全不这样看，他在任临时大总统时，请章太炎出任教育总长，担任总统枢密顾问，孙中山成立护法军政府，请章太炎任秘书长，孙中山出任非常大总统，急电召章太炎赴粤相助……他总在第一时间想到章太炎，还三次力荐章太炎出任“国史馆长”。这是孙中山与章太炎的民主共和思想决定的，而其他人的民主共和素养则太落后了。

旧民主主义革命家与新民主主义革命家同样英雄无畏，同样值得我们尊敬，值得缅怀。祖父遭到的苦难一点不比其他的革命者少。他在西牢中多少次被狱警殴打得昏死过去；他在流亡中经常断餐，只好日以麦饼充饥，有时全家只好蘸点盐下饭。有次马叙伦去看章太炎，见他们全家共食一个菜，即豆腐煮大葱，算是很好的伙食了；黄季刚说，章太炎衣被三年不换，因为没钱买衣被；日本当局禁封《民报》，要罚150元，祖父缴不出钱，被判做150天苦役；祖父的大女儿常年随父亲流亡，吃尽苦头，后又被袁世凯囚禁，几乎无法见到光明，厌世而自杀于父亲怀中，祖父悲恸不已。为了创建一个新中国，他们一点不比今天的革命者怯懦。

三、学问家的章太炎也值得纪念

作为学问家的章太炎也是称之无愧的，他作为“国学大师”大概也是最没有争议的，他对中国传统文化的继承与发展是最全面最有成就也是最无争议的。清末民初，学问家不少，但既是学问家又是革命家则是罕见的。无论革命还是治学，他的创新性是突出的，他博学深思，在很多领域作出了开创性的贡献，迄今站在各领域的前端，留下了一份又一份学术遗产。他治学范围很广，涉及小学、经学、诸子学、佛学、史学、文学、哲学、医学、书学，而且在每个领域都确定了他的地位与贡献。他培养了许多弟子，他们分别继承他一门或两门学科的成就，又将这领域推向了一个新高度，形成了一个个学派。在音韵文字学方面形成了“章（太炎）黄（季刚）学派”，至今无人超越，可见影响历久弥新。

他有这样大的学术成就，不是他具有天才，而是后天的教化与勤奋，首先是来自他外祖父、父亲、长兄、俞曲园等师长的教化，其次是他的勤奋。他治学从小学（即音韵文字学）着手，从最基础的认识文字的来源，了解每个文字的音、形、义，尤其着力研究音韵，深窥文字形成之前语音与文字的关系。他熟读反复精研《说文》达七十二过，卓然见文字之本，对 9000 多个文字，字字了然在心。然后他读历代经典，高人一筹，比一般人斩获更多，读出更多的新意，这是他高于一般人的地方。

他的学术研究不是抱残守缺，而是敢于“疑古”，敢于冲破清规戒律，敢于提出新见。他治小学，不滞于形体，而是强调通音韵，明训诂，辨形体，他深化了古人“因声求义”的传统方法，开创了在音义系统基础上的汉语词源学，他继承了清代治小学的乾嘉学派，成了最正宗的最后一位小学大师。但他治小学又没有停留在古人研究的基础上，还积极汲取西方文字学研究成果，特别接受了德国马格斯平拉学说，致力于建立起具有本民族特色的语言文字学说。在这方面他有三部代表作：《文始》（以明语原），《小学答问》（以见本字），《新方言》（以一萌俗），在他以前，还没有人这样全面而系统地谈论过，使传统小学摆脱了经学的附庸地位，成为一门独立的学说。他与他的弟子黄侃所建立“章黄之学”，在今天仍代表了小学的顶端。

章太炎也是公认的“经学大师”，即对中国儒学研究的大师，他代表的经学，也是指史学而言，他认为心中有史，爱国之心才会不竭。他写了一系列《今古文辨义》《订孔》等著作，把孔子当成一个“教育家”，而不是“大教主”，反对将孔子神圣化。他推崇“九流”之中的老子、庄子、荀子、墨子等诸子，认为他们从任何角度来看都比孔子高明。从而将孔子从历代帝皇加封的圣坛上赶了下来，推翻以二千年帝制奠定的思想基础，从而带来了思想大解放，配合了辛亥革命的成功。他对儒经典作了深入考察，尤其对《左传》《尚书》《论语》的研究，尽了一生努力，完成了《春秋左传读》《春秋左传读叙录》《左氏春秋考证砭》《春秋左氏疑义答问》，让一部《春秋左传》可解可读。他对《古文尚书》作了深入研究，完成了《太史公古文尚书说》《古文尚书拾遗》《古文尚书拾遗定本》，他很自傲地说，过去以《尔雅》释《尚书》，可解《尚书》“十之七八”，后王引之作《经义述闻》，孙诒让作《尚书骈枝》，加上他的《古文尚书拾遗》，一部所谓的“天书”，可通读“十之八九”了。这是他对经学开创性的贡献。

章太炎最出色的应该是他的佛学，他以佛解经，用儒、释、道来构筑自己的思想体系，认为“不制造出一种舆论，到底不能拯救世人”。他用佛释庄子学说，正如梁启超所说，章太炎“专引佛家法相宗学说比附庄旨，可谓石破天惊”，从而构筑他资产阶级的平等说、自由说和道德说。他宣扬佛教最重平等，“满洲政府待我汉人种种不平等，岂不应该攘逐”，因此“照佛教说，逐满复汉，正是分内的事”。同时他又提出“用宗教发起信心，增进国民道德”，指出中国的祸根在于道德的败坏，提出“优于私德者亦优于公志，薄于私德者亦薄于公道，而无道志者不能革命”。他借佛学中的精华，致力国民性改造，创革命道德学说，将神秘佛学变为人学，用于民主革命，这在20世纪初是很进步的。他发表了《建立宗教论》《人无我论》《无神论》等文章，提倡破“我、法”二执，抵御“畏死心、拜金心、奴隶心、退屈心”，去除“怯懦心，浮华心，猥贱心，诈伪心”，“排除生死，离若无人，布衣麻鞋，论行独往，上无政党猥贱之操，下作懦夫奋骛之”，建立起革命道德论。他又致力于宣传平等论，说：佛法最重平等，因此人与人应平等，国与国应平等，民族与民族应平等，文化与文化应平等，如果一个人去欺负另一个人，一个国家去吞并另一个国家，一种文化去取代另一种文化，一种意志去强加于另一种意志，如此种种，都是不齐，有违“齐物论”，有违平等，都是文化帝国主义，佛法不容。章太炎进一步阐述说，一个世界应该是多无的，正如庄子所说“无物不然，无物不可”，反对将事物发展简单化、直线化、教条化，提倡以对立统一的观点来对待历史上或现今各式各样的思潮、学派、学说，应包容各种思想、意见、言论，做到“平等自由”。章太炎这些论述，在20世纪初西方列强凌辱的中国，有着非常大的现实意义与进步意义。因此侯外庐称章太炎是中国近世“第一个博学深思的人”，在中国思想史上是具有极鲜明“人格性的创造”的巨匠。

章太炎哲学方面有两个著名论述，一是提倡“俱分进化论”。他所处的时代，外患入侵，举世滔滔趋附欧风美雨，但他深刻地洞见了“西方现代性”弊病，拒斥走西方式“现代化”道路，追求“传统的合理化”，而是要走一条与本民族的文化传统相连接的独特的现代化道路，以“多元主义，历史主义，人文主义”，去应对外来的挑战。“俱分进化论”从表面上看，是指“善为进，恶亦进”，“乐愈多，苦亦多”，一个社会，一个国家，必“善恶兼进”。现代化与现代文明，虽然解决了许多旧的矛盾与冲突，但又会带来一大批新的问题与冲突。章开沅先生说，“我把俱分进化论的合理内核称之为近代忧患意识，是比较清醒地看到近代文明日益显露的弊病，并且为人类文明发展的前途担忧”，这却正好映衬了章太炎思想所具有的深邃性和前瞻性。

章太炎哲学的另一特色就是“依自不依他”，这是他主体性道德哲学原则，强调“不依靠任何外在力量，一切靠自我，靠自心，靠自己民族，靠自己国家，凭借道德主体意志的能动性、自觉性、创造性、超越性、至善性，满足主体道德需要，促进主体道德发展，不断提升主体道德境界，从而更好服务众生，服务社会，服务世界”，实现个性解放和个性自由。这种“自贵其心，不援鬼神，从而勇往直前，去干革命”，正是他思想的另一个特色。正如张汝伦先生所说：“章太炎的思想在许多方面达到了至今还无人能超过的深度。”

章太炎的文学成就是举世公认的，宋恕称：“枚叔（即太炎）文章，天下第一。”正如鲁迅先生所说，“战斗的文章，乃是先生一生中最大，最久的业绩”，被称为泣鬼神，惊天地，令清政府与他的政敌丧胆。章太炎文风“取法魏晋，兼宗两汉”，讲究“清和流美”，又“古奥老辣”，反对空谈与形式主义，主张文学形式与内容的统一，影响了一大批人。他在文学上提倡“文学复古”，即“文艺复兴”，将文学分为“有韵文”与“无韵文”两种，提出以“质实而无浮华”“直截而无蕴藉”为标准，反对滥用陈辞套语。他的文学主张深刻影响了一大批新文化运动的旗手，陈独秀、胡适、鲁迅、钱玄同都受到他深远影响。正如吴文祺先生所说：“太炎先生文章中无一句浮泛的话，一句话中无一个浮泛的字。”他的每一篇文章都受到当时文人追捧，视为范文。可惜他这古奥流美的文章今人竟完全读不懂了，对他敬而远之了。

至于章太炎的史学成就，我仅借用钱穆先生一句话来表达。他说，“今论太炎学之精神，其在史学乎”，太炎史学体现在“民族主义，平民主义和文化主义”。他又说：“太炎论史，三途同趣，曰归于民族文化是矣。”这是很概括的表述了。

对于章太炎在书法上的成就，我也仅借用沙孟海先生一句话来概括。他说，“篆学在近三百年来可说是极盛时代”，“太炎的篆书风格，高淳朴茂”，是属于“古文字学别派”，是书苑中“一朵斗大的鲜花，是值得我们推崇与学习的”。

在众多学术研究领域，章太炎最喜爱的还是医学。有人问他：您最喜欢而擅长的是什么？他不假思索地说：是医学。有人认为这是章太炎的戏言，我认为，他的回答是诚实的。他出生于三代世医的中医之家，包括他的老师俞曲园也酷爱医学，这一切对他的影响是巨大的。他从小跟父兄学医，也花了很大精力收集历代古验方，仅他抄录的历代验方就近 400 种，几乎涉及所有医典，其中许多验方，今人都尚无见过。加上他精通小学，阅读历代医书，比一般人有更多收获。他在中年已收购宋明医典经籍达 70 多部，这是一般医生都无法与他相比的。他治医学，不仅从传统中医着手，还十分注意从当时西方文化与科学中去汲取营养，特别从西方的解剖学、生物学、生理学、细胞学中去汲取养料，成为少数能以全新思维诠释中国古籍中生物变异的学者。他一生写了许多医学论文，仅我为他所编的《章太炎全集·医论集》就达 130 多篇，有医理的讨论、医术的研究、病症的论述、医籍的考证，有相脉论气，有论温寒暑湿，融合中西之说，有许多独到之处。

章太炎作为“国学大师”，作为一个学问家，他代表的国学，绝不是什么旧文化，更不是腐朽的东西。他一生努力在构建中国自己的文化体系，以抗衡外来文化的侵蚀，他终身致力于中国特色的话语体系的建设，而防止被西化吞食，他觉得没有比自己的文化与传统被外来文化与传统吞没更可悲的事了。所以他站在中国语言文字学、经学、诸子学、佛学、文学、史学、哲学、医学等领域，构建中国自己的学术文化，这就是他所代表的国学。中国近代还没有一个学问家能在这么多领域，被这些领域的权威公认为大师，他在这些领域都有开创性的成就，这可以说是绝无仅有的。

四、纪念章太炎是振兴中华的需要

在章太炎身上集中了三股精神，一是炽热的爱国主义精神；二是永不屈服的不断革命精神；三是对民族文化的继承与创新精神。这三股精神，恰恰是今日中国振兴中华，实现民族复兴，完成“中国梦”最最需要的精神。面对世界竞争的大格局，创新是最最重要的使命，如果没有文化创新能力，科技创新也行之不远，文化观念的变革，是经济发展的基本动力，一个民族的创新动力足不足，关键看文化创新动力足不足。这就需要我们高唱爱国主义旋律，不断增强做中国人的骨气与底气，要树立正确的历史观、民族观、国家观、文化观，抵制一切以洋为尊、唯洋是从的历史虚无主义，这就需要传承和弘扬中华优秀传统文化，培育与弘扬我们民族的核心价值。当年的丝绸之路，当年的郑和下西洋，给世界带去的不仅仅是中国的财富，而且是中国的核心价值，让世界敬重你，愿意服从你。在王道与霸道的两手中，我们中华民族更讲究王道。

从一百多年前，中国近代第一代知识分子追求的就是振兴中华，章太炎就是近代中国仁人志士的代表，是中国文化的代表，我们必须以他们为榜样，培养中国精神与中国风骨。如果我们这一代人，连《红楼梦》也读不通，连章太炎也不了解，或仅仅知道有个“章疯子”，他敢骂光绪皇帝为小丑，敢戴了大勋章闹总统府……如果我们这民族文化素养与国民素质下降到如此地步，即使一天天在富起来，终会成为脑壳扁扁的“巨人”，最终还会重蹈覆辙。

我写《我所知道的祖父章太炎》，不仅仅是在“尽孝”，而是要我们不要忘记自己的历史，不要忘记自己的先驱，不要忘记自己的英雄，应该以先人为榜样，站在先人的肩上，去超越，去实现世世代代中国人的理想。

（原刊于《世纪》2017 年第 2 期）

张元济：兼容传统和现代的文化大家

沈祖炜 *

张元济先生诞辰145周年了。这是一个值得我们永志纪念的文化伟人。

近现代中国处于社会大变革的时代，凡称得上历史名人的，大多与轰轰烈烈的政治、军事等事业有诸多关联。然而张元济却属于另外一种类型，他只是一个地地道道的文化人。

张元济，浙江海盐人。早年他中进士、入翰林院。戊戌变法时曾向光绪面陈办新学培养人才之策，但百日维新失败，张元济被“革职永不叙用”。自此以后，他便彻底告别了仕途，再也没有参与过任何政党组织，并几次拒绝北洋政府和国民政府的官职或官差。他曾参与南洋公学的管理，主持译书院的工作。1902年，他又舍弃在南洋公学的重要职位，加盟当时只是一个弄堂小工厂的商务印书馆。从此，他一心致力于文化出版事业。他成了著名的出版家和教育家，他还是文献学家、版本目录学家和藏书家。这么一个政治色彩很不鲜明的文化人，因为对中华文化的巨大贡献而受到人们的普遍颂扬。

毛泽东诚邀张元济参加全国政协第一届全体会议，当时与会的文化

---

* 沈祖炜，上海市文史研究馆原馆长、馆员。

教育界人士都对他“保持敬意”。毛泽东对他说，曾读过商务印书馆出的《科学大全》，“得新知识不少”。1953 年上海市文史馆成立时，毛泽东又亲自点将，由陈毅市长延聘他为首任馆长。张元济受到了中国共产党和新中国的礼遇，体现了党的统战政策的深意。

张元济所做工作主要是整理古籍、介绍西学、编纂工具书、发行教科书等。商务印书馆在他的主持下，成为中国影响最大的出版机构。他的确不愧为中国现代出版业的奠基者。

张元济主持下的商务印书馆出版发行大批中小学教科书，促进了新式教育的发展；翻译大批外国学术著作和文学名著，传播了新思想和新知识；还编辑出版《辞源》等工具书，以及《东方杂志》《教育杂志》等有社会影响的刊物。他为新文化运动所作出的贡献获得当时知识界的公认。他耗尽心血，广泛收集古籍善本，建起了藏书 40 余万册的东方图书馆。当东方图书馆毁于日本侵华战火以后，他仍百折不挠，与叶景葵等有识之士又建起了合众图书馆，并于新中国成立后悉数捐赠给了上海图书馆。他以高度的文化自觉，校勘、整理古书，主编《四部丛刊》《百衲本二十四史》，影印《四库全书》。他自称这是“为古人续命”。正是这项保存古籍的事业，成就了他在延续中华文脉、传承中国古代文化方面的伟大功绩。商务印书馆还网罗和培养出大批文化人才，先后进馆工作的有陈布雷、郑振铎、周予同、王云五、竺可桢、陶孟和、顾颉刚等，其中很多人后来都成了中国文化科学领域的巨匠、大师。一大批近代中国的文化名人，如胡适、鲁迅、叶圣陶、茅盾、冰心等，在事业上也都得益于商务印书馆。至于商务版的教科书对社会各界的启蒙作用，更是不可估量的。

在张元济所处的时代，中学和西学矛盾非常尖锐。思想保守的，食古不化，拒绝接受新思想、新文化；思想激进的，鼓吹颠覆传统，甚至全盘否定传统文化。而张元济则徜徉在中学和西学两个领域，既擅长中国的文献资料学，在古籍整理方面颇有建树；又在传播新思想新知识方面为新文化运动作出了贡献。有人评论张元济，说他“学贯中西”，是近世一个

"大儒"。其实，他有新思想，他的知识结构超越了传统的儒生，眼界也更为宽阔。张元济不仅是个学问家，而且颇有经营头脑。商务印书馆善于瞄准市场抓选题，善于按照经济规律搞经营。张元济堪称成功的民族企业家。十分难能可贵的是，张元济几乎把他所赚来的钱全都用于收集和保存古籍，以及推进出版事业上了，个人生活则始终保持平淡，连绑票勒索的匪徒也感到，绑他的票等于是扑了个空。

张元济曾经手书一联："数百年旧家无非积德，第一件好事还是读书"，主张"为人之道，修身为本"，强调正心、行善的个人修为，显示出他的传统知识分子的道德情怀。然而，正如茅盾所说，"他是一个有远见有魄力的企业家，是一个学贯中西、博古通今的人"。

张元济应该是当代中国文化工作者的楷模。一方面，热衷于传统文化，为弘扬传统文化不遗余力；另一方面，又善于接纳新思想，为传播新文化殚精竭虑。这样喜新而不厌旧的态度，恰恰是今天的文化建设所需要的。我们憧憬着社会主义文化大发展大繁荣——相信，那一定是一个包容传统和现代的文化格局。就此而论，我们有更多的理由去崇敬张元济，因为张元济就是一个兼容传统和现代的文化大家。

（原刊于《世纪》2012 年第 3 期）

萧乾：一个不屈于命运的硬汉

纪　申*

1994年纪申（右）在北京与萧乾、文洁若夫妇合影

1999年2月11日，我国现当代著名作家、记者、翻译家、中央文史研究馆馆长、《世纪》杂志编委会主任萧乾先生因病在北京逝世，享年90岁。萧老晚年任中央文史研究馆馆长，他提议由中央文史研究馆与上海市文史研究馆联合主办《世纪》杂志，并亲自与文坛耆宿冰心女士共同领衔，担任编委会主任。他不顾年迈体弱，身体力行，与中央文史研究馆的编委们一起审读文稿，关心杂志的成长和发展。他还把与夫人

---

* 纪申（李济生），上海市文史研究馆资深馆员，已故。

文洁若女士合译的世界名著《尤利西斯》一书的全部稿酬捐赠给《世纪》杂志。《世纪》编辑部同仁为了表达对萧老的感激和怀念之情，特请巴金先生之弟、上海市文史研究馆馆员纪申（李济生）先生撰文悼念萧老。

乾兄走了，不禁潸然泪下。在他生日前的（1999 年）1 月 22 日还写来一信，我因病 2 月 1 日才去单位见到。其中一纸写给巴金，二纸给我。洁若嫂在附函中说："萧乾最近因脑供血不足，在输液，今天输到第六天，见好，马上写了三封信。"感人肺腑，真是情盛纸也重了。由于尚在病中，未敢带信去医院念给巴兄听，仅在电话上告诉国煣要她转陈。也因之得悉乾兄又因生日过累复落入昏迷中了，心忖输液后自会好起来的。想到 28 日下午去医院看望巴兄时，还把当天《文汇报》刊登有关老萧生日情况的电讯一一念给他听。《文艺报》上登刊的翟泰丰同志看望老萧的生日照片，老萧不也是神态依旧？ 22 日来信笔迹不仍然那样的龙蛇奔驰么？为了免去他对老友的惦念，11 日下午 3 时寄一长函详述巴兄近状以慰他的思怀。岂料信尚未离开上海，晚 8 时得电话乾兄已在 6 时长眠不醒撒手西去了。巴兄两日前也因染上流感突发高烧移往隔离室治疗，哪还能看乾兄的来信？更难以把这一噩耗告诉他。思前想后，心潮起伏，半个多世纪的交往，义重情长。往事历历真不知从何处说起。

在燕京大学巴金经沈从文与萧乾相识并成为好友

追源溯流，还是先从他与巴兄的相识开始吧。那是 1933 年巴金因赴北平协助《文学季刊》和《水星》两文艺刊物的创刊，先住燕京大学蔚秀园，经沈从文而识萧乾。斯时萧乾还是个 24 岁的小伙子，巴兄刚迈进而立之年。巴兄爱其才喜其人，就此订交。曾相约同游北海作划船比赛，齐头并进同抵目标，不相上下，彼此欣然。此后日久巴金常提起朋友中要数沈从文、曹禺、萧乾最富才华，远比自己强。每在相聚时及信函中，总劝说他们要多执笔，把胸中的蕴藏写出来。他主持文化生活出版社编务之后，萧乾的短篇集《栗子》、长篇小说《梦之谷》、战地通讯《南德的暮秋》都先后收入他主编的《文学丛刊》中的第三、第五、第八十三辑。《梦之谷》后又转入《现代长篇小说丛刊》里与老舍的《骆驼祥子》、沙汀的《淘金记》等名篇并列。之后又把萧乾的《创作四试》与《人生采访》收入新编的“水星丛书”之中，萧乾视巴金为长兄，敬其为人为文，称之为自己的挚友、益友、畏友。还在《怀念上海》一文中这样说过：“记得那时（指 1936 年春天）巴金一再告诫我当前文艺界的中心任务是抗日，暴露社会黑暗面也是为了抗日，编刊物不能只追热闹，对自己人打自己人，一定不要介入。倘若没有他的关怀和提醒，我肯定会闹出笑话，甚至闯下祸。”（见萧乾《八十自省》）我还记得一件小事，1947 年萧乾应赵家璧之约替良友图书公司编撰一本画册。不知怎么搞的后成僵局，萧乾要收回画稿了；赵家璧只得求助巴金，才免于中途而辍。

老萧与我三哥尧林还是燕京大学的先后同学。我三哥早他两年，毕业后即受聘天津南开中学任教。1934 年他们与靳以、曹禺、何其芳、毕焕午一起合拍过照片留念。那正是北方文坛突破沉寂呈现一派新的活跃的盛时。

留给我的深刻印象是英俊潇洒的战地记者

至于我跟乾兄的相识已是 14 年之后的 1947 年的夏天了。真是相见恨晚。早在 20 世纪 30 年代末 40 年代初我就为他在《大众报》上刊载的战地通讯而倾心了，写得情趣别致，引人深思。他那时是二战期间欧洲战场上唯一的一位中国记者。后来他送给我的一张身着戎装的战地记者照显得是那么的英俊潇洒。他到重庆正当黑云密布白色恐怖严重之时，国民党反动当局于6月1日实行全市大逮捕，不少进步人士、记者、出版从业人员、青年学生遭此大厄。重庆《大公报》7位记者同罹此难，连我的一个小胞侄因借住在沙坪坝某大学的宿舍内，也受“池鱼”之殃。几百人被抓进警备司令部的大牢里，有的人后来还转移到黑窟渣滓洞。事件轰动全国，各界人士无不发出正义的呼喊，奔走营救。我正主持文化生活出版社重庆处业务，也正为此事而奔忙。老萧那时乃《大公报》编委之一，也可以说是为此事而来，莅《大公报》重庆处，到后即来出版社看我，同时从巴兄来函中我也知道他将至，还准备赴成都一行，乘便看望我母亲。巴兄嘱咐妥为安排。他差3岁即步入不惑之龄，我方迈进三十。他小巴兄6岁，大我7岁，却一见如故。于百忙中他应我之邀同游南温泉，乘的是我朋友借得的一辆敞篷车。同行的全是年轻人，男男女女散站车厢，有的席地而坐。已是著名记者、作家的乾兄，毫不在意，无半点架子，一路上兴高采烈地跟大家呼呼嚷嚷，欢笑、歌唱、做游戏。到达目的地，由于头天暴雨河水大涨，桥被淹没，无法进入镇内同濯温泉，只好望河兴叹。大伙儿并未因此而扫兴，反以游客极少，我们一统天下倒可以恣意欢乐了。乾兄在这次22日的一信中还写道：“近些年来，弟人懒死了，很少写信，但我时常想念你，及共游川的日子。”

1947年夏，纪申（左）与萧乾相识于重庆。图为当年他俩的合影

一个多月后我因事赴沪，又得机重聚。一天中午他开一小吉普车来出版社带我到上海西区走马观花，宿于一友人家的花园洋房内。次晨复去医院探望他怀孕

待产的洋太太格温，再驰车往江湾去他的新家，复旦大学教授宿舍，喝了杯巴西洋酒共进午餐。就这一年里他“正意气风发地想在文学和新闻两方面有所作为的时候”，却碰上一位扮着“大好人”的朋友阴险地破坏了他好不容易建立起来的新家庭，使得他痛苦、彷徨。还不止此，由于替朋友兴办的刊物写稿，笔下有失检点，无意开罪了一位大权威，更为自己的后半生埋下了祸根。是命也欤，运也欤？

不屈于命运的硬汉子回国后活得好累，但还是挺过来了

老萧为人襟怀坦荡，爽朗热诚。只要认你做了朋友，他就会对你推心置腹毫无隐藏；他更是一个热爱生活勇往直前，不屈于命运的硬汉子。1949 年他身居海外，正当某大权威为文攻讦他的时候，他仍然毫无顾虑，谢却了剑桥大学教授聘任书，毅然决然地回到刚解放不久的北平——“母亲”的怀抱里，全出于一颗热爱祖国热爱人民的赤子之心，诚挚地要为这充满希望的新中国贡献自己力量。谁又能料到这个出自贫寒，当过学徒，半工半读好不容易取得了大学文凭的苦孩子，一个蒙古族人，仅仅在 20 世纪 50 年代前期短暂的几年里用上了他那支生花之笔，没多久这支笔被人从手中夺走，却是为了一篇讲了真话的文章。从此堕下深渊打入另册，我们间也因之失去了多年的音讯。不过友情难忘，在与巴兄闲聊忆及老友时，总常想起老萧，为之惋惜不已。

1973 年他殷切地惦记着老友，辗转托一个学音乐来上海办事的年轻人带来一信，探问巴兄平安。到了 1976 年的冬天我们终于得以互通信函。在一封来信中他深情地说：“20 年不通音讯了，我们二人提起笔来都有些情不自禁地滔滔不绝，什么都想倾吐一下。”他不多言自己的苦难，总问我家庭、孩子和朋友的情况，关心我的工作，给我以鼓舞。还说，如果还有意从事译介外国文学作品的话，他愿从旁协助。这样的高情厚谊，能不

扣人心弦！我习惯用毛笔书写信函，赢得乾兄喜爱，竟把收存的几张乾隆御制的宣纸连同一盒鲁迅用笔赐赠给我。我收到宝贵的佳纸，不敢胡乱自用给糟蹋了。请周而复同志及我的一位书法家好友久达兄各为我写了一张条幅，裱装好悬挂萦思楼陋室以志不忘。

从事笔墨生涯七十载，留下《萧乾文集》于人间

1986 年曾寄呈一册拙著《思绪点滴》求教，他阅后立即作复，对其中《关于“文生社”》一文开始的一段话提出意见：“说‘文生社’不是在党的直接或间接领导下对革命工作没有作出多大的贡献，弟不同意。过去大、中、小学也并非在党的领导下，难道只有延安公学及鲁迅方算对教育有贡献！这不是‘拉普’派的逻辑？不，我认为在中国出版史上文生社永是一颗明星，一个五四以来办得最为成功、影响最大、推出作家最多的同人出版社。”1994 年一次来信促我编本有关文化生活出版社的纪念册，他愿写导言，推荐给《新文学史料》杂志发表。这本小册子一拖再延，总算前些日子编写好了，打算自己花点钱印上几十本送送关心的朋友们。抱憾的是最最关心的乾兄却看不到了，真是愧对老友歉仄至深。

萧乾的一生可以说是：浪漫传奇，丰富多姿，饱经忧患，历尽沧桑。但最替他庆幸的是他终于找到了一位贤良的终身伴侣，使他那坎坷不平的感情生活的道路走上了安谧温馨的坦途。朋友们看在眼里，喜在心头。他自己也说：“没有这位尽心尽责的‘老母鸡’，就没有今天的我！”信哉斯言！他曾说：“道路是曲折的，甚至是崎岖的，但毕竟越走越宽。”说得多真诚。

老萧为了补回那些时光，得以重握“秃笔”之后，不仅奋笔疾书勤写勤译，更多次应邀出访欧美诸国，讲学写作，尽那文化使者交流之责。这不正如他自己说的道路毕竟越走越宽了。要知道他患有多种病症，曾经动过四次大手术割掉了一个肾子，带着多病之躯，不停地写呀，译呀，介绍

了易卜生的名剧后，已届耄耋之年还与夫人合作译介世界文学名著，百余万字的、有“天书”之称的《尤利西斯》。勿怪巴金在祝他九十寿辰的贺信中说，他比年轻时勤快多了。

我一家人多从事出版编辑工作。在旧社会巴兄曾替他编撰出版过多种集子，新中国诞生后他的第一本向海外介绍中国农村所起的翻天覆地大变化的大型报告文学《土地回老家》中文版，又是在我小哥哥李采臣主办的平明出版社印行的。1984 年他为了支持我们胞侄李致，四卷《萧乾选集》又交给了四川人民出版社出版。巴金说过编辑和作家应成为朋友，所以我们一家人跟乾兄的关系是多层次的，情谊不浅。而今他溘然而逝，能不令人悲从中来？如果他能再活下去跨逾 21 世纪该有多好！不也就能应巴兄贺信中之约，共同为中国现代文学馆新馆落成剪彩了么？希望变成无法实现的梦想，怅惘之至，回忆在人们庆祝他从事文学生涯 60 周年纪念之时，曾写过一篇短文祝贺以表思情，想不到又届 70 周年之际，却写此悼文，不禁鼻酸泪盈。就在乾兄走后的第二日，我们的一位共同朋友、诗人、南京大学教授赵瑞蕻因编文劳累，心脏病猝发而去，真有“白发渐多故人稀”之痛。

乾兄活到九十不算短寿，就他的多病身体而言也算是不容易的了。在他的生日前夕十卷《萧乾文集》问世，这倒是值得令人慰安的。作品传世，乾兄必将永远活在人们的心中。

敬爱的乾兄，安息吧。我代表我一家人望北三鞠躬为你送行，并寄哀思。

1999 年 2 月 23 日写于新病初愈

（原刊于《世纪》1999 年第 2 期）

纪念启功先生百年诞辰

启功先生是著名书画家、文物鉴赏家、教育家、诗人，中央文史研究馆第六任馆长。2012年7月13日上午，国务院参事室、中央文史研究馆在北京人民大会堂隆重举行“纪念启功先生诞辰一百周年座谈会”。

座谈会由国务院参事室副主任王明明主持。国务委员兼国务院秘书长马凯在致信中说：启功先生博学多才，德望兼备，治学

纪念启功先生诞辰一百周年座谈会

严谨，诲人不倦，其书清秀，其诗清趣，其画清逸，其文清新，其心清静，其人清正，值得我们尊重、缅怀和学习。国务院参事室党组书记、主任陈进玉和中央文史研究馆馆长袁行霈教授讲话，冯其庸、王楚光、沈鹏、傅熹年、薛永年、柴剑虹、赵仁珪先后发言。《世纪》为纪念一代国学大师启功先生，全文发表袁行霈教授讲话，并摘发冯其庸等7位专家的发言。

心香一瓣

袁行霈 *

2012年7月26日是中央文史研究馆第六任馆长、北京师范大学中文系教授启功先生百岁冥诞。国务院参事室、中央文史研究馆于7月13日在人民大会堂隆重举行纪念座谈会，共同回忆我们的老馆长为祖国的文化、教育事业作出的卓越贡献，以及他作为中央文史研究馆的一面旗帜发挥的巨大作用。

启功先生经历了民国建立、军阀混战、抗日战争、国内革命战争、新中国成立、改革开放等许多重大历史事件，是在这个历史大转折时期出现的不可多得的学者、诗人和艺术家。他上承清末民初的传统，在学术和艺术两方面取得独特的成就，在教书和育人两方面都有楷模意义。启功先生的影响不限于生前，也不限于今天，还会延续到将来。7年前他的逝世在社会各界和国内外所引起的震悼，充分证明了他卓越的地位。7年来，不论谁讲学术史，都不能不讲到他；不论谁讲艺术史，都不能不讲到他；不

* 袁行霈，中央文史研究馆馆长。

论谁讲教育史，都不能不讲到他。他不仅是历史的见证者，也已成为历史的一部分。

启功先生首先是一位杰出的学者。学问的博大精深，令人叹为观止。他的学术领域涉及中国的文学史、艺术史、历史学、语言学、文字学、佛学、民俗学、敦煌学、文物鉴定学等许多学科。而对清朝典章制度之熟悉、对书画碑帖鉴定之精湛，堪称独步当代。他熟谙古典文献，其学问既来自各种典籍，也来自他本人的见闻和实践，所以他的学问是活的学问，已经化到他的生活之中。在启功先生那里，人即学问，学问即人，一言，一笑，一举手，一投足，莫不透露着学问的真谛。

启功先生书法家的地位是公认的，他是20世纪七八十年代以来书坛的领袖和旗帜。他的书法有深厚的传统根柢，他目验的古代书法精品极多，且有深入的研究，又自出机杼，戛戛独造，法度严整，满纸生辉，形成典雅与遒劲相结合的独特风格，如千仞之高岗，又如云中之白鹤；如霜下之松柏，又如拈花之少女；其外形可效而得其仿佛，其丰富的文化内涵则难以企及也。

启功先生的诗作，无疑是诗歌史上的创新，无论是题材还是语言，都别具一格。他说唐诗是喊出来的，宋词是想出来的，我看他的诗是流出来的，随手拈来，皆成妙趣。他的诗中多有深刻的人生体悟，可见其豁达的胸襟和悲悯的情怀，这是最为动人之处。他曾将自己的诗集称为“俚语”，其实是十分高雅的，是放下了身段的高人与雅士之作。一味的高雅固然不易，而俚俗的外表与高雅的天骨融而为一更难。明代高启《独庵集序》曰：“诗之要，有曰格、曰意、曰趣而已。格以辨其体，意以达其情，趣以臻其妙也。”启功先生的诗可谓格、意、趣三者具备，其格高、其意深、其趣真，实在不可多得。

我还要称启功先生为教育家，他有独特的教学方式，那是浸润式的，像春雨一样润物细无声的循循善诱。他既授人以知识，又启人以智慧；既教人治学，又教人立身。“学为人师，行为世范”，这两句话不仅成为北师大的校训，也是一切做教师的人应当遵守的准则。

启功先生一生坎坷，幼年孤露，青年失学，中年遭难，直到进入老年后才得到施展才能的机会，可惜又患上颈椎病、高血压、心脏病、黄斑病变、前列腺炎，百病缠身，几无宁日。但他坚韧地忍受着各种苦难，笑对人生，泰然处之，时时处处以其特有的诙谐为别人带来快乐。他有菩萨的心肠、深邃的目光、严正的态度和看破红尘的笑容，可敬亦复可爱，可畏亦复可亲。他的言谈有时是饱经沧桑的警策，有时是儿童般的天真与调皮，有洞见，有禅机，有诙谐，有诗意，只需跟他一席谈话，便永难忘却。

1999年，启功先生被聘为中央文史研究馆馆长，同时我被聘为副馆长。在就任之际的馆员会上，他说自己“何德何能，获此殊荣”，而我更是深感惭愧。启功先生受到馆员的爱戴，声望很高。他带领馆员做了一些在当时的条件下力所能及的事情。我作为他的副手，遇事辄向他请示，遵照他的意思办理，出差前后都向他汇报。虽然我早在1978年就到小乘巷他的寓所拜访过他，并得到他所赐绘画，但我不敢多打搅他，只是把他的著作一部部找来拜读，从中汲取知识和智慧。从1999年开始到他逝世一共6年，是我跟他接触最多的一段时间。我向他说：我不敢自称是您的入室弟子，但现在有机会向您好好学习了。的确，6年近距离的接触好比跟他读了“研究生”，专业的学习不多，但如何做人，处处以他为榜样。人们都知道他的和气，只有近距离接触过他的人才知道和气后面的刚正。刚正，这在今天是多么难得的品德啊！

可惜启功先生没有活到期颐之年，否则7月26日将是为他祝寿的日子，现在只能从心底祝祷他在天之灵得大自在。言不尽意，上面这番话，难免肤浅，希望诸位能从中感受到一点我对启功先生的崇敬之情。

梦中常忆解红篇

冯其庸 *

我跟启功先生几十年的交往，是短时间说不完的。我受启功先生的教育也很深。昨天我想到今天的会，本想写个稿子，但最近自己眼睛看不大清，要写稿子很难，所以我就写了三首诗来怀念启功先生，我在这里念一下。

第一首讲《红楼梦》。我和启功先生讨论《红楼梦》，有人认为《红楼梦》里贾宝玉真正喜欢的不是林黛玉，而是史湘云，也有人说是薛宝钗。启功先生和我的看法一样：都不对，《红楼梦》里真正尽心写的当然有一大批人物，但是曹雪芹笔下真正传达他的思想和感情的对象就是贾宝玉和林黛玉。所以我就这个意思写了这一首诗：

> 一别元翁已十年，梦中常忆解红篇。
> 牡丹富贵终流俗，怎似灵河绛草仙。

第二首，讲我向启功先生请教传统绘画。我经常向启功先生请教中国的传统绘画，尤其是山水画，五代的董源、巨然，宋代的范宽等，还有黄公望的《富春山居图》，我们讨论过好多问题，所以我写了这第二首诗：

> 平生好究笔头禅，常请元翁董巨篇。
> 更爱富春山水好，烟霞满纸尽天然。

启功先生给我谈《富春山居图》，说黄公望画了将近 10 年，最精彩的

---

* 冯其庸，中央文史研究馆馆员，中国艺术研究院原副院长，已故。

是他的笔墨的自然和环境的自然相融合。我为此专门到了富春江，找到了黄公望当年隐居的地方，这里的环境的确非常清幽，但是已经没有任何踪迹了，所以在黄公望的笔下能把大自然和他的笔墨融合为一体，这是非常难得的。

第三首讲启功先生的书法：

书到钟王有几人，元翁巨笔得其神。
疯魔百代先生迹，纸贵洛阳字字珍。

从启功先生书法的源流来讲，还是钟繇、王羲之（钟王）。当然也是吸取众家之长，自成一体。我每次到琉璃厂、潘家园，看到启功先生的字遍地都是，就跟启功先生讲，这么多假字！启功先生非常幽默，他说："凡是好的都是他们写的，凡是不好的都是我写的，让他们有一个胜过我的机会，不要去干涉，他们靠这个去吃饭，你要去说这是假的，他们就没有办法了，不要管他们了。"这反映了启功先生高尚的人格和对普通老百姓的关心。

国学硕儒　文人楷模

王楚光 *

20 世纪 90 年代初期，我被安排到中央文史研究馆工作。到文史馆之后，有幸经常到先生的书斋请示汇报工作，渐渐熟识热络起来。除了汇报工作，还常留下促膝谈心，聆听先生教诲。天南海北、古往今来、随心

* 王楚光，曾任国务院参事室副主任、中央文史研究馆副馆长。

所欲、娓娓道来；经典掌故、名人轶事、妙趣横生、随手拈来。对我来说，每次和先生谈心，无疑都是一堂最生动、最具内涵的中国传统文化大课，都是一次难得的精神大餐。我乐此不疲，频繁走动，每次都是流连忘返，时至日落西山，方才依依惜别，告辞归家。我十分珍惜和先生的十载神交，至今先生的音容笑貌还鲜活地存留在我的记忆中，先生的至理名言还铭刻在我的脑海中。

我最敬仰先生的平和淡定。先生在与我交谈中，对某些文艺团体的名利之争很不以为然，对文史研究馆却是赞赏有加。文史研究馆的馆员不是满腹经纶的饱学之士，就是熟谙书画的丹青高手，人人都是谦谦君子，知书达理、严于自律、彼此尊重、相互敬慕，相处十分融洽。他们定期聚会，挥毫泼墨、吟诗填词、说古论今、谈笑风生。每次活动都是一次抒发文思、交流学问的文人雅聚。能生活在这样一个与世无争、亲切高雅的文人圈中，先生感到如鱼得水，由衷高兴，认为这个集体才符合他老人家的秉性。

我最敬仰先生的无私奉献。先生是全国知名的大书法家，他的墨宝可谓是一字难求。可是，对文史馆的需求，先生从来都是全力支持。我每次因公而到先生的书房去求字时，先生都是不论锱铢，欣然命笔。最令我感动的是，20 世纪 90 年代，文史馆第一次组团出访新加坡，先生以耄耋之年带团前往，因先生的声望所在，代表团受到当地华人和文化界的热烈欢迎。当时，为了帮助文史馆筹措出国经费，先生在海外破例按求字者的要求，当场创作书法作品，解了经费不足的燃眉之急。以先生之身份，能如此之仗义，实在令人肃然起敬。

我最敬仰先生的知恩图报。中国有句古话，叫做施恩图报非君子，知恩不报是小人。先生是一位知恩必报的典范。先生对润笔之资，采取的是区别对待的办法，凡公益性质的求字，凡学术著作的题签，一概免费相赠；凡商业活动的题字，凡个人爱好的收藏，均酌情收费。尽管如此，求字者还是趋之若鹜。因此，先生的经济收益之丰可想而知。但是，先生却是布衣蔬食，生活简朴。而为了报答原辅仁大学校长（新中国成立后任北

1991年，启功（捧花者）将义卖字画所得捐给北京师范大学，设立以其恩师陈垣书斋“励耘书屋”而命名的“励耘奖学助学基金”

师大校长）陈垣先生的知遇之恩，他甘愿倾其创作收益，集资达数百万元，捐献给北京师范大学，以陈垣先生的“励耘书屋”之名，建立“励耘奖学助学基金”，奖励优秀师生，倡导公益，回报社会。

我最敬仰先生的刚正自重。在书画界有少数人，往往以其作品作为趋炎附势的敲门砖，眼中只有权贵，而无布衣。先生却是反其道而行之。据传，先生曾到某省造访，回京后给当时为他服务的司机寄去墨宝一幅，一时传为佳话。据我与先生相处十余年所知，从未见先生向任何领导机关的任何领导人赠字，也未给当时参事室和文史馆的几位负责人题字，我们也订有规矩，不准向馆内任何书画家索要字画。可以断言，我们与先生之间真是君子之交淡如水。然而，先生对机关的工人师傅和工作人员却关爱有加，经常主动向

启功和恩师陈垣在一起

20世纪90年代中期，王楚光向启功汇报中央文史研究馆工作时，两人亲切交谈的情景

他们赠字，当时机关的汽车司机和工作人员几乎人人藏有先生的墨宝。

我最敬仰先生的豁达幽默。我深感先生是一位世事洞明的乐天派。在他的书斋之中，有一只硕大的绒布熊猫，还有先生笑容可掬地抱着这只可爱的熊猫合影的大幅彩照，把整个房间衬托得喜气洋洋、生机盎然。我经常拜访先生，他总是彬彬有礼，笑脸相迎，尽显和蔼可亲、平易近人的长者风范。先生说话，非常风趣，玩笑之语，深藏哲理。有一则流传甚广的佳话。先生与夫人感情甚笃，夫人仙逝后，先生怀念不已，常在诗文中表露出来。曾有热心人劝先生再找一个老伴，先生问他，“伴”字怎么写？此人说，一个单立人，加一个半字。先生又说，要是把“亻”字改成“纟”呢？那不就成了一个“绊”字了吗！先生此言一出，那位老兄心中明白，就不往下讲了。可见先生所讲半字之差多么微妙，它道尽了人间多少酸甜苦辣，风趣之语，含意深邃。

下面再讲一个我亲身经历的故事。当时有人推荐一位颇有名气的画家当文史馆员，征求意见时，馆员当中有说好话的，有道其劣行的，两种意见，互不相让，我感到左右为难，无法决断，便去向先生请示，请他裁定。先生不作正面回答，却给我讲了一则寓言。他说：一棵大树，栖满小鸟唧唧喳喳，其乐融融，突然飞来一只乌鸦，落在树上，结果把满树的小鸟全给惊飞了。听罢上则寓言，我茅塞顿开，回到馆内，召开馆员会议，传达先生所讲的寓言，表明我的态度，顺利达成了一致的意见。为此，我深感先生的智慧之高，常人难攀。

学而能思

沈　鹏*

启功先生于书画、文史有多方面学术成就。社会上流行说他是书法家，善幽默，于前者局限于写毛笔字；后者凑合一些生活里的诙谐笑话，缺少深度。其实，就以幽默来说，在启功先生的文章里不时流露。他对比中国汉语规律与外国“葛郎玛”（文法一词的音译），把节拍、辙调的作用力比作汉语中富凝聚力的“血小板”，把比喻与用典说成“葛郎玛”束手无策的一条条泥鳅。由于思考语言的问题，他随手拈来流行的一句话：“老鼠儿子打地洞，愈挖愈深。”仅在一篇文章里出现以上比喻和联想，便使人增加阅读兴趣，感到耐人寻味。启功先生作文，向自己提出“简、浅、显”的要求，成如容易却艰辛！

探讨汉语诗律，启功先生有他的发明——“平仄竿”，“平平仄仄平平仄仄平平仄仄……”无限止的循环反复像一条竹竿，上面有“节”，任意截取其中一节，仄起或平起，五字句或七字句，都可扩展成篇，五言律句共有七样，七言律句共有十四样，无论句子多少的律调诗篇，除拗句外，所用都不离这二十一样句式。“平仄竿”的作用堪称大矣！以我个人

* 沈鹏，中央文史研究馆资深馆员。

体会，倘为记忆，要掌握诗的格律也不难，几种格式有现成的规则可循。启功先生发明的意义在于找到了格律诗节奏最基本的元素，由最简单的基因扩充到许多复杂的样式。原来许多复杂的样式不过是最简单的“基因”的有规律的变化。人的一生离不开呼吸，有呼吸而吐故纳新，保持生命的活力，肺部“呼、吸、呼、吸……”以至无数。人也离不开走路，两脚“左、右、左、右……”积跬步以成千里。启功先生研究古代汉语，重视节奏、辙调，而诗歌则是汉语音律之美的集中体现。当然可以扩充到词、曲、赋，再有骈文。

不但如此，启功先生还从优美的古代散文中探索汉语音美，从《史记》的《屈原列传》、韩愈的《柳子厚墓志铭》、王安石的《读孟尝君列传》选段寻找平仄抑扬的脉络。由这番苦心，研究出汉语音美的源远流长。时至今日，白话早已代替文言，但是如果我们研究白话中的美文，同样可以从中找到节奏甚至辙调之美，哪怕是潜在的不那么明显，古汉语的生命力也还在发挥作用，历史的沿袭不会断裂，白话诗也会通过艰难的历程吸取传统汉语的美感逐步走向成熟。从汉语传统的立场看，应是一条必然的途径，当然绝不排除吸收西方文化以及当代语言的融入等多方面因素。我至今记得启功先生有一次跟我说，他写白话文的时候，心中默默有文言作底。我认为这是因为他文言的根底深，懂得文言与白话相异又相通。有了“文言作底”，写的虽是白话，但读起来也是优美的，单谈文言简练不足以说明问题。启功先生对汉语中一字即一词，一字可作名词也可作动词、形容词的现象作了深入阐释与发挥。

“平仄竿”发现汉诗的音韵规律，对汉字的字形规律，启功先生作了十分精密的研究。他仔细察看古代字帖中笔画轨道的方向角度、笔与笔之间的距离关系，字中各笔的聚散疏密，确认赵孟頫说的“书法以用笔为上，而结字亦须用功”是真实不移的道理。用笔与结字究竟何者更重要，古今见解各有侧重，我曾写《传统与“一画”》与学界共同商讨。在启功先生那里，更看重结字的重要性。

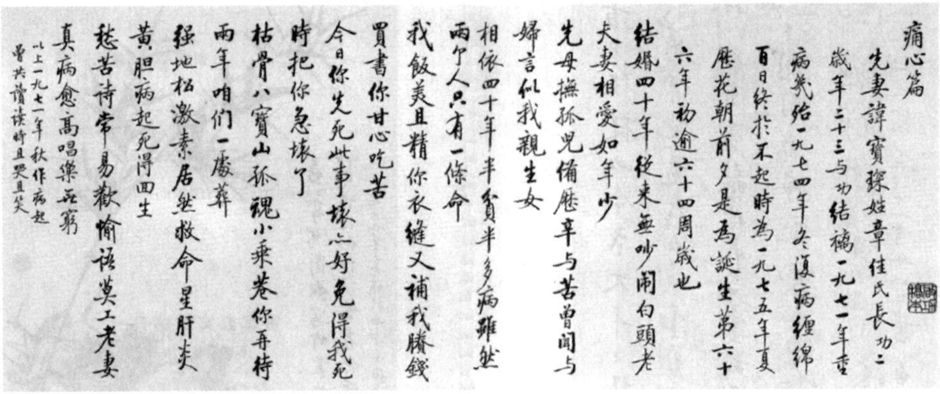

启功手书诙谐幽默的《痛心篇》

真正的国学大师

傅熹年 *

我长期得到先生的多方面教诲，作为先生的私淑弟子，更加体认到他在我国传统文化史、艺术史方面取得的重大学术成就。

启功先生曾是书协主席，又是国家文物鉴定委员会主任委员，一般世人都以书画大师和大鉴定家目之。但如果详读先生撰述，他学术之渊深、涉猎之广博、鉴定之精审，特别是研究的旨趣、目标，远非“书画大师”和“大鉴赏家”的称号所能概括的。

“书画鉴定”对一般收藏家而言，主要是判定真伪问题，但如从学术角度而言，则是解决书法史、绘画史的基本素材，以便形成正确的艺术史的问题。所以同是“书画鉴定”，从学术研究角度与从实用角度出发，在性质、深度和水平上是大不相同的。启功先生对古文字学、经学、史学、

---

* 傅熹年，中央文史研究馆资深馆员。

古典文学、哲学、宗教学诸方面均有深入研究，且熟悉历代典章制度、礼仪民俗、戏曲小说，本人又是书法、绘画大师，有极高的艺术素养和敏锐的鉴赏眼光，所以能在学术研究与艺术鉴赏相结合的基础上，从整理、充实中国书法、绘画发展史的高度，有目的地去考订若干古代书法绘画上的重要实物和关键性的历史公案，取得卓越成就。

启功先生数十年来的大量研究工作和撰述，如《兰亭帖考》《论怀素自叙帖》《孙过庭书谱考》《〈平复帖〉说并释文》《山水画南北宗说辨》《戾家考》《旧题张旭草书古诗帖辨》《古代字体论稿》等，都是围绕着为书法史、绘画史建立科学性的材料基础和廓清伪史料这一总的目标而进行的，所研究的都是些重大问题和著名历史公案，但举证充分，说理透彻，故虽考证极其精密而始终坚持基本宗旨。

《兰亭帖考》是启功先生在书法史研究上的力作。论文把现存之唐摹本、唐宋临本、定武本石刻、历代传刻本、伪造本按系统逐一归类，化繁为简，并重点就唐摹本、唐临本、定武本三类详加论述。指出神龙本行距前松后紧，中有浓淡墨改定加字之处，具有草稿特点，保存兰亭帖原本面貌最完整。此文对兰亭帖的流传经过和现存实物做了周密的分析和历史性总结，是研究兰亭序的重要成果。

对旧题唐张旭草书四帖真实年代的考定是启功先生学识与目力结合、鉴定水平高出时辈的又一例证。此帖宋人、明人先后题为晋谢灵运和唐张旭书，现代又被人大力宣扬，号称张旭传世名迹。启功先生从书风判断它应为宋人所书，通过对帖中文字逐字逐句进行研究，发现诗中避宋讳“玄”字，而讳玄字始于北宋大中祥符五年十月，有力地证明了此帖是北宋佚名人的草书佳作，先后被宋人、明人强加以谢灵运、张旭之伪名，变真迹为伪物。他语重心长地规劝当代鉴定家们要为人民负责，采取实事求是的科学态度，不要学那些“宁可要古而伪，不肯要近而真”的古代帝王、商贾和“好事家”。

《〈平复帖〉说并释文》是启功先生研究传世最古法书西晋陆机书《平

复帖》的力作。此帖文字前人都没能通释，因为其首尾完整，所释还必须文义可通，并可与史传相合。先生详考史传、本集、总集，兼及魏晋典籍，除完整之字外，连残损的五个字中也有三个字据文义及史传推释出。并对帖中提到的这三个人与陆机的交游加以考证，从帖文内容上也证明此帖确出于陆机之手。这只有靠多方面的学识与高度的鉴赏能力相结合才能做到。

世范人师有典型

薛永年 *

在启功先生生前，特别是 20 世纪 70 年代末到 80 年代，我多次去小乘巷问学，现在写字画画之后盖印章涂些痱子粉以免渗油的办法，就是启功先生教给我的。多年以来，我每一念及先生的音容笑貌、高尚的品德、渊博的学识、独到的见解、待人的真诚和处事的幽默，都会重新得到莫大的教益。今天讲四件小事。

重义轻利的高风

20 世纪 80 年代，书画已有市场，爱好名人字画的人们开始去琉璃厂寻宝。可是，好几次我去启功先生家，他都在埋头书写条幅，不是生产投入市场的墨宝，而是在为友人代拟代写挽联，只尽义务，分文不取。当时还听说一则故事：启功先生的一位老友来看他，见他写字，便高兴地说：

---

* 薛永年，中央文史研究馆资深馆员。

“元白，我在琉璃厂收了你一张字，写得真好！”启功先生忙问：“花了多少钱？”答曰：“若干。”启功先生接着说：“你这就不对了，我们是朋友，需要什么字你告诉我，写给你就是了，花钱买我的字可就是看不起我启功了。”说着他就把朋友买字的钱点出来：“这样吧，买字的钱给你拿去，算我送的。稍缓，我一定认认真真写一张满意的送你。”这种笃于友谊的作为，一时传为美谈。

坚持原则的题画

20世纪70年代末，一次我去启功先生家，正赶上他受美术外销管理部门的委托，为一些绘画作品题诗。人所共知，一件好作品经过名家题跋，便如画龙点睛，锦上添花。一件并不高明的作品，有了名人题句，对于看不懂所题内容的附庸风雅者，也可以满足虚荣心。启功先生虽然名高一世，待人热情，提携后进，但题画绝不苟且。他见我来了，便拿起几张他题好的画给我看。其中一张画的是洛神，虽然浓施粉黛，却呆若木鸡，令人不敢恭维。启功先生笑着对我说：“你看看，我题的这首诗怎样？”我一看，这是一首七绝，诗曰：“翠羽明铛意态新，凌波如见水边身。千秋绝艺称杨惠，不及精銮写洛神。”“杨惠”用了个典故，是唐朝吴道

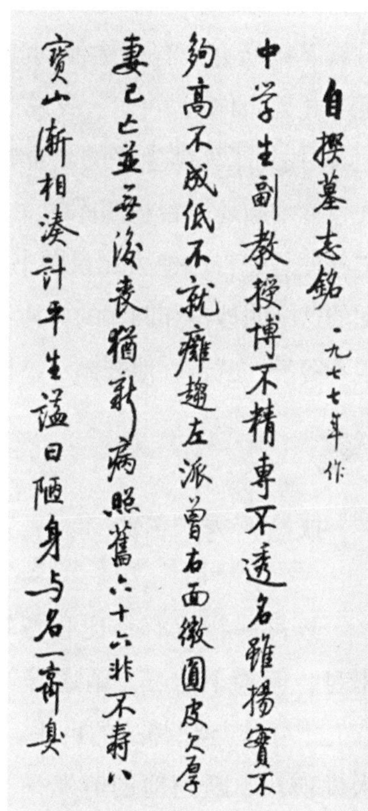

启功手书《自撰墓志铭》

子的同学，善长雕塑的杨惠之，我不禁笑道："您是说这洛神画得不太生动，犹如木雕泥塑一般吗！"启功先生笑曰："我说的是实话吧，他们不一定看得懂，但只要题上就满意了。"

点拨后学的无私

20世纪80年代初，我多次去小乘巷启功先生家，代表中央美院美术史系请启功先生来校讲座，同时求教治学的方法。印象最深的是，他不止一次地说，我问过你们学校一位教授"理论怎么搞?"他回答："编呗!"说着不禁失笑。他讲给我听，实际是反对编来编去的无根之谈，主张发掘新的资料，重视基础研究。有一次他问我："你们学校薄松年写的《读〈林泉高致·画记〉札记》你看了吗?"我说："看了，那篇文章利用明以后刻本缺失的《画记》，找到了郭熙生平的新资料，不是只做价值判断，引起了日本学者的重视，铃木敬还以台湾四库的文渊阁本作了校勘呢。我听说薄松年使用的明抄本，还是您告诉他去北京图书馆找到的!"启功先生说："是啊，我过去用北图的这个明抄本和四库的文津本做过校勘，没有拿出来，薄松年孤儿寡母的，很不容易，就告诉他去搞了，也是提醒他从版本入手，做些深入的研究。"

扶植新秀的苦心

故宫博物院有个比我年轻的学者王连起，虽然没有读过大学，工人出身，但善于学习，精通碑帖和书画，对赵孟頫有系统研究。他20世纪八九十年代是徐邦达的助手，启功先生非常器重他，当作忘年交，而且逢人说项，不断为他创造发挥与提高的机会。90年代初，启功先生捎话来说："烦你写个材料，推荐王连起去美国大都会做研究，让美国人也知道我们有这样年轻的专家。我已经和美国大都会博物馆顾问方闻说好了。他们办手续还要两份书面推荐，傅熹年先生写了一份，你再写一份。”稍后我问王连起这回事，他说为他去美国，启功先生煞费苦心。一次宴会中，启功先生在与方闻的交谈中，特地引出一个话题，就是赵孟頫的《双松平远图》。这件作品一真一假都在美国，一件在大都会，另一件在辛辛那提。启功先生对方闻说，在座的王连起能告诉你谁真谁伪的铁证，你听他讲讲。于是王连起讲道，真迹不但有乾隆印玺，而且有一段乾隆题跋，在宣统元年狄平子出版的《中国名画集》里就引出来了，可是后来乾隆题跋被挖掉了，谭敬组织人作假时就没有乾隆题跋了。因此，流传到美国的一真一假两件，没有挖痕的必假，那件细看有挖痕的是真迹无疑。他又仔细讲了真迹的流传经过和伪作出现并卖给美国的历史，方闻大为折服，当即拍板邀请王连起赴美，才有了需要推荐信办手续的事。

学为人师，行为世范

柴剑虹 *

启功先生是我们这个时代杰出的教育家。启功先生规定的好老师的标准，就是他为母校拟写的八个字的校训：“学为人师，行为世范。”

何谓“学为人师”？（与“好为人师”划清了界限）启功先生自己曾写过一个座右铭，是这样说的：“职为人师，人之所敬。虚心向学，安身立命。”（职务是老师，当老师当然大家尊敬。当老师的自己也要虚心好学，你才能做好老师，安身立命。）启功先生几十年前写过关于《千字文》的

---

* 柴剑虹，中华书局编审。

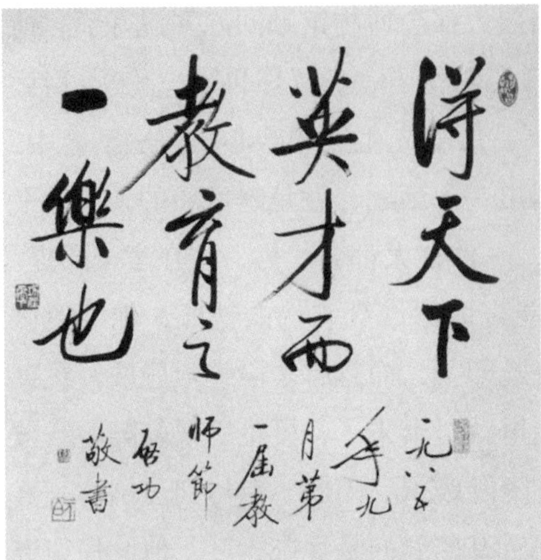

1985 年 9 月，启功为第一届教师节题词

论文，到晚年，知道敦煌、吐鲁番出土的文物中有几个《千字文》的唐代写本，可以补充与纠正他原先的认识，就几次对我谈起要用这些材料重新写文章。他还写了再读《论语》的新体会，在报刊发表后，却一再表示还要不断认识。作为闻名遐迩的书法家，他晚年几乎没停止过用废报纸裁成方块练习楷书。他在 90 岁生日会上诚恳地表示：我希望让自己的字能写得好些。这就是“学为人师”最好的注解。

何谓“行为世范”？简单地理解，就是说自己的一言一行都应成为世人的模范或者楷模。“行”与“言”一致，“表”与“里”相符。启功先生晚年的时候，给我写过《千字文》里面的四句话来勉励我，叫“景行唯贤，克念作圣。德建名立，行端表正”。就是你的行为要向贤人看齐，你的思想要不断克服私心杂念以符合圣人的教导。有了道德修养，你才能名副其实。而且作为老师，应当行为端、面貌正，一言一行、一举一动都要给学生留下美好的印象。这也是做人的标准。启功先生是真正实践了“学为人师，行为世范”这一校训的可敬的老师。1979 年，启功先生的“右派”问题得到改正，按政策要补给他一笔工资，可他在给友人的信中一再表示这些钱他没有用，还是希望用到最需要的人和事上。他给我们第一届研究生讲课，完成了系里规定的课程后，主动提出到我们的宿舍来讲相关的文献学与文化知识，不但每次课都精心准备，而且课后还写字送给我们。他对自己的恩师陈垣先生的深挚情感也是人所共知的。老校长逝世后，他念想成梦，在日记里有非常感人的记述。尊师重道是“好学生”的重要标志。

“启功研究”的当代意义

赵仁珪 *

最近，我写了一篇《启功先生的文化价值》，主要观点是启功先生的文化成就能够横跨学术与艺术两大领域，且在很多具体领域都达到当代顶级水平，是名副其实的全能学者和艺术家。再加之他具有高尚的道德情操，因而堪称“间世”的文化大师，其文化意义也将超越当代的局限，影响到更久远的将来。如果这一观点成立，就给我们带来一个新课题：如何做好“启功研究”的工作，以推动我们的文化事业。

如在书画领域。启功先生的书画，尤其是书法，虽然有很多难以言传的高妙之处，但实际上却有一条最基本的法则和底线：坚守本色之美，亦即以雅俗共赏、赏心悦目、娱情悦性之美为美。具体说来，即以雅洁、高华、和谐、隽秀、飘逸为美。而实践这一美学原则的途径，就是踏踏实实地继承传统，扎扎实实地打好基本功，在通融传统的基础上自然而然地形成一家之风。为此他曾明确反对那种“浮烟涨墨”式的、只能给人以压抑感的画风，曾云：“常见画费九牛二虎力，浮烟涨墨块块黑石头。吾病心胸气闷已经岁，那堪再压木炭千层楼。”(《无款雪景牧牛图》)也曾委婉反对某些刻意标新立异、其实是不知所云却号称“现代派”的书法：“璀璨斑斓，陆离光怪。瞻前顾后，称曰现代。”(《日本现代派书法展览征题》)而我们现在的书画创作确实存在严重的浮躁之风，有些书画家急功近利，不肯在基础上下功夫，或自知如此下功夫很难超越别人，便急于走终南捷径，刻意标新立异，片面地以奇为美、以怪为美，甚至以丑为美。为此还提出很多理论，如强调什么“视觉冲击力”，为了彰显个性就要“拉开

* 赵仁珪，中央文史研究馆资深馆员。

距离”，并片面强调“笔墨当随时代”等。如果不满这种风气，它们会反唇相讥，称你为保守派。不错，书画艺术是视觉艺术，讲冲击力也要看如何冲击，如果冲击到只剩惊悚、骇目，那还有什么美感可言？汉字自古以来就是由那些有限的部首、部件构成，如果为了凸显所谓的个性，便任意地拉开与传统的距离、与他人的距离，那将把汉字肢解扭曲到什么程度？“笔墨”确实“当随时代”，但违背传统规律的“笔墨”并不是引领“时代”的笔墨，即使是力陈这一主张的石涛，也曾忠告人们“画家不能高古，病在举笔只求花样”，此语正可用在当今某些人的身上。我想，学习、研究启功先生的书画，首先要学习他为书作画的态度，学习他对优秀传统的坚守及在此基础上的合理创新，这对医治当前书画界的浮躁之风无疑是一服良药。

又如在诗词创作领域。目前对现当代古典诗词创作的研究还相当薄弱。研究古典诗词的，认为这不属于自己的时代；研究现当代文学的，认为这不属于自己的文体。这与当前旧体诗词创作极度繁荣的现状很不相称。我们研究现当代的旧体诗词创作不外乎两方面：如何将继承与创新相结合。而启功先生在继承与创新、雅与俗相结合方面都取得卓越的成就。他的高雅之作格律严谨，语汇典雅，对仗工整，用典考究，尤其是那些借助双关象征手法的咏物寄托之作，可谓臻于极致，也为当代如何以传统手法来表现时事提供了很好的借鉴。他那些看似俚俗的作品，其实都充满了大智慧，新意境，新思想，尤其是那些幽默诙谐之作更是独树一帜，堪称是对中国诗词发展史的一大贡献。但有些人却认为启功先生的幽默只是一味的俚俗，这是一种误解。这就证明在这方面确实存在讨论的必要，通过这样的讨论将会对发展当代诗词风格的多样性起到积极的作用。

又如在文物鉴定领域。文物鉴定现在几乎成为绝学，启功先生虽然写过很多文物鉴定的论文，但这门学问必须建立在大量“经眼”的基础上。启功先生当年与几位鉴定大师一起经眼过数以万计的古代书画，写下大量的鉴定意见，这都是宝贵的、活生生的教材，我们应该好好整理研究。由此还可以引申出一个更深刻的话题。众所周知，启功先生对仿他的假画、假字有时只能抱一种无奈的态度，但对盗用他的名义在书画鉴定上作假作伪则不能容忍。现在有些“鉴定家”公开一手交钱，一手交货，付钱才鉴，付钱即真，这种现象决不会发生在启功先生身上。不仅鉴定如此，写字也如此。他为教育、文化、公益部门题字一贯分文不取，对企业部门所付的润笔也都交学校处理，并把其中很大部分拿出来济困助学。他淡泊名利，更淡薄钱财，他对求字几乎有求必应，故流散在社会的数量当居当代书法家之首。这也是他深受各界人士普遍喜爱的原因之一。这也提示我们，学习、研究启功先生，不但要学习、研究他的艺术和学术成就，还要深入学习他的道德品行，这样才能把“启功研究”引向更深入的层次，也才能更好地达到“启功研究”的目的。

（原刊于《世纪》2012 年第 5 期）

“太老伯”郑振铎先生

张人凤 *

深秋的一天，上海还未见寒意，和煦的阳光下，不少来自北京、上海等地的领导、专家学者、爱好读书的年轻人和郑府戚友，聚集在福寿园内人文历史纪念馆前不远处的草坪上，举行郑振铎先生雕像落成揭幕仪式。仪式中和散会后，我一直在想，我应该有机会见过这位“太老伯”，然而遗憾的是搜索枯肠而不得，记不起来了。我幼年还未上学时，时常有客人来看望祖父张元济先生。祖父教导我，凡是他的朋好，都称呼“太老伯”，而不问其实际年龄若何。那时经常见到的太老伯有李拔可、陈叔通、王云五等，可惜我竟想不起来有没有见过振铎先生，不过他的文字中确实有来过我家的记录。他还描述了我家客厅里的一套陶俑，“有带蓝彩之女俑一堂，计十二只”，这倒是我记得的。这些女俑高约一尺，身着唐代的大袖服饰，衣褶很细致、明显，土黄底色上间有蓝绿色，分别装在两个有红木底座的长方形玻璃罩内。先生对之很欣赏，本想借回家去仔细研究，但因数量较多，不易携带而作罢。

先祖父与先生无论从年龄还是教育背景看，显然都属于两代人，但他们的交往持续了近四十年。把两代学人联系在一起的纽带，则是他们倾心

---

* 张人凤，上海市文史研究馆资深馆员。

关注的文化、出版、古籍和文物事业。他们的相识，始于1920年秋。那时新文化运动高潮迭起，已经取得事业上极大成功的商务印书馆主理人，包括祖父和后来成为先生岳父的高梦旦在内，都感到必须联络新一代学人，俾商务能跟上形势的发展，否则难免落伍。祖父到北京访问了蒋百里，表示愿意结识北京新文化运动的风云人物，蒋百里把先生介绍给了祖父。那时先生还在铁路管理学校学习，酷爱文学。此后，商务印书馆推行了一系列的改革，以沈雁冰主持《小说月报》的全盘改版为发端，而先生则在北京负责为该刊组稿和审稿，使《小说月报》实际上成为1920年12月成立的文学研究会的一份专门刊物。

整个20世纪20年代，先生除有一年迫于形势，到欧洲名为游学，实为避祸之外，都在上海商务印书馆工作。他从事文学写作、编辑、研究，写成《文学大纲》等大量著作，又积极参加进步活动。1925年，上海发生日本帝国主义者枪杀中国工人顾正红及镇压工人罢工事件，引起广大学生上街抗议，而公共租界当局对徒手民众开枪，即五卅惨案。先生看到南京路上洒落的中国学生的血迹，感愤于上海各报“对于如此残酷的足以使人类震动的大残杀，竟不肯说一句应说的话”，遂约同胡愈之、叶圣陶等一同创办一份报纸，名《公理日报》。商务印书馆是一家稳健的出版机构，领导层“在商言商”，一般不介入政治，但在严酷的事实面前，祖父与高梦旦、王云五各自捐助一百元，馆方另捐一万元，支持该报纸。虽然《公理日报》仅存在24天，在当局的压力下，不得不停刊，但它说出了中国人要说的、应该说的话，成为中国报刊史上光辉的一页。

先生与祖父在上海沦为“孤岛”后，一同做成了两件事，也是他们的友谊留给后人的值得记述的一份文化遗产。先生在商务印书馆工作了十年，涵芬楼的藏书吸引了他。他后来成为一位大藏书家，不能排除涵芬楼对他的影响。他的兴趣和收藏，较为集中在古本小说、戏曲曲本、弹词唱本等方面，与大多以经史子集为主的藏书家迥异。他为辑集《古剧钩沉》花费了许多精力，欲访寻也是园所藏孤本元明杂剧而不可得。江南一片战火，私家藏书毁损无算。此时，一个偶然的机会，他发现此书出现于书铺。先生立即设法与在重庆的国民政府教育部取得联系，以九千元代价为政府购下。此时他感到："中国文学史平添了一百多本从来未见的元明名剧，实在不是一件小事！……在这么军事倥偬的时候还能有力及此，可见我民族力量之惊人！"祖父从另外的渠道也得悉这部书的出现，那时商务印书馆遭日军毁灭性的打击，处境已十分困难，总管理处迁往香港，想出一千元把这部书借来拍照都不易做到。祖父一面跟先生商量，一面向在香港的总经理请款，还得征得书的主人即政府的同意。他们费尽周折，最后请在北平的曲学专家王季烈整理、校勘，祖父自己担任复校，从原书 246 本杂剧中选取 144 本，其中包括久已失传的孤本 136 本，编成《孤本元明杂剧》，于 1941 年出版，订成线装本 32 册。此书在戏曲史上价值极高，故而印了几百部，即使在强敌行将侵入上海租界的险恶环境下，也很快销售一空。1958 年，中国戏剧出版社用原纸型重版，改为四册精装本。

抢救出这部元明杂剧后，先生更看到大批中华典籍在战乱中流散，江

郑振铎主编的《小说月报》

南几百年来是私家藏书的胜地，此时命运多舛，日军、汉奸又纷纷掠夺、破坏，遂与祖父、何炳松、张咏霓等人联名向重庆当局发电，要求拨款抢救民族文献。此议虽得到当局的赞许，但国难当头，经费紧缺，甚至汇款渠道都很成问题。先生此时受到敌伪威胁，但他们还是冒着危险，承受了来自各方面的压力，从事历史文献的抢救工程。其中祖父担任宋元版本的鉴定。经过他们两年的努力，数千部珍本古籍免遭战火或散失，也免于落入敌寇之手。

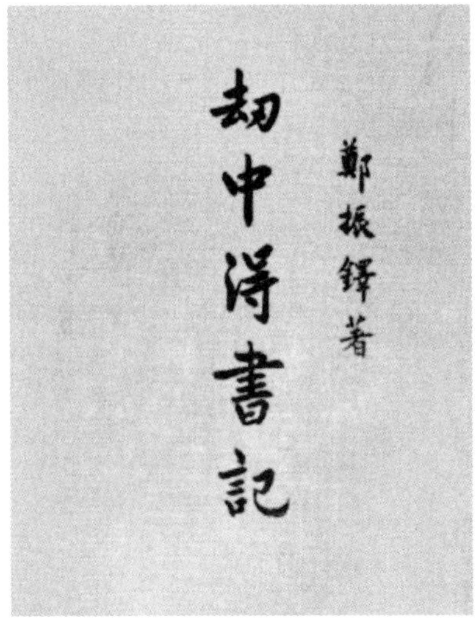

郑振铎著《劫中得书记》

还有一段故事：祖父为沪上藏书家潘宗周编著了他的藏书目，名《宝礼堂宋本书录》。祖父出于谦逊，不愿掠人之美，没有在书上署名，刊印时只署“广东南海潘氏藏板”。书目刊出后不久，潘宗周病故，且潘氏本来就不打算在市场上发售，因此先生久觅而不得。由于他知道“书录出张菊生先生手”，便向祖父索求。此时祖父手头仅有的几部样书早已分送完毕，后来先生如何取得此书，不得知。然而他 1942 年读过之后，在日记中写下了一段话：“此目编述谨严，于藏印、宋讳外，著‘刻工姓名’，是为创例。而辨别真伪，旁证类引，决非以专收天水佳椠者自豪之宗周所能办，盖实出张元济菊生先生手也。”由于没有署名，对作者是谁不少人有过猜测或争论，不过在古籍研究工作者中，也很快明白原委。先生之记述，可以看作最早见诸文字之鉴定吧。

1949 年，祖父与先生相聚在北京第一届全国政协会议上。他们和多位曾在商务印书馆工作过的老同人如陈叔通、胡愈之、叶圣陶、黄炎培叙旧；他们深谈了商务印书馆在新形势下如何生存和发展；先生陪同祖父到故宫御花园绛雪轩观看故宫博物院收藏的珍本古籍，还看到了祖父本人在清光绪年间中进士张贴在宫门外的黄榜。这是他们继1940年上半年后又一度高频次的晤面和交谈。新中国成立后，先生即出任文化部文物局长；而祖父返回上海不久就罹患中风，半身不遂。在20世纪50年代前期的几年中，他们的通信集中在捐献文物上。祖父一生经历国家战乱、动荡太多，他形成了这样的观点：文物、古籍由公家收藏更为安全、妥当，因为私人力量毕竟单薄，难以抗拒各种灾害。于是他通过先生，把涵芬楼收藏的《永乐大典》捐给了北京图书馆，又把家藏从清初传承下来的几件书法作品捐给了故宫博物院。有一年暑假，在北京大学任教的家姊张珑返沪探亲，祖父拿出了他九世祖张惟赤在清初顺治年间得中举人时，由省抚颁发的银质鹿鸣宴杯盘一套，写了介绍信和说明文，命家姊到北京团城文物局办公处拜谒郑太老伯，把这一套有300年历史、制作精良的文物当面捐献。

1956年祖父九十寿辰，商务印书馆邀请了当时书画界知名人士、中央和上海文史研究馆部分馆员及商务印书馆老同人赋诗、作画、题词，作品汇集成两大册，作为一份贺礼。这两大册具有高度史料和艺术价值的珍品，现在保藏在上海图书馆。几年前，我为编著《张元济年谱长编》，在上图的帮助下，又仔细翻阅了一遍，重读了先生的题词：

> 近六七十年来，文献图书之得以保守毋失，不至蹈皕宋之覆辙者，赖有南北公私诸藏之网罗散佚耳，而涵芬楼尤为其中巨擘。张菊生先生阐旧学，启新知，于中国学术贡献甚大，而其精力所萃，尤在涵芬楼。不仅能聚之，且能传播之。今士子辈胥能乎？《四部丛刊》《百衲本二十四史》以研讨古学者，皆出先生赐也。仁者多寿，敬颂千龄。

1958年10月18日，先生与所率中国文化代表团出国途中，乘坐的苏联飞机失事遇难。记得第二天，我正发烧，卧床休息，父亲拿了报纸走进我的卧室，沉重地说了一句话：“郑振铎飞机失事。”那时，祖父住在华东医院，精神和身体状况都极为衰弱，已不宜把此噩耗告诉他。55年后的今天，上海福寿园中有了一处先生的纪念地，不仅雕像精致，栩栩如生，而且人文历史纪念馆内还有先生留下的文物入藏，这是可以告慰老一代文人，也是后辈缅怀、纪念和学习的好去处。

（原刊于《世纪》2014年第6期）

我与胡道静恩师的交往

顾志兴 *

我不知道胡道静恩师头上有多少耀眼的光环，但我知道他是一位名副其实的大学问家。他晚年曾兼职为上海一些大学带研究生，最高的头衔恐怕也只是一个“硕导”。他的成名作是一部《梦溪笔谈校证》，沈括这部薄薄的笔记集《梦溪笔谈》，经他校证，约有 80 万字之巨。被英国李约瑟博士誉为“中国科学史上坐标”的《梦溪笔谈》，涉及的门类很广。要为这部书作校证，只有通才和具有深厚的学养才能问津。可是其时还只有 15 岁的少年胡道静就在啃这部艰深的“天书”了，可以说这部书陪伴了他一生。

除了上述人文社会科学、自然科学的学问外，我知道道静师还对版本目录学、新闻学、方志学都有很深的造诣，他还是国内著名的农史专家。所以，我称他为一位大学问家，绝无溢美之词，而是实事求是的。

“梦溪”作缘　得识名师

少年时代，我有一个文学梦。后来进了大学的中文系，上了文学概论

* 顾志兴，浙江省社会科学院研究员，曾任浙江省地方志办公室副主任。

课，我泄气了，原来文学创作有那么多的条条框框，就决心研究中国古典文学中的明清小说。看的书是那样杂，除了读原著外，还找来不少笔记读，无意中读到了道静师的《梦溪笔谈校证》，一下子就被这部书迷住了。1979年，我从北京《读书》杂志7月号上读到道静师的《梦溪笔谈校证五十年》，简直是一阵狂喜，尽管那时我已过了“不惑”之年，但还是十分冒失地给老人写了一封信，谈了我对这部书的喜爱和对老人的仰慕。因为不知老人的地址，这封信寄到北京《读书》编辑部，请他们代转。不多久，收到老人的回信，才知道他在上海人民出版社工作。他当时对我的感情，可以在后来为我一本书所撰写的序中得到反映。他在为我所著《浙江藏书家藏书楼》写的序言中，最后一段话写道：“对于渴望了解祖国文化历程的同志们来说，这将是一本有益的书，可以从一个方面、一扇窗口看到视野所及的全貌，并起到缅怀前贤、激励未来的作用，这是我愿意抱病撰写此序的一个原因。……志兴同志关怀我，关怀我的藏书和著作，是最早向我存问的好些同志中的一位。还要向他表示谢意。”后来我读到这篇序言的手稿时，才知道老人是“在病中断断续续写成的”。这年他已是73

1978年，胡道静夫妇和李约瑟（中）在上海锦江饭店合影

岁的老人了，我暗暗责怪自己的冒失。

认识道静师后，我曾经向他流露拜他为师的想法，可他说什么也不答应，不是别的，他说："你是杭州大学中文系毕业的，你就是姜亮夫先生的弟子。我曾向亮夫先生学敦煌学，我们是同辈，是师兄弟。"不过，此后他给我写信，署名前不再称"弟"，而是写作"小兄"。老人长我 24 岁，是我的父辈，我一直尊之为师，自称私淑弟子。

言传身教　指导科研

道静师是我心仪已久的学者。因《读书》这本刊物的作缘，我和他联系上了。20 世纪 80 年代至 90 年代中期，我凡出差上海，必去先生家里请安问好。我们初识于他虹口溧阳里的"蜗居"，那是一间二楼的板壁房，光线也很差。道静师并不像我想象的那样西装革履，一副学者风度，而是一位极为普通的老人，个子不高，两颊瘦削，走路微瘸，短发平头，在我的记忆中永远是一件中山装的便服。如果不知道的话，很难想象他是一位大学问家，而更像一位乡间老农，或者上海商店里的老店员。但是他的额头和一双明亮的眼睛却充满了智慧。后来老人写信告诉我，上海市委负责同志为了支持他的科研以及《梦溪笔谈补证》的整理研究，一是改善了他的居住条件，从溧阳路迁到了四平大楼。再是将他的长子小静兄从上海郊县的中学调到上海人民出版社任编辑，等于是给他配了一名助手。对这一切，他是十分感激的。他告诉过我，上海解放前夕，地下党曾给他寄递过毛泽东的《中国革命和中国共产党》，使他对党有所了解。新中国成立以后，"国家进入空前稳定巩固、繁荣兴旺的年代"，他受到激励，1955 年就完成了两卷本 80 万字的《梦溪笔谈校证》。"文化大革命"中，包括《梦溪笔谈补证》40 万字手稿及别的手稿损毁，他要从头将这些著作补起来，这要多大的毅力！而这时他已是一位年过古稀的老翁！

我和道静师初次见面时，老人家曾问我在做些什么研究工作，我答说不上研究，只是一直欢喜读书，现在为一家报纸写有关藏书家、藏书楼的连载文章。他听了十分高兴，说这是一件十分有意义的事，并鼓励我应该写成一部专著。后来在他四平大楼寓所的“海隅文库”里就这话题谈了多次。在我的印象里，老人家并不十分擅长言辞，我们的多次交谈中，有时甚至会冷场，可是当话题一涉及藏书和版本目录学时，我发现他的脸上会发出光彩，话也滔滔不绝。他在谈起湖州陆心源的皕宋楼、蒋汝藻的密韵楼、刘承干的嘉业堂和杭州丁丙八千卷楼的掌故时，真是如数家珍。有些遗闻逸事，对我来说，真是闻所未闻，在书本上是读不到的。道静师逝世后留下有近万封信件，据亚楣师妹告诉我，她正在整理，初步印象我的信最多。实际是我麻烦老师最多，我是他的一名“函授生”。

道静师对我的研究工作是十分关心的，一次从沪上四平大楼拜访他后回杭不久，即收到他寄来的为周子美教授所撰的天一阁、嘉业堂善本书目所作的《周子美先生撰集书目二种序》，这是一份打印稿，供我参考。可以说，1986 年我撰著的《浙江藏书家藏书楼》一书是在恩师的指点下完成的。当书稿写成后，我给道静师写了封信，告知不日将携稿去沪上请老师作序。老人家回信，嘱我不必去上海了，我的那部书稿内容经多次交谈，书信往还，他对书稿抱完全信任的态度，不久即抱病写完序言寄杭。次年该书在浙江人民出版社出版后，我即给老人家寄去样书，他回信表示满意，并嘱我将书分寄上海的蔡尚思、周子美、郑逸梅、陈从周、黄裳诸位前辈学者，要我听听他们的意见，为而后修订或撰写浙江藏书史做准备，信中还附来以上诸位前辈的家庭地址。后来除郑逸梅先生因在病中外，其他几位前辈可能看在我是道静师私淑弟子的份上，都给我回了信。蔡尚思教授复了长信，除了鼓励外，并嘱我此书再版时，还可加强学术研究与藏书关系的论述，其他各位都有所指点。我知晓道静师此举的深意，是把我引见给各位前辈，但我考虑到他们年事已高，又忙于各自的事业，不敢前去打扰，只是去拜访了一次周子美先生。

2006年我的《浙江藏书史》出版前，我在后记前写了一则题记："谨将此书敬献给天国仙境胡道静师、周子美老人……"后来我又将此书寄给上海人民出版社的道静师长子小静师兄，但书寄去后久未见复，小静师兄和我虽未谋面，但通过几次信，他是每信必复，且动作很快，此次怎么会？心中似有不祥的预感，直到前几年杭州召开南宋史研究会，上海人民出版社的一位老编辑和我同组，我向他打听小静兄的近况，这才知道，小静兄因心脑血管疾患已逝世。而后才重寄一书请亚楣师妹代为点三炷清香，将我的书敬献于道静师灵前。

师恩绵绵　山高水长

道静师对我学术研究的指导，除了《浙江藏书家藏书楼》外，还体现在我对浙江刻书史的研究上。在研究浙江藏书史的基础上，接触了许多版本目录学的问题。一次在沪，我请教道静师，我对浙江刻书也饶有兴趣，想作点研究，道静师回答只有一句话"回去后细读王国维先生的《两浙古刊本考》"。就是这么一句话，为我打开了一扇窗户，他是将我领到王国维先生的家门口，让我自己敲门请教。我在一段时间十遍百遍的读王国维先生的书，在此基础上撰写了两本书：《浙江出版史研究——中唐五代两宋时期》以及《浙江出版史研究——元明清时期》，等我书稿完成后，老人又很高兴地为我的书写了一篇十分精彩的序言。他对我国发明印刷术的世界意义给予高度的评价，他说："印刷之术，创源吾国，自雕版兴，版印之业大盛，而教育文化学术遂造新纪元，突入新境界，此乃人类万千发明中至高之一招也。"据我有限的知识，对中国发明印刷术的意义和影响阐述得如此精到，我以为是当世第一人。为了扶掖我，特请他的好友顾廷龙先生为我题写了书名。在这两本书的基础上，我在2008年完成了《浙江印刷出版史》初稿，一件事情是去海宁盐官王国维故居向王国维先生谢恩，然而对道静师呢？我想最好的纪念，就是将老师为我前书所作序言移作此书的“代序”，以作永远的纪念。

还应该说及的是，我的这本书，道静师并不是将我领到王家门前了事，耳提面命的指点也是不少的。1985 年镇江有沈括学术讨论会，主办方请他写成《沈括诗词辑存》，这是部仅 54 页的小册子，但耗费了老人一个甲子的功力，“文化大革命”中初稿被毁，只得以衰病之躯重辑。一次老师来信嘱我去文澜阁检《四库全书》之《沈中允集》，信中详细写明阁本的原抄本、光绪间丁丙的补抄本以及民国间钱恂的乙卯补抄本和张宗祥的癸亥补抄本的版式特点等，这是在向我传授版本目录学知识。在我写作过程中，老人家又及时寄来了他的论文《秘籍之精英，农史之新证——述上海图书馆藏元刊大字本〈农桑辑要〉》供我参考。正是在道静师的指导下，我才完成这本书的撰著，回忆往昔，师恩正是山高水长。

道静师生前曾任国务院古籍整理规划小组成员，这个职务虽虚，但若不是在学术界有极高声望者，难担此重任，听亚楣师妹告知，上海人民出版社正在整理道静师的著作，多卷本《胡道静文集》已在印制，这是对他的最好纪念。道静师诞生于 1913 年，卒于 2003 年 11 月 5 日。是日撰此文，以作恩师逝世 8 周年遥祭。

（原刊于《世纪》2012 年第 2 期）

听程千帆先生讲课

徐有富 *

程千帆先生讲课深受欢迎，武汉大学中文系上过他课的老学生聚会，最津津乐道的话题就是程先生讲课，都说听程先生讲课是一种艺术享受。1958 年 2 月，程先生被错划为“右派分子”后，离开讲台达 22 年之久。直到 1978 年夏天，在他办了退休手续，成为一名街道居民之后，才被南京大学校长匡亚明请到南京大学任教，重新走上讲台，时年已 65 岁。

他在南大，为本科生开过历代诗选与古诗选讲课，为研究生开过校雠学与杜诗研究课，幸运的是，我考取了他的研究生，这些课都听过。程先生在南大讲课效果也很好，如校雠学是专门为我们 3 位研究生开的，结果系内系外、校内校外不少研究生与中青年教师都来旁听，教室里坐得满满的。再如历代诗选课一开始是在北平 1 号教室上的，因为旁听的人太多，遂改在当时南大最大的教学楼 101 阶梯教室上，还是坐得满满的。

以诗论诗　启迪学生

程先生上课注重基础知识传授与基本功训练。如上“历代诗选”第一

---

* 徐有富，江苏省文史研究馆馆员，南京大学中文系教授。

堂课他就说："我提一个要求，要多读、多背，3年后不背熟三百首，就不能毕业。有些学生说诗词格律不懂，就是因为作品读得太少，就不会有两只知音的耳朵。汉时扬雄说，读了一千篇赋，就学会了写赋。三国时的学者董遇把他的读书经验概括成'读书百遍，其义自见'八个字。"

程先生在熟读诗书方面为我们做出了榜样，他讲诗的主要方法就是以诗论诗，也就是在讲一首诗时，往往会引用好几首相关的诗来加以比较与分析，而且都是脱口而出，背诵如流。他讲谢朓的《玉阶怨》"夕殿下珠帘，流萤飞复息。长夜缝罗衣，思君此何极"就是一例。此诗好在通过外部动作来展现宫廷妇女的内心活动。程先生分析道："'缝罗衣'是外部活动，'思君'是内部心理。缝罗衣仅仅是为了掩盖她的寂寞空虚，没有把思君这一点孤立起来写。传神，像演戏一样演活了。"为了说明动作描写的作用，程先生又举了两首诗为例。其一为张仲素的《春闺思》："袅袅城边柳，青青陌上桑。提笼忘采叶，昨夜梦渔阳。"他称此诗"通过外部的动作体现内心的活动，表现征人之妻的思念之情"。"与谢诗相异处，一在'缝'，一在'忘采叶'，后者没有动作，站着发呆。但从绘画、雕塑的角度来谈，不动也是动，是连续性动作中的某一点。"经程先生这么一分析，我们便充分认识到古诗中通过外部动作来反映内心活动这一创作方法的意义，再遇到此类诗歌就知道了其中的妙处。

程先生不仅自己以诗论诗，也要我们这么做。他上课时对我们说："要记得许多诗，要经常用各种诗的意境、情节、技巧相互比较，你就丰富了。"我在硕士学位论文的草稿中，引用了梁代诗人庾肩吾的《咏长信宫中草》："委翠似知节，含芳如有情。全由履迹少，并欲上阶生。"我分析道，"这首诗以宫中草的茂盛来反衬长信宫的冷落；以宫中草的有情来反衬汉成帝的无情，构思颇有特色。这些艺术性较高的作品对唐代大量优秀宫怨诗的产生当然起了较好的促进作用"。程先生批曰："崔国辅《长信草》全从此诗出，可以比较。"受到启发，我在修改时接着分析道："崔国辅也写过一首《长信草》：'长信宫中草，年年愁处生。故侵珠履迹，不使玉阶行。’”“这首诗后两句表达的意思同上首诗后两句是一致的，但是把上首诗后两句的因果关系颠倒过来写就很含蓄，耐人咀嚼。读罢我们自然会感到青出于蓝而胜于蓝。”这就通过一个主题与题材相同的实例，具体而清晰地说明了南朝诗人谢朓的《玉阶怨》对唐代宫怨诗的影响，论文写作水平自然也有所提高。

程先生讲课采用以诗论诗方法，不仅在背诵诗文方面为我们树立了榜样，更重要的是在治学方法方面也给我们以启示。他主张钻研作品，直接从文学作品中抽象出理论来。不少优秀的边塞诗所描写的景象与实际情况不符，如王昌龄《从军行》中“青海长云暗雪山，孤城遥望玉门关”就是一例，程先生分析道：“‘孤城’句在20世纪60年代曾引起小小的争论，认为青海与玉门关相距甚远，不可能‘遥望’。但实际上是诗人为了典型形象创造的需要，有权改变生活中的既定事实。这是为了使你的印象突出。所以，讲诗不能‘死于句下’。”这涉及生活真实与艺术真实的关系问

1981年，程千帆在南宁讲课

题，为此程先生还专门写了《论唐人边塞诗中地名的方位、距离及其类似问题》一文，对之作了深入研究，可参看。

这种教学与研究方法颇有启发意义，如在解释陈与义《怀天经、智老，因访之》中的“睡起苕溪绿向东”一句时，程先生列举了杜甫的“绿垂风折笋，红绽雨肥梅”、王安石的“春风又绿江南岸”“除却春风沙际绿”等诗句，并分析道：“‘春风沙际绿’比‘春风又绿江南岸’又进了一步，春风变成绿颜色，通感。‘绿向东’，新奇，他不感到固体水、气体风，首先感到的是绿颜色。”我受到启发，收集了许多古诗中用得好的“绿”字，加以分析归纳，根据程先生的要求，写了篇读书札记，题为《古典诗歌中的“绿”字》，主要观点是除通感外，有些诗句采取了词性活用的修辞手法，如“春风又绿江南岸”中的“绿”字，用成了动词，既起了动词的作用，又收到了形容词的效果。如杜甫“绿垂风折笋”中的“绿”字用成了名词，还采用了借代的修辞手法，用绿色代指绿笋。陈与义的“睡起苕溪绿向东”一句中的“绿”字本是形容词，代替绿水成了名词，在“苕溪绿向东”中又用成了动词。显然这个“绿”字兼有形容词、名词、动词的特点与作用，又朝前迈进了一步。程先生阅后还比较满意，将该文推荐发表了。

程先生讲古诗与古代文献具有强烈的当代意识，多次指出：“凡是学古代的、外国的东西，绝对不能忘记今天，要考虑到你的读者。心目中有没有一个现代中国，是大不一样的。”因此，他在讲课时往往就学术界讨论的热点问题，发表自己的看法。突出的例子是当时出现了否定宋诗的倾向，如钱锺书《宋诗选注·序》中说：“宋诗还有个缺点，爱讲道理，发议论；道理往往粗浅，议论往往陈旧。”而程先生在《宋诗精选·前言》中则说：“唐、宋两代之作，则面貌各异，成就皆高，有如双峰并峙。”他在上课的时候，对以文为诗、诗歌中的议论等问题均发表了自己的看法，指出议论能以形象化的方式来表达。我受到启发，写了一篇题为《简谈宋诗中的议论》的作业，文中写道：“宋诗中，除在形象描绘的基础上发议论外，更多的是通过形象来议论，寓议论于形象之中。”“宋诗中的议论不少都饱含着感情。”“我们希望一分为二地看待宋诗，看待宋诗中的议论。”程先生在精批细改后，先让我在系里的学术报告会上发言，后来又将这篇习作推荐给《南京大学学报》发表，该文还被中国人民大学复印报刊资料《中国古代近代文学研究》1981 年第 6 期以头条位置全文转载。这对一位在读研究生来说，当然是很大的鼓励。

程先生在上课时还注意培养我们的科研能力，譬如谈过怎样写读书笔记，还要我们每个研究生写 5 篇读诗札记，这些读书笔记与读诗札记，都得交给他批改。他在讲课时往往也连带着谈怎样写论文。如我在 1981 年 1 月 11 日的日记中记载道：“程先生给大学生上本学期最后一堂课，讲了苏轼写的《王维吴道子画》一诗，其中有四句说：‘门前两丛竹，雪节贯霜根。交柯乱叶动无数，一一皆可寻其源。’说的是有无数片竹叶，每一片叶子都有来源，都有依托。我想我们写学术文章也是这样，要言必有据。”我们一边听课，一边写硕士学位论文，一边交给程先生批改，觉得进步特别快。我的硕士论文通过答辩后，程先生建议将其更名为《唐代妇女生活与诗》，并推荐给出版社出版了。

精心备课　妙语连珠

程先生兢兢业业的教学态度与高超的上课艺术也是我们学习的楷模。由于程先生上课名声在外，不少高校请他去讲学。1981 年春天，他应邀到广西师范学院讲学，山西、湖北、湖南、贵州、云南、广东等地的高校教师也慕名赶往听课，所以讲座多安排在礼堂举行。讲学结束后，几位武大门生向程先生请教教学与科研的锦囊妙计，程先生讲了五点，试举两点为例：“第一，要有很好的人文科学功底和严谨的态度，有关的作家资料和作品掌握得越全越好，不看三遍不要写讲稿，更不要写文章。如果明天有课，今晚要谢绝一切活动，琢磨怎样把课讲活，征服学生的心。”在程先生看来教学是教师的头等大事，要全力以赴，如何上好每堂课，都要精心设计，凡是需要引用的诗文，都要预先背会记住。

“第二，每堂课准备三个精彩的例子。如果一个例子就收到满意的效果，那两个例子可以留下。随着时间的消逝，你的讲课内容可能被学生淡忘，但精彩的例子却会保存在他们的记忆里。”如他在上校雠学的时候举过一个例子，有人请私塾先生，谈好报酬后又提了一个要求：讲错一个字扣半吊钱。课程结束后，先生将钱交给师娘，师娘一数发现少了两吊钱，先生解释道：“一吊给了李麻子，一吊给了王四嫂。”师娘心想将钱给李麻子也就罢了，为什么还要给王四嫂呢？非问个明白不可，原来那位先生在教《论语》时，将“季康子”念成了“李麻子”，在教《孟子》时，又将“王曰叟”念成了“王四嫂”。这个故事生动地说明了校勘学中文字形近而误的现象，让人印象深刻。再如，讲李约《观祈雨》一诗时说：“对自然现象，不同的阶级，有不同的感情，不同的感受。”他举《笑林广记》中一首打油诗为例，三个富人说：“大雪纷纷落地，都是皇家瑞气。再下三天何妨？”而叫花子接着说了句：“放你娘的狗屁！”自然引得哄堂大笑。

程先生上课吸引人还在于他妙语连珠、语言风趣，能将抽象的道理用形象化的语言表达出来，譬如他说：“一定要做到形神兼备，描写女子柳眉、杏眼、桃腮，如果写得太多就成水果摊子了。什么事都要有个分寸。”再如他指出：“李白的浪漫主义有积极的，也有消极的。”“各式各样的矿，生在一个矿床里面，不要简单把他评价为积极浪漫主义。”他的语言往往贴近生活，容易引起共鸣。如他曾幽默地说：“中国知识分子的特点可用八个字概括：那就是价廉物美、经久耐用。”再如他在谈对偶时说：“声偶文学在中国文学中占很大范围，不论古今、书面、口头语皆如此。如‘有条有理，无法无天（‘条’指金条，‘法’指法币）’。‘衣冠楚楚，仪表堂堂。’‘你走你的阳关道，我走我的独木桥。’‘三忠于，四无限。’‘早请示，晚汇报。’律诗可以充分体现声偶文学的特点，到现在还有生命力。”

程先生的教学艺术对我们从事教学工作也有很大帮助，程先生高超的语言表达能力可能难以企及，但是只要我们学习他把教学工作放在第一位、精心设计好每一堂课的教学方案、将所引用的诗文预先背会熟记等精神，那我们上课也一定会受到欢迎。师从程先生读研究生改变了我的生活道路，听程先生上了四门课，对我的教学与科研工作帮助极大，所以写了如上一些感想。

（原刊于《世纪》2021 年第 3 期）

丹青粉墨张伯驹

郑 重*

今世文博大家张伯驹，河南项城人，字丛碧，别号好好先生，自称“中州张伯驹”，因藏有陆机《平复帖》，故榜其居为“平复堂”，藏品上钤有“张伯驹珍藏”朱文长方印、“京兆”朱文葫芦印、“伯驹”朱白文印、

张伯驹晚年与妻子潘素同案挥毫写丹青

---

* 郑重，上海《文汇报》高级记者，已退休。

"丛碧主人"白文印。青年从军，任安武军全军营务提调，后又任盐业银行经理。新中国成立后，先后任国家文物局鉴定委员会委员、北京中国书法研究社副主席、吉林省博物馆副馆长。1971 年 11 月，章士钊致函周恩来总理，提议聘请张伯驹为中央文史研究馆馆员，周恩来批示，经国务院有关部门落实，聘张伯驹为中央文史研究馆馆员。

民国北洋时期，张伯驹、张学良、袁寒云、溥侗并称"民国四公子"，皆为名门之子：张伯驹是河南都督张振芳之子；张学良是奉系军阀张作霖之子；袁寒云为洪宪皇帝袁世凯次子，故有"二皇兄"之称；溥侗号红豆馆主，是末代皇帝溥仪的堂兄，亦有"皇兄"之称。张伯驹有诗记此事，诗曰：

公子齐名海上闻，辽东红豆两将军。
中州更有双词客，粉墨登场号二云。

既为"公子"，就有公子的生活情趣，有公子的玩法，也自有其痴情之所在。张伯驹是性情中人，加之兴趣广泛，集画痴、戏痴及词痴于一身，而且都玩出名堂，玩出成就来。笔者今日撰文，谈谈张伯驹于书画、国剧的情有独钟，其于丹青、粉墨之缘可谓一世纠葛。

丹青世界

论书画收藏，张伯驹算得上是国内当代第一大家，是第一名家。能成为大家和名家者，必须具备三个条件，第一藏品不在于数量的多少，而在品位的高下，品位高者方能称得大家；第二身上有没有收藏轶事，有收藏轶事者方能成为名家；要具备大家和名家者还需要有第三个条件，即眼力，这一条极为重要，是使收藏者成为大家和名家必不可少的条件。眼力不够，藏品的品位自然不高。眼力不够，那些可遇不可求的墨宝就会失之交臂，也就没有轶事了。名人总是和轶事结合在一起的，这点就是今天常说的书画市场"捡漏"。一位收藏家在正常的情况买上十件、百件书画珍品不一定能出名，如果"捡漏"一件，顿时名扬远近。

张伯驹之所以能称得上当世的收藏大家和名家，这三条他都是具备的，久经熏陶达到炉火纯青。他的第一次收藏是在 1927 年，收到的第一件墨宝是康熙皇帝的御笔"丛碧山房"横幅。丛碧是庞垲的号，张伯驹考证这幅字是康熙送给庞垲的。张伯驹所居处也广植蕉竹花木，又有这种雅兴，所以也就自号丛碧，足见这件藏品对张伯驹之重要了。这和他以后得到陆机的《平复帖》就榜其斋为"平复堂"的意义是一样的。

《平复帖》是国家重宝，传世法帖中，实在也找不出比它更早的了。它流传有序，最早可以上溯到唐代末年，上有唐末收藏家殷浩的印记，原来与谢安的《慰问帖》同轴，后来不知怎么就分开了。2002 年，在上海博物馆举办"晋唐宋元书画国宝展"时，其中就有《平复帖》，我们都是看到过的，殷浩的印记钤在帖本身字迹的后面，靠近边缘，朱文，颜色暗淡，但"殷"字的上半边，"浩"字的右半边尚隐约可见。有张伯驹题，钤"张伯驹印""平复堂印"，另外又钤有"张伯驹父珍藏之印""张伯驹珍藏印""京兆""伯驹""丛碧主人"等印记。

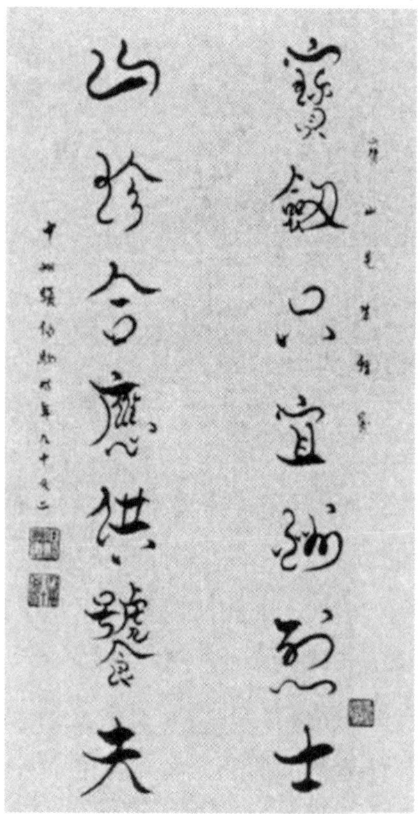

张伯驹为友人马宝山书写的一副嵌字联：宝剑只宜酬烈士，山珍合应供饕夫

张伯驹在题跋中记述收藏《平

20 世纪 30 年代，张伯驹在丛碧山房花园留影

复帖》的经过。陆机的《平复帖》和韩幹的《照夜白》卷都是皇室中人溥心畬的收藏。溥心畬曾将《照夜白》卷卖给上海禹贡斋古玩店老板叶叔重，叶是帮助法国卢吴公司做出口生意的。张伯驹得此信，怕《照夜白》卷流散到国外，就致函宋哲元设法阻拦。经宋的一番查访，这件东西已经被外国人买走了。张伯驹担心《平复帖》会和《照夜白》卷有着同样的命运，流散国外，就请阅古斋老板往商于溥心畬，请将此宝转让，伯驹愿收；如果不想转让，需用钱，可抵押。溥表示此时不需要钱，要转让，价钱要 20 万元。伯驹此时无钱，只不过是早备一案，不致使画商又捷足先登。不久，伯驹又请张大千从中说合，愿出 6 万元求让。但溥心畬仍然要 20 万，未成。1937 年，溥心畬为母亲办丧事需要钱，傅增湘把这一消息告诉张伯驹，并谈到《平复帖》的事。张伯驹说《平复帖》他两次相求，心畬却不肯割爱，而此时怕别人说他乘人之危，不谈《平复帖》的事，先借给心畬 1 万元急用。傅增湘还是想从中说合，让心畬以《平复帖》抵押。但心畬不愿抵押，要价 4 万元。伯驹连价都没还，先付 2 万元，两个

月后又把其余 2 万元付清。由此可以看出张伯驹求物的君子之风。

清宫收藏到了溥仪时代，或赏赐，或偷盗，使大批文物流出宫外。特别是日本发动侵华战争后，溥仪携带文物到了天津，再到沈阳，又有大批文物散入市肆。抗战胜利后，溥仪倒台，文物流散，东北就形成一个很大的文物市场，北京古玩商人深入东北收购，再到京城出售，当时称为“东北货”。张伯驹以民间收藏家的身份，参加抢救国宝工作。他并不是为了自己收购，而是向刚从四川归来的故宫博物院院长马衡提出建议：一、凡是赏溥杰单内者，不论真赝统由故宫博物院收回；二、选择精品经过审核论价收购。经张伯驹考订的佚目书画一千一百九十八件，除赝品不甚重要者外，有历史价值之品有四五百件。按当时的价格，不需要过巨的经费便可大部收回，但由于“南京政府不关心”，故宫博物院马衡院长也“委蛇进退，犹豫不决”，遂使许多名迹大都落入古董商人之手。这其中就有隋人展子虔的《游春图》。

张伯驹得知《游春图》为古董商人马霁川收去，立即托人前往探询。马霁川要价黄金 800 两。对这样的珍贵书画，张伯驹以为不宜私人收藏，应归故宫博物院。他找到于思伯去故宫博物院提出建议：一是故宫将此件买下，二是由故宫通知古玩商会，告知此件不准出境。但故宫回答说既无钱收购也不愿通知古玩商会。没办法，张伯驹只能自找古玩商马宝山出面洽商，以黄金 220 两谈定。此时张伯驹手头拮据，只好忍痛将弓弦胡同原购清太监李莲英的一处占地 15 亩的房院出售，换成黄金付此画款。也是在这个时候，张伯驹又购得宋人范仲淹手书《道服赞册》。

张伯驹将这次经历写成《故宫散佚书画见闻录》，交给老朋友潘伯鹰，于 1948 年 10 月开始，在《新民报晚刊》的副刊《造型》上连载，直到 1949 年 2 月才告结束。文中评真伪，讲书画故事，甚为可读。他在连载的最后一篇“结论”中写道：“则书画之保存研究，似非小道，或谓为玩物丧志，或谓为作烟云过眼观，是皆懦夫市侩之语，谬哉！”这话表明了张伯驹的收藏观，他的收藏固然有着赏心阅目的功效，更肩负着保存历史文化遗产的责任。

由于张伯驹对书画的痴情而产生的历史责任感，流散在社会上的众多书画巨迹，都一件一件地走进了他的展春园。除了陆机的《平复帖》、展子虔的《游春图》，其他还有唐李白的《上阳台帖》、唐杜牧的《张好好诗卷》、宋蔡襄的《自书诗帖》、宋范仲淹的《道服赞册》、宋黄庭坚的《草书诸上座卷》、宋赵佶的《雪江归棹图卷》、宋马和之的《节南山之什册》、宋杨婕妤的《百花图卷》、元赵孟頫的《草书千字文卷》。

为了夫人潘素和女儿，张伯驹请社会名流陶心如为证人，立下遗嘱："决意将我与慧素多年来共同收藏的珍藏书画二十件，赠与慧素，外人不得干涉。"以上所列举的十多件珍宝都在二十件之中。张伯驹为什么要立这份遗嘱呢？

1948 年，特务组织蓝衣社寄给张伯驹一颗子弹，警告他不要再向傅作义劝降。张伯驹劝傅作义起义，不是为了别的，也没人指使他那样做，而是他怕城里的文物毁于战火。由此又引发出他想到家事复杂，头绪太多，万一有个三长两短，他的那两位太太还不闹得天翻地覆。

1956 年，全国发起买公债的高潮，文化部的人都积极认购，张伯驹自然也就成了众人瞩目的人物。此时张伯驹除了书画，手中并没有多少余钱，再说买多少公债为好呢？他想来想去还是把部分藏品捐献给国家。但是这些珍品早已定下遗嘱给潘素了，她会怎么想？因之，张伯驹辗转多日，无法开口。最后还是潘素把那层纸给点破了。她说："《平复帖》《游春图》都传了一千多年了，其他东西也都几百年了，不知被多少人玩过，占有过，大概有几千、几万双手拿过它们吧。那些珍藏过它们的人呢？都不在了。只有它们作为历史的见证传到今天，它们就是历史。你说留给我，万一有什么不测，前人的心血尽失，后人又将如何评论呢？你当年倾囊举债把它们买下来，不就是怕流落到国外？如今，目的不是达到了吗？"张伯驹又谈到《平复帖》和《游春图》，潘素说："现在，《平复帖》《游春图》是在我们手上，可是十年后、百年后呢？"

潘素这番话说得感人肺腑，惊天动地。当年，她就是为张伯驹的那种痴情、任性而又坦诚的品格所感动，才毅然嫁给他的。婚后，张伯驹就是她的轴心，事事由着他，顺着他，张伯驹在上海被绑架，她倾其所有把他赎出来；张伯驹要买字画，她因囊中羞涩，略有迟疑，任性的张伯驹躺地不起，她只有变卖首饰，把他喜欢的字画买回来。

张伯驹和潘素都是拿得起、放得下的人物，只要认定是值得做的事情，他们会义无反顾地去做。就这样，他们把陆机的《平复帖》、杜牧的《张好好诗卷》、范仲淹的《道服赞册》、蔡襄的《自书诗帖》、黄庭坚的《草书诸上座卷》等珍贵法书共 8 件捐献给国家，文化部发给他们奖状，表扬他们“化私为公，足资楷式”，并奖励 3 万元。他们最后还是用这 3 万元买了公债。

张伯驹和潘素不但以收藏闻名，而且他们两人也都擅长书画，尤其是张伯驹的书法和潘素的山水，为人称道。

1961 年，在陈毅的帮助下，受吉林省委宣传部之邀，张伯驹到吉林省博物馆工作，潘素也随他去了长春，在艺术学校教书。张伯驹到了吉林省博物馆，清理鉴定馆藏之品，发现该馆没有宋画的收藏，即将随身带去的宋杨婕好的《百花图卷》相让。北京宝古斋于东北收到杨婕好的《百花图卷》，张伯驹建议故宫博物院收购未成，他就自己收下，并作了题跋：“余所藏晋唐宋元名迹尽归公家，此卷欲自怡，以娱老景。余《瑞鹧鸪》词结句‘白头赢得对杨花’即指此卷也。”

白头老人，相忆“杨花”，可见于丹青世界痴情不减。

粉墨人生

1905 年，张伯驹 7 岁，随父亲定居天津南斜街，端午节乘人力车赴天下仙茶园观戏，大轴为杨小楼演的《金钱豹》，这是他首次接触京剧。此后就常去天下仙茶园、丹桂茶园、元升茶园看戏。那时演员里有两个童伶须生，一个是小桂芬，一个是“小小余三胜”——余叔岩。从此开始，张伯驹对京剧的痴情终生不移，更和余叔岩结下不解之缘，成为余派著名票友、研究专家。

不过童年看余叔岩的戏，像是隔了一层云雾，记忆已不真切，即使到张伯驹 21 岁在陶园看余叔岩演出《天雷报》，仍然没有留下印象。第二次看余叔岩演出的《问樵闹府》《打棍出箱》，张伯驹仍然感到一点也不懂。张伯驹 24 岁时，在北京三庆园三看余叔岩的戏，这时他才有所领悟，从此经常看余叔岩的戏，并开始学习余叔岩的唱法。张伯驹就是这样，不懂也痴情，到他 31 岁时，干脆拜余叔岩为师了。

余叔岩为京剧界一代泰斗，其嗓音被喻为“云遮月”，最富神韵。余叔岩庚寅年生，与诗人屈原及明代画家文徵明同日。为此，张伯驹自治一印“唯庚寅吾以降”相赠。

伯驹老人曾风趣地对笔者说：“我学余派，就是帮助他在烟榻上吞云吐雾，一字字、一句句抠出来的。”

此事，伯驹老人在《红毹纪梦诗注》中亦有记载，诗曰：“归来已是晓钟敲，似负香衾事早朝。文武昆乱皆不挡，未传尤有太平桥。”该诗有注，云：“余三十一岁从余叔岩学戏，每日晚饭后即去其家。叔岩饭后吸烟过瘾，宾客满座，十二时后始学戏，常至深夜三时始归家。次晨九时，钱宝森来打把子。如此者十年，叔岩戏文武昆乱传余者独多。”张伯驹所学余派剧目多达四十六出，深得真传，唯《太平桥》一剧未传，那是因为谭鑫培未传给余叔岩。

余叔岩和张伯驹是亦师亦友相处。他向张伯驹传了许多戏，张伯驹对他亦有许多影响。老一代京剧艺人文化程度不高，演出剧目的文采多需要文人帮助加工提炼。张伯驹素精诗词音律，余氏唱段新词多出自伯驹之手。《沙桥饯别》“提龙笔”一段二黄慢三眼，余氏师谭鑫培积习，常以此吊嗓，甚为得意。后经张伯驹将此改制，增词“四童儿，鞍前马后，涉水登山”，更谱新腔，遂成一字难易的经典。

张伯驹对京剧研究有着重大贡献，除了著有《京剧音韵》权威著作外，还组织一些京剧研究团体：1931 年他和梅兰芳、余叔岩合作发起组织北平国剧学会；1952 年组织成立北京京剧基本艺术研究社；1957 年积极投入文化部组织的传统剧目加工整理。他还扶持了一些京剧演员取得成功，如余派女须生孟小冬、张文涓虽师承余叔岩，在余氏不能教戏后，是张伯驹给她们说戏。

2008 年 5 月 30 日于百里溪堂

（原刊于《世纪》2008 年第 4 期）

我的老师吴湖帆

颜梅华口述　陈祖恩撰稿 *

颜老领我去拜师

我和吴湖帆老师有两点是相同的。一是我们同为苏州人，而且都是居住在凤凰街上的；二是我们两家的关系是世交。我叔公和吴老师父亲是本乡本地，世交关系。我叔公在苏州是办学校的，吴老师父亲也是苏州老乡绅，在当地是比较有名的。吴老师在草桥中学读书时，我父亲与他是同窗。

吴老师从 20 世纪 20 年代初期从苏州移居到上海，住在法租界葛罗路（今嵩山路）88 号，是三层楼的新式里弄，但房子已旧，没有卫生设备。吴老师来上海后逐步成名，享有“海上四大画家”之誉。他所在的嵩山路住宅，被称为“梅景书屋”，也成为奇士交游的上海名所。

当我只有十五六岁时，就想拜吴老师为师，可是父亲说：“你年纪太小，像吴老师这样的名家是不会收你这么小年纪的，他没有那么多的时间。”

1959 年，颜文樑先生到我们上海人民美术出版社教过两个课程，有半

---

* 颜梅华，上海市文史研究馆资深馆员，已故；陈祖恩，东华大学人文学院教授。

年多的时间。颜老是我叔叔的同学，我便对颜老说想去请教吴老师，颜老立即说没关系，表示：你挑个日子我带你去。后来叫了一辆三轮车，我们就一起去了吴老师的家。颜老和吴老师也是草桥中学的同学，他们见面寒暄一番后，颜老对吴老师说我想跟他学画，这样一说就搭上关系了。颜老说办就办，从前这些老学者是很热心的。那时我已经三十出头了。

我第一次上门的时候，吴老师正逢第二次中风，在家休养，医师每星期来家做三次推拿。中风的后遗症是左手有些麻木，不太好动，而画画的右手没有坏，所以有方闲章叫“真手不坏”。他有时候写对联、画画，这方图章是经常用的，对此我印象比较深。

他住在二层楼，儿子、孙子住三层楼。他自己的房间在后面，前面一间朝南，有一个阳台很大，被搭建成画室，里面放个写字台。画室里放个小床，是他休息养病用的。

我们学画有两类老师，一类是启蒙的老师，一类是深造的老师，那个时候，我向吴老师学画就是为了深造。当时不可能从头学起，他也没那个精力。吴老师晚年中风后画得少，在吴老师家里，主要是帮我指点。

吴老师的画风雅腴灵秀、清韵缜丽，称誉上海画坛。他工山水，擅松、竹，有近世画竹第一人之誉。我跟他主要学三个方面，一个山水，一个墨竹，一个水墨荷花，这三样是吴老师的特色，也是社会上一致公认的。当然，这三样也不可能每一次讲点什么的，主要是讲绘画的过程。山水方面，吴老师让我临宋元的几家名作，即元末著名山水画家王蒙的代表作《青卞隐居图》、南宋李唐的《万壑松风图》、五代宋初画家巨然的《万壑松风图》。吴老师说，被看作南派的山水画大师董源的原作，你是不太可能临到的，但可看看印刷品。当时他介绍我买了故宫博物院出版的上下两部画集，主要是宋朝到明清的作品。有些原作不在故宫，故宫博物院留下的是影印本，我的摹本主要靠这两部画集。

老一辈画家都是根据古画临本《芥子园画谱》画的，他们并不注重写生。我们这代人除了传统临摹外，还找写生去对对号。临本里面有些特

吴湖帆

点，与写生是不一样的。临本变成笔墨，变成线条，而写生是没有线条的，都是造型。有了临摹的线条功夫，就知道树干该怎么画。临摹与写生，我是两条腿走路的。中国画的画图诀窍是在绘画中逐步形成的，我是逐步地向吴老师学习山水画的，我们现在学山水画用的也是这样的方法。

我跟吴老师学习之前也曾画过墨竹，但画不好。跟了吴老师以后，他说四马路有个古籍书店，你去那里买一本柯九思的《墨竹本》，你买到后就跟着临摹，这里面画竹的方法基本齐了，后来这本书被我买到了，全称是《清阁墨竹图》，画竹两竿，依岩石挺拔而立，石旁缀以雅竹小草。画中有作者自题，作品左上处有乾隆皇帝御题，也有董其昌的题跋，周围有藏家印多方。我买到的这本，从一叶竹叶到两三叶竹叶，还有树梢、竹石，当中缺的两张，是明朝夏仲昭（夏昶）补的，夏仲昭也是画竹的名家。我能画竹，一方面是吴老师教，一方面是临摹这本画册。现在画竹子的人不太有这本墨竹图的，也不懂，所以现在画好竹子的人是不太有的。

我前后向吴老师学了 7 年。虽然师生关系时间不算长，但是学到了很多东西。他有一句名言："你跟我学，你要得我法，得我血，扬其貌。"意思是你要学到我骨子里的东西。吴老师常常给我讲元末明初王履的事，他是洪武年间的画家和医学家，是画华山图的，他的名言是："吾师心，心师目，目师华山。"吴老师都是这样指点我的，让你自己去体会，形成自己的风格。

书画鉴定辨真假

吴老师被称为近现代书画鉴定学科的奠基者，早在 20 世纪三四十年代，尤其是故宫书画南迁寄存沪隅之际，吴老师对穿梭往来于上海的古代书画文物，做了大量的鉴定工作，有“一只眼”之称。新中国成立后，上海博物馆的古书画也请他鉴定。当时上海博物馆有六个人鉴定，六方图章，他是其中之一。有次外地博物馆拿来一张横片，说是苏东坡画的竹子。那天我去吴老师家，正好碰到他在鉴定。待送走博物馆的工作人员，他回来后对我私下说，这张横片是假的。他鉴定下来是柯九思的而不是苏东坡的。吴老师对柯九思有蛮深的研究，一看就知道是柯九思的。上海博物馆的藏品中，经他鉴定，发现好几幅是假的。当然，吴老师说的假货，是说不是那个画家画的，其实作品本身的水平是很不错的。我在吴老师旁边不仅是学画，也学习绘画的鉴赏知识。这些知识你平时是不知道的，如果不是吴老师指点，一般人是很难获得的，因而这样的学习机会是很珍贵的。

有一天，我早上到吴老师家，吴老师的学生、居住在美国的王季迁寄来一卷白描人物《朝元仙仗图》，邮局刚刚送到的。这是王季迁花了 30 万美元收藏的，寄来的是王季迁的限定印刷版，裱装很考究。《朝元仙仗图》是北宋初年道教壁画的稿本，图绘道教帝君诸神仙朝谒元始天尊的队仗行列，由神将开道、压队，头上有圆光的帝君居中，其他男女神仙持幡旗、伞盖等簇拥帝君自右至左前行。全卷本应为 88 名神仙，但此卷缺最后一名压队的神将，故画中共计 87 名神仙，以卷的形式流传至今。徐悲鸿因收藏有唐代的《八十七神仙图》，认为《朝元仙仗图》不过是《八十七神仙图》的临本。当时，吴老师靠在沙发上，让我先看这幅画，他刚题好跋。我印象比较深的是上面赵孟頫有行小字，吴老师题的是“吴带当风”。尽管几十年过去了，我现在回忆起来，徐悲鸿收藏的《八十七神仙图》确实更有艺术价值，绘画水平比王季迁收藏的《朝元仙仗图》要高，那优美

梅景书屋同门合影，左起颜梅华、俞子才、朱梅邨

的造型，生动的体态，将天王、神将那种“虬须云鬓，数尺飞动，毛根出肉，力健有余”的气派表现得淋漓尽致，具有“天衣飞扬，满壁风动”的艺术感染力。我也怀疑《朝元仙仗图》是临摹《八十七神仙图》的。吴老师不是画人物的，所以他当时没有发表意见。我是以人物的造型、笔力来分析判断的，至于考古、题跋，则是放在第二位的。同样，我们讨论《功甫帖》的真伪，也主要是依据艺术水平的高低来判断的。

还有一次，我也是早上到吴老师家里去，上海文物商店的朱宜士拿来赵孟頫的《六体千字文》，请吴老师鉴定，吴老师看了看说：“真的。”他对朱宜士说也想收藏，朱宜士说已请钱君匋先看过了，也说是真的，请吴老师再来复复眼睛。他说这件文物已经被国家单位收进，不能再拿出来了。吴老师问是多少价格收进的。答曰：580元！

那个年代，元代那么长一卷文物只需580元就能收进，而我一个月工资是117元，大概只有我5个月工资的价格，可见那时候文物是多么便宜。吴老师说，如果有多的话，请给我留一卷。其实这也是说说罢了，不太会再有的。

朱宜士走后，吴老师说，古人以前一个上午可以写两卷，本事大吗？

六千字一卷，一万二千个字！一上午写完，真厉害！他说以前赵孟頫写了很多这样的卷子，为什么会多呢？原来当时是没有印刷、没有帖的。蒙古人入主中原后，忽必烈很注重文化，元朝有个奎章阁，陈列珍玩，储藏书籍，是上都皇城的重要宫殿，后改为学士院，汇集著名学者文士，成为学术和艺术的殿堂，柯九思是专门负责宫廷所藏金石书画鉴定的。从前贵族子女学汉文写字等都是跟着赵孟頫学的，但是没帖的呀，就只能一句一句写下来让他们临，所以有很多卷。赵孟頫写得多、写得好就是这个原因。忽必烈是很喜欢赵孟頫的，顺便再说个故事，当时忽必烈要赵孟頫做右丞相，专门负责古文学，但蒙古人也是很迷信的，先要看他的相，将他头上的官帽拿掉，头发披下来，赵孟頫的头是有点尖的，忽必烈说相不好，就没有让他当。这是民间流传的掌故，书上是不太会有的。可惜，赵孟頫的那些长卷，经过长久的历史岁月的流淌，很多散失了。特别是经过那么多次的战争，好东西都流失了。

观摩书画代谢礼

吴老师中风后身体不太好，虽经多次康复治疗，但左手还是不太能动。师母身体也不太好，患有高血压。当时，上海名医陈道隆经常上门来给吴老师治疗。陈道隆是杭州人，14 岁考入浙江中医专门学校，19 岁在毕业考试荣登榜首。毕业后先在杭州开业，后来上海。早年以善治伤寒温病著称，后期以治疗内伤杂病见长，先后被聘为广慈医院和华东医院特约中医顾问。陈道隆兼擅书法，自成一体，甚得著名书法家沈尹默的赏识。有一次，吴老师请陈道隆来看病，陈道隆是儒医，文学好，他开方子是嘴里说的，先讲脉案，相当于一篇文章，像吟诗一样，再开药方。记药方的是他儿子陈德真，出诊的时候，他儿子和他一起来的。吴老师没什么东西可谢他，谢礼就是招待他观摩珍藏的书画名作。有一次，我也在场，吴老师给他看的是黄山谷的《李白忆旧游诗草书卷》和祝枝山的《前赤壁赋》，陈道隆医生看得挺仔细，我和他儿子也一饱眼福。

陈道隆医生的家里我也去过，屋里的摆设像书房一样，都是红木家具。他的文学功底好，但是不大认识草书，吴老师给他看书法作品时，很多字他是不识的，他在观摩过程中，不时问吴老师，那是什么字？要拿释文一个一个地对照，才能读得通，说明草书是蛮深的，不是一般人都能懂的。我因为买过这个帖，有些草书还是认识的，而陈医生却不认识，这点我是可以肯定的。要是内行的话，陈医生读吴老师给他看的书法帖子应该会很顺的。陈道隆医生如此，现在懂草书的人更是不多了。

至于黄山谷的《李白忆旧游诗草书卷》，我们都是学这本草书的。胡问遂曾说这本是假的，当时我也没注意，现在我回想起来，这是不会假的。

有一次是吴老师的生日，农历七月初二，我们大家去祝贺。吴老师没有别的爱好，就爱好书画。他生日时会拿出一些好的画给同门和学生看，都是真迹，而且品相都很好。那次生日，我记得最清楚，吴老师拿出了清代四王（王时敏、王鉴、王原祁和王翚）的四幅画，颜色、尺寸都一样，裱色是全新的。

吴老师家里的墙上也挂画，常常换。有一幅《风娇雨秀》的墨竹画，是吴老师的代表作，挂在南面窗口边，我看过好几次了。有一次，我带了照相机，征求老师意见，是否能够拍张照片，好拿回去临摹。他说这张画刘海粟曾拍过，印了一百张，放在上海美专里做教材。

其实，我到老师家去，照相机都带在身边，想拍老师家里的照片，也想拍老师和别人下棋的神态，看画鉴赏的神态，写字画画的神态，然而我都不敢拿出来拍，怕老师有忌讳。所以，我最最遗憾没能把老师的形象留下，可能他犯忌，也可能不犯忌呢。但是，在老师画图时，我拿了一个速写本，自说自话勾一些，他不知我画什么就不犯忌了，就这样我保留了老师的一部分速写。

老师为我画雨竹

吴老师生活很简单，很朴素，不讲究衣着，天热就是一件长衫，裤子是系带子的中裤。你想不到这么有名的书画家用的桌子、椅子那么简单，但家具品质都很好，写字台是柚木的。他有很多好的图章，包括他自己收藏的。他家有个书橱，元朝的团扇是随便放放的，有时拿出几张给我看，所以我能看到很多好的作品，这是一般人看不到的。从前文物没那么贵，所以他能收到不少。他写字台边上的书都是线装书，新年年头上都会自己动手，用点旧报纸来修补旧书。

吴老师待人很好，晚年因身体虚弱，画画很少，将更多的时间消磨在棋局中，有一个住在南市的学生，一直来陪他下围棋。吴老师蛮细心的，有一天天冷，看到他身上衣着单薄，就让师母买了点布料，还有棉袄、棉被等，还带了些钱送去，接济这位学生。当时，吴老师自己的经济情况也不好，自己画得少了，也没有地方可卖，但是对学生依然很关心。

我两周去一次，不敢多去，怕打搅老师。有时人多就在边上听听玩玩，没人的时候拿作品给他看看，请老师指点。有时下午去，他午睡没起来，就在外面等他睡醒。他给你作品提意见时是很客气的，他自己小辈也不太画画，把我当小辈看待，没什么架子。他喜欢吃肉松，我经常到石门路一家福建肉松店给他买肉松，骑着自行车送去，他会很开心。他喜欢看戏，我画京剧，他说你画京剧人物不要放弃，这是你自己的特点，要保留。

我印象最深的是吴老师为我作画并题字的“雨竹扇”，这把《雨中秀色》的扇正面画一幅雨竹，枝叶随雨势下垂，题款：“雨中秀色。梅华世兄一笑。”反面写着唐人刘方平的《夜月》诗：“更深月色半人家，北斗阑干南斗斜。今夜偏知春气暖，虫声新透绿窗纱。”题款：“梅华世兄。吴倩。”当时，上海书画出版社清理仓库，低价处理掉一批老扇面，这些扇面中有大吉祥笺扇庄生产的，质量很好，自己买到两把好扇面，冒雨到梅景书屋请老师作画。几天后老师就把画好的扇子交给我，还对扇面赞不绝口，说画起来十分顺手，还说扇面被雨打湿过，所以画一幅雨竹，有水墨淋漓感。

（原刊于《世纪》2016 年第 4 期）

观潘天寿院长“花鸟科”授课

张锦标 *

1959 年，中国当代艺术大师、艺术教育家潘天寿先生出任浙江美术学院（现为中国美术学院）院长，上任后，他抱着捍卫民族传统的决心，誓将中国画屹立在世界民族之林。

1963 年夏，潘天寿向中国画系学生授课，左一为潘天寿，左四为张锦标

---

* 张锦标，上海书画出版社副编审，浙江美术学院中国画系 1964 届毕业生。

潘院长在1961年出席全国高等学校文科教育会议时，首倡中国画三科（人物、山水、花鸟）独立教育，他指出三科的学习基础各有不同的特点和要求，为了专精地培养人才，三科必须分开教育。会上展示了浙江美术学院国画系的教育方案和实施成果，得到上级的首肯和兄弟院校的响应。我是当时经历这次分科教育的学生之一，感到此举确实非常必要，并且受益终身。

我是1959年进入浙江美院求学的，按照潘院长的教学思路，1961年分科时我入选人物画专科，心想毕业后回部队当一名军事画家。1963年夏月，我已是国画系大四学生，又是国画系团支部书记，班级中唯一的共产党员。有一天在国画系办公室，刘江老师留下我和章培筠老师（国画系1961届毕业生，后留校任教），给我们布置一项任务，说新华社要报道潘院长倡议的中国画人物、山水、花鸟三科分科的情况，明天记者来系里拍照，其中还有潘院长亲自授课的场景，由我们两人分头负责准备工作。具体分工是：章培筠负责准备笔、墨、纸、水、色、毡毯，并请潘院长授课；我负责召集1963届即将毕业的花鸟科学生，于第二天上午10时在国画系教育大楼三楼教室集合。

当时我考虑花鸟科学生不多，又没有女生，便增加了即将毕业的人物科学生汤起康，山水科学生李棣生、崔昌石和1961级的女学生李元珠参加。

次日，阳光明媚，晴空万里，天高气爽，真是拍摄的大好时机。章培筠老师早已把笔、墨、纸、水、色、毡毯等物品准备完毕，一张四尺宣纸被裁成三开，放在桌台上。新华社记者忙着摄影安排，同学们衣容整洁，个个满面红光，均准时到达。当时出席听课的有：卞克智（卞文瑀）、祝庆友、汤起康、李棣生、陈正治、李元珠、崔昌石、陈金木，加上我和章培筠老师共计10人。阳光穿过窗户照亮了整间教室，记者根据摄像的角度、光线、人员穿插、高低疏密、男女搭配等，作了细心的安排。潘院长胸有成竹走到画桌前，温和地对同学们说："画之前脑子里事先要考虑好画什么，这样你就不会束手无策。画时，气要盛、势要旺，力求在画上展现蓬勃生机和节奏韵味，以达到中国画绘画特有的生动性。”言毕，潘院长便拿起毛笔，蘸了焦墨，在白盘上撇了几下，再蘸浓墨，落笔纸上，笔力雄健，来去自在，好似横扫千军，收拾笃定，鸡的翅、背、尾渐现在眼前。潘院长说：“中国画用笔运墨很讲究，笔有中锋、侧锋、逆锋、拖锋，墨有焦浓、深淡、清和干湿之分，一笔中含有多种墨色，所谓墨分五色，看你如何正确去运用。”画到鸡嘴、头部和点睛时，潘院长特别指出，“要注重形神兼备，画时胆大落笔、细心收入，还要注意虚中有实，实中有虚的疏密关系”。在画鸡肚前，他看了多时，用淡墨画笔勾出了公鸡鸡肚的雄壮姿态，最后用比较深的浓墨勾画出坚实的龙爪。同学们聚精会神，鸦雀无声，专心看潘院长作画，新华社记者忙着抓镜头，潘院长边作画边讲解，教学气氛十分和谐，一幅笔墨雄浑、气势磅礴、布局别具一格的雄鸡图呈现在同学们眼前，大家赞叹不已，千钧笔墨中带着自然生命的意象，也是画者胸襟的自然流露。

潘天寿授课作品《雄鸡图》

潘院长接着说：“一幅画画好之后，只是成功的一半，中国文人画，还有赋诗、题跋、印章等，如果题款不妥，这幅作品将前功尽弃，有时候作品画好后，推敲几天还是题不上款，这就是中国画的深奥之处。”

潘院长搓着双手，认真地观察画面之后，顺手握起毛笔在右上方题写“偶然落笔，略似个山僧矣，奈何！大颐寿”字样，当时未带印章，只好作罢，于是指定了盖印名字章和押角章的位置。

课程结束后，章培筠老师安排两位同学陪送潘院长回景云邨居室，我陪同新华社记者到办公室与刘江老师（章培筠丈夫，得校长潘天寿教授书法、篆刻，1961 年毕业后留校任教书法、篆刻等课程）交谈，可惜我未问记者大名。章培筠老师负责收拾画具。潘校长的这幅作品后存入国画系资料室，现入选《潘天寿全集》第二集。潘院长的作品，有一种浩然之气和奇异构图，让你慢慢感悟到清净之意境。

拍完照之后，从此杳无音讯。直到 2002 年 5 月，我在上海金茂大厦新华书店看到《文化人影记丛书：潘天寿》(卢炘编著，河北教育出版社 2001 年版)，书中收录了这张珍贵的师生创作照，已过 49 年，观之高兴万分、如获至宝，当即购买数册，回单位后，还请了摄影师进行翻拍放大，陈列家中。这张历史照片是不可多得的宝贵财富，它不仅记录了潘院长出色履职浙江美院院长这一行政职务的历史，还记录了他作为教育家、艺术家在繁忙工作之余坚持为全系五十余名学生亲自授课的风范。他的“开合”“承转”“虚实”“疏密”“破框框立三角”“空白也是画”等经典构图思路，指导并影响了我们，至今仍觉受用无穷。在课堂上他强调画画“研墨要浓”、所用之笔与水要清，以清水纯笔蘸浓墨调用，即“无灰暗乏彩之病”，还教导我们画要有霸气，不能俗气，要有自己的面目和风格……

潘院长为我们授课这张有极高历史价值的珍贵照片，放大喷绘陈列在浙江杭州潘天寿纪念馆入口处的大墙上，见证着潘院长和青年学生的师生之情；照片上的 10 人，现分布在上海、杭州、台州、温州和青田，其中两位同学已不在人世。

回想起我在浙江美院中国画系 5 年的大学生涯，能有幸跟上潘院长大刀改革的浪潮，受益无可估量。1964年，我以优异的成绩大学毕业，毕业创作的《海上南泥湾》由上海人民美术出版社选用对开年画出版，后分配到上海朵云轩（上海书画出版社）工作三十余年，深感潘天寿、陆俨少、陆维钊等恩师对我的辛勤教导，温暖在心。

2019年3月15日于上海

（原刊于《世纪》2019年第4期）

父亲郭味蕖的几位老师

郭怡孮 *

在父亲郭味蕖（1908—1971）的回忆文章和著作中，称为老师的有六人，即丁启喆、刘炯、倪贻德、陈之佛、于非闇和黄宾虹先生。他们都是亲自为父亲授过课且影响很大的人。

从国画启蒙到上海艺专

丁启喆（字东斋）、刘炯（字秩东）是父亲的绘画启蒙老师，父亲在家乡山东潍县读小学、中学，以及在“潍县同志画社”（潍县最早的绘画社团组织）中，都受到两位老师的精心培养。父亲对他的两位启蒙老师有过这样的介绍：

> 地方上有位大收藏家陈簠斋，是毛公鼎的收藏者，家藏晋、唐以来书画珍品，室号“晋唐书画馆”，潍县著名书画家刘嘉颖，曾把画馆中所藏书画大都临摹过，深得其培养。我在小学时

* 郭怡孮，中央文史研究馆资深馆员，中央美术学院教授。

代的丁（东斋）先生，中学时代的刘（秩东）先生，都是他的学生。

丁启喆是一位精通诗文书画，且富有爱国心、正义感和热心培养青年一代的画家。父亲说先生人物、山水、花鸟皆精，给他打下了全面的中国画基础。先生著有《老莲汇稿》《北海人范》《自笑轩画集》，是我国较早的珂罗版画集，对后人影响很大。辛亥革命时，他画《醒狮图》，象征着祖国的觉醒。五四运动时，他画《卧薪尝胆》《张良别秦》《屈子行吟》，表达了爱国救亡思想。1938 年日军侵占潍城后，他立志不做亡国奴，忧愤而死。父亲说："我少年时代就遇到了好老师，丁东斋老师的爱国思想和耿直性格对吾辈影响很大。"

父亲的另一位国画启蒙老师是刘炯，精花卉，学恽南田、张小蓬画路，精工细染，工写全能。他和丁启喆都是"潍县同志画社"的创始人，是画社的主导教师。父亲说："画社成立后，社员每星期日下午到丁、刘两位教师家中学艺，自带作品，以便互相观摩和品评，并选出佳作，以备展览，这对潍县的国画发展起到了很大的推动作用。"父亲与郭兰村、赫保真、傅柳坪、徐培基、于希宁、陈寿荣等一大批社会知名画家，都曾是"潍县同志画社"的成员。

随着时代的变化，受五四新文化运动的影响，作为一个与时俱进的美术青年，父亲逐渐对西画产生兴趣，对中国画的前途有所怀疑。他说："当时在我的思想里感到国画已经很腐败，青年人怎么能画国画呢?"早在上中学时，父亲就参加了上海美专函授班，学习素描、水彩和擦炭人像，这使他 1929 年顺利考入上海艺专西画系。到上海他本拟报考刘海粟办的上海美专，但听说新成立了一所上海艺专，经过反复思考，认为经过函授学习对上海美专的教学已有所了解和掌握，更因为上海艺专的老师多是刚刚留日、留法回国的更具当代知识的画家，于是决心报考艺专西画系，在科主任陈抱一和教授陈之佛、倪贻德的指导下，进入了一个全新的学习阶段。从当时的课堂作业、课外写生，以及毕业初期的作品来看，受两位先生的影响很深。当时陈之佛先生开设计和色彩课，父亲留存下来的《归航》《都市之夜》《荦确集》等书籍封面设计，以及大量的实用美术、手工艺术和装饰图案的设计，都具有相当高的水平。倪贻德和陈之佛先生都是思想十分开放的老师，他们也践行蔡元培的新美育观，主张思想自由、兼容并蓄的教学思想，主张让学生自由选择不同的流派、风格和手法，并十分重视严格的基本功训练，两位老师都有中西文化的双层根基以及中西艺术交融互补的观念，对日后父亲变革中国画起到了至关重要的作用。

上海艺专毕业后，父亲到济南任教。他回忆说："毕业以后，在山东师范教学，教一种中西合璧的画。后来感到很无聊，对艺术提高不大，在这时我对中国画已经很感兴趣，对于西画创作逐渐淡漠下去。当时我立下了坚定的信念，用我旺盛的精神，从事中国画的临摹和创作，考取故宫博物院研究班，开始了踏实、专心的临古。当时，研究班设在故宫西华门内武英殿宝蕴楼，开设三个房间，分为山水、人物、花鸟。我初临花鸟，后又转为山水，所临全是院内所藏名家真迹，墙上悬挂的书画三天一换，可以随时观摩。临摹设有专用的临摹台，长案红毡，条件很好。通过这段临摹，才深入了解中国画，感到中国人更应该懂得中国画，开始对国画着迷了。"

黄宾虹：勿蹈标榜之习　须从学问上用功

故宫博物院古物陈列所国画研究班于 1937 年 2 月开班，第一期学员有父亲、田世光、俞致贞、陆鸿年、晏少翔、张其翼等。所长钱桐，导师有黄宾虹、于非闇、张大千等人。导师每周都来讲学，风雨不辍，讲画史、画论、笔法、墨法、章法，具体指导学生临摹，并当场示范，指导学生辨别真伪，并从绘画发展史的角度来讲解分析。当时临摹宫中名作都要临两张，一张自己保留，一张交故宫保存，以备原作南迁时，北京还保有临摹作品。

父亲就是自这时起，直至黄宾虹老人去世，近20年中不断向老人请教学习，师生之间建立了深厚的友谊。宾虹先生见这位来自齐鲁古北海郡的学生能通古今，东西兼长，人又冲和恬淡，自是喜欢；又见父亲专心治学，方穷至理，并非一些青年画者矜异立奇、浮躁求进，认为是可成就之人。逐渐熟悉后，他得知父亲是潍县陈（簠斋）家的姻亲，陈是清代大金石学家，宾虹先生十分景仰这位先贤，又觉父亲能亲接簠斋遗物，继承簠斋精神，进行文物收藏、考证和研究，更认为是难得之才，并得知父亲为潍上五百年世家子弟，文脉承传，祖上与周亮工、郑板桥、赵之谦交谊很深，得翰墨丹青之灵韵，于是对他寄予厚望。

七七事变后，郭味蕖自北京古物陈列所返乡，闭门家居，蓄须明志

在宾虹先生客居北京的十年间，父亲经常专程来北京向先生登门问学，先生详加指点，讲解十分翔实。每讲到历史大家，都要谈到他继承了谁，影响了谁，在画史上的地位和贡献，讲画家与画家的关系，讲怎么辨别真伪、高低，讲墨法、笔法……父亲从黄老师那里深刻领悟了比较性研究、系统性研究的治学方法，以及征信析疑的思维方式，领悟了先生倡导的“勿蹈标榜之习，须从学问上用功”的道理。父亲从这位德高望重、蔼然可亲的老师身上获益良多，人品和画品得以双修，理论与技巧得以共进。父亲非常庆幸能有这样的好老师常年教诲，他曾感叹“不然一入歧途，虽十年寒窗，朝夕吮墨，开卷满目俗尘，正如嫫母倩妆、东施效颦，

万劫不复矣”。

黄宾虹先生带父亲观看和临摹历代名作真迹，特别是在绘画理论研究和绘画创作方法方面使父亲深受其益。父亲 1941 年在文章中写道：

> 予近年每见历代大家名作真迹，辄觉二三日寝食有味，悬诸壁间，镇日晤对。每对古人名作，当想其未画时如何胸次寥廓，欲画时如何解衣盘礴，既画时如何经营惨淡，如何纵横挥洒，发墨赋色，必使神会心谋，捉笔时荆、关、董、巨，如在上下左右。

黄宾虹先生为使父亲能广泛吸收历代名家各种画法，亲自为他示范创作了一件大幅山水画，上题：

> 合倪黄吴王为一家法，写似味藻有道正之。
>
> 予向

此画气势宏大，结构谨严，林峦郁密，苍浑沉雄。倪、黄、吴、王四大家之笔墨浑化入微，气象万千，为先生难得之精品。父亲将此画常年挂于画室之中，对晤静坐，如黄老师在上耳提面命。

20 年中，黄宾虹老师几乎每年都有书画相赠，有画作、书法、扇面、对联，还经常给父亲题画，亲自出席父亲画展的开幕式。如 1941 年 8 月 24 日，父亲在北京中山公园举办个人画展，当时的《新北京报》就有这样的报道：

> 名画家郭味蕖，潍水望族，富收藏，精鉴赏，每日沉浸在古书画中，孜孜伏案，融古会今，自出炉冶，所作山水花鸟，精雅绝俗，秾丽中度，气韵闲远，洗尽甜浮。画展自开幕二日以来，风和日暖，稷园路上游人倍增。如黄宾虹所题之《仿新罗花鸟》，

周养庵所题之《芍药》，溥心畬所题之《春柳图》，于非闇所题之《白梅》，风趣高古，别具町畛……尤为人所称赏。郭君画宗南北，曾在沪、杭、青、济举行画展，久为各界所钦仰。

父亲是在黄宾虹先生亲自指导下撰写《宋元明清书画家年表》这部大书的。此书自 1937 年写起至 1958 年出版，历 20 年，约 32 万字，收录历代书画家四千余人，可谓工程浩大。刘曦林先生在《郭味蕖传》中写道："它是现代第一部以编年体的方式著录历代书画家的大型工具书，像这种属于基础性研究的工作，非博览群书通晓书画史者不能编，非史癖并精于条理者不能撰，非诚于学术且具牺牲精神者不能为，非对中华文明有强烈责任心者不能想，其中之劳动、所耗之心血可以想见而难以度量。"《宋元明清书画家年表》适应了对民族传统文化进行整理、研究和推陈出新的社会需要。

父亲在这部书的自序中这样写道：

自从 1937 年，编者在前北京古物陈列所主办的国画研究室任研究员时，便开始搜集我国书画家的传记碑志这一类的资料，并且经常到黄宾虹先生处，学习中国美术史和书画鉴别。当时黄先生就谈到，现在关于研究书画的工具书很少，历代出版的书画家传记和著录诸书，又多是略而不详；书画家的生卒岁年，和重要作品的创作年代，也不容易稽考。他就希望我采用编年体例，编一部综合性的书画家年表，借便检查历代各家的继承关系和风格的沿变，并指示了我一些整编方法。我从这时起，便着手编写这一部年表……

1944 年，《宋元明清书画家年表》初稿写成，黄宾虹先生为此书撰写了序言：

古人读书皆有记录，等身著作，无非日积月累而成。王伯厚《困学纪闻》，顾宁人《日知录》，莫不朝斯夕斯，丹黄涂乙，取精用宏，卓然成家。知人论世，尤为读书之要。味蕖学兄，博览群书，旁搜艺事，出其平昔所辑《宋元明清书画家年表》见示，纲举目张，皆能有条不紊。足徵勖学嗜古，钜细不遗。荀卿有言："其为人也多暇，其出人也不远。"抗心贤哲，度越寻常，余于是编有厚望焉。

甲申之夏　黄宾虹

父亲没有辜负老师的厚望，更加努力研究，奋发著述，《知鱼堂书画录》《知鱼堂鉴古录》《古镜考释》《明清四画人评传》等著作相继成书。

1951 年 10 月，黄宾虹先生由杭州来京，是来参加中国人民政治协商会议第一届第三次会议，作为参加会议代表中最年长者，受到了毛主席和周总理的接见。宾虹老人当时留京月余，父亲曾去探望。父亲告诉老师他已经应徐悲鸿院长之聘到中央美术学院研究部工作，黄先生十分高兴。父亲又说《宋元明清书画家年表》正在最后整理编写，承中央美院给予一部分编写时间，得以重新搜遗拾坠，增补清缮。黄老师希望这部书能早日梓行。父亲见老人在寓所仍作画，忙于进京后的书画应酬，又见老人谈话兴奋，怕老人累着，不敢久留，匆匆告别。

没有想到的是几日以后，黄宾虹先生来到位于王府井校尉胡同的中央美术学院，向传达室打听郭味蕖在哪里办公，得知后，老人直接到美院图书馆来找，我父亲大惊，一位 88 岁的老师，竟来看望一个 44 岁的学生。传达室将黄老来校的消息报告美院领导，当美院领导到图书馆时，方知两人已经离开学校，手拉着手到东华门附近吃小馆聊学问去了。

1953 年初，经文化部批准在中央美术学院成立民族美术研究所（即今中国艺术研究院美术研究所前身），黄宾虹先生任所长，王朝闻、王曼硕任副所长，这时父亲所在的美院研究部与民族美术研究所合并，父亲多么

郭味蕖（左三）在中国美术馆举办的齐白石画展上为北京艺术学院的学生讲课

希望黄老师能早日进京上任，美院领导也多次去信去电频催莅京，但黄老年事已高，医嘱宜缓。宾虹先生的老友陈叔通先生得知，也以为“高龄不宜远迁，春和时来京一游，以花时为宜，老友亦得快晤”。但北京的朋友们始终没有等来这一天。

1955 年，黄宾虹老师去世，父亲十分伤感，他在《宋元明清书画家年表》的自序中写道：“前蒙徐悲鸿先生题耑，黄宾虹先生撰序，今已相继谢世，不及见本书出版，缅怀旧谊，不胜怆感，即以此编纪念二位先生。”

白石翁：简而不繁则浮　繁而不简则殆

父亲与白石老人的交往，也是自 1937 年在故宫古物陈列所时始。

自那时起，父亲就经常到北京城西跨车胡同 15 号白石铁屋家中拜访请教。1958 年，父亲曾写过一篇《向杰出的人民艺术家白石老人学习》的论稿，文中深情地缅怀了白石老人在艺术上百折不挠，不断进取，刻苦磨炼造型功力，继承前人优秀技法，积累广博创作经验，晚年锐意变法，创造了划时代艺术风格的光辉一生。文中最后一部分，记录了他与老人的关系：

> 白石老人又是一位素敦友谊，大力提携后进的长者。我和白石老人相识已经20年。在十几年前，他用篆字给我写了“知鱼堂”匾额。我曾带着儿子莫琮，拿着我近期所作的画去向白石老人请教，他细心地逐幅看下去，反复地看了三遍，他说：“你画得好！”随后，他便叫我在墙上钉起几张画作，一一进行指点，他最后说：“画画不要叫人说好，自己要有自己的面貌，画好自己留起来。”
>
> 这一天白石老人精神很振奋，看完画后，当场便给我画了一幅三个虾、三个蟹子的墨画示范。很快便画好了，便把它挂在墙上，这时他忽然从椅子上立起来，从衣袋里掏出一包钥匙，去打开北墙下面的橱柜，拿出一盒绿豆糕来，送到我的儿子莫琮手里说：“你吃。”然后他从墙上取下画来题上字，又一次取出钥匙把橱柜打开，这次取出来的是一盒图章。他把图章放在画案上说：“你会用，自己捡吧。”我便捡出了“借山翁”一印捺在画上。随后白石老人又高兴地给我题了两幅画，并且写上去一些鼓励后进的辞句，使我感到无限的惭惶。是的，白石老人就是这样地提携后一代人，无保留地教给他们以技法，给予启示和鼓舞，引导他们前进和努力创作。

对于这段话，我要补说几句。当时白石老人对父亲的画评价极高，使父亲才有了文中所说的“无限惭惶”之感。老人说父亲的画如明代人所作，笔墨极精，并感叹：“现在看不到这样的画了，当今没人能画得了啦。”“他们不懂，画好自己留起来。现在有眼力、有功夫的人太少了，一些人浮名过实，历史自有说法。”这些话父亲自然不会在文章中写出。

前面说白石老人给他题的两幅画，一幅画的是松树、竹子和梅花，老人题了“三友图”三个篆字，并题“味蕖画笔工矣，予九十二岁时得获观三复，白石”。“获观三复”四字，应是得见前贤名作的欣喜与敬仰之词，白石老人却在后学的画上题了这样奖掖的话，使父亲感到惭惶。

父亲和白石老人的最后一面，是1956年，也就是前面我提到的在东绥绿街徐悲鸿故居纪念馆中。对这一段，父亲在文章中有详细记载：

> 1956年的初秋，我在画家徐悲鸿纪念馆又一次接待了白石老人。那时他刚刚知道了徐悲鸿先生辞世的噩耗，便立即赶来。他在徐悲鸿先生故居会客室的沙发上默默地坐了很长时间，眼睛凝神不动，心里在寻思着什么。后来他的嘴唇动了一下，说出了“影”“影像”几个字，我们才知道白石老人要看看悲鸿先生的相片。他站在悲鸿先生的影像前，眼里含满了泪水，深情地鞠躬。由于大家的劝说，他又坐到椅子上。悲鸿先生是白石老人的知友，是“最怜一口反万众，使我衰颜满汗淋”的倾胆知交，悲鸿先生的逝世，是民族艺术的重大损失，怎能不使白石老人伤感呢？这一次也就是我最后和白石老人的会见。

父亲记写白石老人在悲鸿先生影像前的一段情景时，思想上有所顾忌，文字上有所保留。实际是当廖静文先生和父亲把他搀扶到影像前时，白石老人悲痛不已，全身颤抖，泣不成声，嘴里嗫嚅着什么，听不清楚，老人在像前坚持要跪下磕头，劝也劝不住，扶也扶不起来，所有在场的人，无不落泪。父亲回家后跟我们说起这事时，还心有余悸，真怕老人悲痛过度会出点什么事。我那时已经16岁了，对这些话印象很深。

1957年9月，父亲参加了白石先生的葬礼，在父亲的文章中有这样一

郭味蕖（左三）在中国美术馆为中央美术学院学生讲课

段记述：

我参加了在嘉兴寺对白石老人公祭的典礼，随后便登上了送葬的汽车，默默地追随着白石老人的灵柩到达墓地。白石老人自己篆写的墓碑已经树立在坟头，在哀乐声中，我恭敬地等待着老人的棺木徐徐地安置在墓穴里面，我怀着惆怅的心情和白石老人告别。这时墓地四周的垂杨正在微风中萧萧作响，西天也泛起缕缕的红霞。

在黄宾虹老师和白石老人逝世以后，父亲继续对他们的研究，写了《向杰出的人民艺术家白石老人学习》《中国人民艺术家齐白石——在白石老人诞辰一百周年纪念会上的讲话》《谈齐白石先生和黄宾虹先生的画》等多篇文章。

这些文章都是父亲在亲身感受、深入体察、深刻理解之后写的，更注重从创造精神和艺术创作规律来分析研究。如在《谈齐白石先生和黄宾虹先生的画》一文中，对黄宾虹先生和齐白石先生用笔用墨的繁与简作了如下分析：

> 先生（指黄宾虹）用笔用墨也极为讲究，他喜欢用焦墨、积墨、浓墨、宿墨、套墨等墨法，追求的是笔愈密致，形愈完整，墨愈苍郁……他说："简必从繁出，要简必须先繁，简而不繁则浮，繁而不简则殆。"先生在九十高龄时，还要求自己必须由繁到简地进行笔墨提炼，这也是宾虹先生不断追求创作进取的最好例证。
>
> 总之，白石老人笔墨之简，宾虹老人笔墨之繁，正是二人的不相同处，又是相同处，也是别人的不可及处和二人的成功处。

父亲的这些文章都收在人民美术出版社出版的《郭味蕖艺术文集》中，本文不再赘述。写到这里，似乎应该搁笔。许多父亲的友朋故交，还时时浮现在我的面前，叶浅予先生、李苦禅先生、田世光先生、于希宁先生等，我时时沉浸在他们的真挚情感和情谊之中，春风化雨，润我心田，回忆也是一种幸福。

（原刊于《世纪》2015 年第 6 期）

第三辑

薪火相传

中华文明的革新精神

袁行霈*

众所周知，在世界几种主要的古代文明中，中华文明是唯一没有中断而且延续至今的。这是什么原因呢？我认为一个重要的原因就是中华文明具有不断革新的精神，也可以说中华文明的刚性和韧性起了很大的作用。

有人认为中国传统文化是保守的，认为弘扬传统文化是保守主义，这不符合事实。

首先，从思想的层面看，古人很早就认识到"变革"的道理。《礼记·大学》记载汤之盘铭曰："苟日新，日日新，又日新。"《周易》奠定了中华传统文化的思想基础，"易"可释为"变易"，即顺应时势做出变革，将变革视为宇宙的普遍规律，《周易·系辞下》有这样几句话："穷则变，变则通，通则久。"其第四十九卦《革卦》专讲变革，"革"的意思是"去故"，接下来第五十卦是"鼎卦"，"鼎"的意思是"取新"。"革故鼎新"这个成语就是由此而来的。《革卦》说："天地革而四时成，汤武革命，顺乎天而应乎人。"意思是：四时的循环与万物的消歇，是由天地的变化形成的，商汤和周武王所发动的革命，顺乎天意和人心。这段话对变革表示了高度的肯定和赞美。

* 袁行霈，中央文史研究馆馆长。

袁行霈

春秋战国时期，老子、孔子、孟子、庄子、墨子、韩非子等提出了自然、仁义、兼爱、法治等新的观念，形成百家争鸣的局面，极大地丰富了中华文明的内涵。我在这里不能全面展开论述，只举一个小例子。周礼本来重视礼的外在形式，但春秋以来，各级贵族僭越礼制，讲究奢华的祭器和乐舞，这不仅造成极大的浪费，也破坏了礼乐的核心精神。孔子一方面主张恢复周礼，“郁郁乎文哉，吾从周”；另一方面，又揭示出“礼”的核心，他说：“礼也，与其奢也，宁俭；丧也，与其易也，宁戚。”孔子对礼所作的阐释具有革新的意味。

汉代以后，随着儒家思想逐渐占据国家意识形态的主导地位，以董仲舒为代表的汉代士人吸取阴阳、五行学说建立起一种新的“天人感应论”，以及以“三纲五常”为核心的价值体系，后人称为“汉代新儒学”。

唐宋时期中国的士大夫融汇了从印度传入的佛教思想，形成以慧能和神秀为代表的中国禅学，这证明中国传统文化并不排斥外来文化。而宋明理学（或称道学）是对儒学进行“革新”的一种新的思潮，它和两汉以来的儒学相比，增强了思辨性。什么是理学？冯友兰先生说：它所阐述的问题，归结起来主要是两个：“一个是什么是人，一个是怎样做人。”理学的代表人物如程颢、程颐、张载、朱熹、陆九渊、王阳明等的影响一直延续至今。张载的横渠四句“为天地立心，为生民立命，为往圣继绝学，为万世开太平”，以及王阳明提倡的“知行合一”，至今还受到重视。

其次，在制度层面，也经历着不断的革新。像商鞅、王安石这样著名的改革家，他们的精神至今受到尊重。周人建立的分封制维系了西周二百余年的历史，但随着各地诸侯势力的扩张，中央王朝逐渐衰落，传统的分封制已经不能维持国家的稳定。秦国因商鞅的变法，增强了国力，统一了天下，并用新的郡县制取代了原来的分封制，由此推动了我国多民族、大一统国家的形成。

西汉初期，兴起一股反思秦朝二世而亡的原因，并寻求变革的思潮，贾谊的《过秦论》可为代表。西汉兴起的“革新”思潮催生了一系列新的制度，如以察举制代替贵族世袭制。察举制是经过推荐、考核来任用官吏，考核的标准着重于孝廉、茂才、直言、极谏。这比贵族世袭前进了一大步。察举制到后来出现许多弊端，隋唐以后，又以科举制代替察举制，科举制一直延续了一千多年。再如，从唐初实行的租庸调法，到中唐的两税法，再到明朝中叶改行的一条鞭法，税制经历了多次革新。至于王安石变法已为大家熟知，在这里就不必细说了，他的某些具体措施在执行过程中有所失误，但他所秉持的“天变不足畏，祖宗不足法，人言不足恤”的革新精神是弥足珍贵的。

综上所述，革新可以说是中华文化的基因，这个基因推动了中国历史的发展。历史上的革新有的成功，有的失败，有的持久，有的短暂，各有其复杂而具体的原因，例如革新的时机、用人的当否、当权者的决心、民众的拥护程度，以及是否符合历史的发展趋势等，其中有许多值得探讨的课题。

近代以来，有人认为传统文化是导致中国走向衰落的原因，主张放弃传统，全盘西化，一百多年的历史已经证明这是行不通的。我们既不能无视并拒绝各民族的优秀文化，也不能脱离中国传统文化的根，只有植根于中国本土的文化传统，放眼世界，吸取各民族文化中优秀的成分，从实际出发，大胆革新，才能实现中国的富强。我们对待传统应该采取自信的态度、分析的态度、开放的态度，既不妄自尊大，也不妄自菲薄。现在，西方文化已暴露出各种危机和乱象，中华文化能够提供自己独特的智慧，为人类作出贡献，我们应具有这种文化的自信和担当。

文史馆这些年来所做的许多工作，就是为这个宏伟的目标服务的。我们应当与时俱进，守正出新，注意发挥文史馆的优势，使我们的工作更具有文史馆的特点，以不同于其他机构的、高水平的成果为中华民族的伟大复兴，并为全人类作出应有的贡献。

（原刊于《世纪》2019 年第 1 期）

认清中国人的文化基因和身份

王 蒙*

王蒙

对于传统文化的自信、弘扬与发展，我们要做的是：用世界眼光、中国特色、现代观念，理解与选择、传承与弘扬中华传统文化的精华，反思中华文化充满辉煌与能动、焦虑与挫折、终于赢得伟大振兴机遇的悠久历史，总结经验教训，使之成为实现中华民族伟大复兴的中国梦的深厚精神资源与动力凝聚标的。归纳起来可以从八个方面认识。

第一，性善论是一个基础，一种情操，也是一种信仰，一种诉求。诉诸良知、良能、良心，即天良。把诉诸天良的信仰性，诉诸道德的正义性，诉诸民心的人民性与为政手段的文化性，即所谓“道之以政，齐之以

---

* 王蒙，中央文史研究馆资深馆员，中国当代著名作家。

刑，不若道之以德，齐之以礼”结合为一，可以称为中华文化中以善德为主线的“一以贯之”。

但是，天性的善良仅仅是一个基础，这种人性的基础还要靠后天不断唤起、培养、深化，即文化立国，文化治国，曰“王道”。而全面治国理政，当然同时要靠经济基础、国家实力，靠科学、智慧、技术、法治、国防、公安、民政的全面强化和完善。

第二，中华文化强调整体性、混一性，叫作尚一、尚同。中华文化寄希望于一个无所不包、无往不胜的大概念：天下定于一；天得一以清；道生一、一生二、二生三、三生万物。中华文化的一二三论，是从一元到多样杂陈。中华文化理想是：认同多、包容多与代表多的一，与认同一、认同共同性与整体性（即一）的多的结合。

第三，中华文化强调苟日新、又日新、日日新，叫作自强不息、厚德载物。始终秉持这种着眼此岸、经世致用、积极求新、进取发展、因应变化的文化精神。

一方面是“天不变道亦不变”“以不变应万变”；一方面是“与时俱化”“识时务者为俊杰”“无可无不可”还有“咸与维新”，“圣之时者也”。

第四，中国文化有某种早熟特色。例如不争的观念，无为的观念，谦让的观念，虚静的观念……这些品质可在某些情况下成为优胜策略。

同时现代性所带来的环境问题、民族身份认同危机、欲望膨胀与高消费的不良后果、竞争的某些恶性征兆、发展的某些异化、科技成果带来人的体能智能的退化……也正在成为大众关心的课题，完全可以从中华传统文化的某些主张中获得有益的启示。

第五，在强调传统文化的同时，要维护五四新文化运动确立的基本方向，维护鲁迅精神，维护人民革命的精神成果，维护马克思主义的中国化即毛泽东思想，维护改革开放。关键在于对于现代性、全球化的正面思考与立论，对于中华文化传统的理解与珍惜，对于时代特色与全球化的理解与积极回应，对于文化爱国主义的调动与完善。尤其是要珍惜中国特色社会主义现代化的理论与实践，珍惜社会主义核心价值体现的传统与现代、中国特色与面向世界、面向未来、面向现代化的胸怀的结合。不能偏执搬洋，也不能盲目复古。

现在各地搞儿童诵经、好家庭评选、传播“二十四孝”等，针对道德滑坡提倡传统文化，用意可嘉，但其中或有宣扬旧理朽说，与五四精神、革命成果、现代观念背道而驰之处。这些都需要加以分析引导。

中华传统文化博大精深，精华和糟粕共存，要让其中的优秀精华在我们后人身上一代代继承弘扬。文化固然难以截然划分黑白，但是近 200 年来我们从来没有停止过对各种文化思潮、文化遗产的选择区分。

要以社会主义的、科学的、大众的、民主的精神，要以面向世界、面向未来、面向现代化的态度，站在今天的立场、全球化时代，来学习研究中华文化传统，而不是以古颂古，以经赞经，以孔孟学孔孟。

第六，文化自信是根本的自信，是中华民族积累了几千年的发展与挫折的经验的自信，是中国人文化基因和身份，是面对各种异质文化时能给我们自己以定力与清醒的自信。

我们要在全球化时期珍惜与完善中华风度与中华生活方式。同时也须了解“东学西学，道术未裂，南海北海，心理攸同”这一面。我们要提出推动全球治理的中国命题、中国语言、中国解释。让中华传统文化在我们这一代人手中与世界先进文化有一次精彩的交融。例如：世界大同，天下为公→社会主义，共产主义；从心所欲，不逾矩→从必然王国到自由王国，见贤思齐→改革、开放、交流；己欲立而立人，己欲达而达人→一带一路；协和万邦→维护和平；和而不同→文化民主与文化和谐等。

第七，文化上古为今用、洋为中用，百花齐放、百家争鸣。我们在提倡传承弘扬传统的时候，要将继承传统与改革开放结合起来，将民族传统与全球化结合起来，将文化爱国与中国特色的社会主义现代化结合起来。

中华传统文化历来有强大的包容整合能力。中原文化吸收了大量兄弟民族文化与印度、西域及其他地域文化。20 世纪，我们汲取了马克思主义并使之与中国国情和中华文化结合起来。我们从英语、拉丁语中，特别是经过日语的转译，吸收了极多的新名词、新概念、新语法、新思想。同时，我们仍然保持中华文化的丰富成熟与泱泱大国的气概。吸收与消化正是中华文化历久不衰的力量所在。今天，我们同样需要文化的动感，需要文化的生命力，需要时时驱动文化的发展与创造。

第八，培养大量学贯中西、文通今古的人才是实现包括文化复兴、文艺复兴在内的中华民族伟大复兴的中国梦的期待与保证。这样的人才的出现将是我们的文化优势。不能把学好母语与学习外语、继承传统与放眼世界对立起来。学好母语是学好外语的基础，学好外语是学好母语的延伸。传承传统是文化强国的根基，放眼世界是转变与发展传统、壮大与丰富传统的前提与条件。

（原刊于《世纪》2017 年第 5 期）

优秀物质文化是文化自信的基础

孙　机*

孙机

四个自信中，道路自信、理论自信和制度自信都是从中国当代的现实中总结出来的，而文化自信则是概括了整部中国文化史的产物。正如习近平主席所指出的，“文化自信，是更基础、更广泛、更深厚的自信”。文化自信建立在中华五千年文化成果的基础之上，贬低或无视这些成果，就是从根本上对中国文化的否定。

文化的内涵很广泛，有精神层面的，有物质层面的。说到精神文明，古圣先贤的卓见覃思、嘉言懿行，在几千年的传习流布中，已经深入人心。通过勤劳勇敢，直奔小康大同，已经成为全社会共同的认识。但细究起来，无论儒道哲学、程朱理学或陆王心学，固然其中包含着不少解析和

---

* 孙机，中央文史研究馆资深馆员，中国国家博物馆研究馆员。

处理人际关系的真知灼见，却都被涂敷了一层道德论的色彩，领会起来稍嫌抽象。而物质文化则不然，它是摸得着、用得着的，可谓一看就懂，一点就透。在世界上，中国的物质文化成就长期遥遥领先，直到西方进行工业革命时才开始落后。经过鸦片战争，中国饱受列强欺侮，积贫积弱，出现了文化自卑的心理。加之有些西方人老早已开始制造中国文化西来说。明清之际来华的西洋传教士南怀仁就宣称，伏羲是亚当的第十三代子孙。后来西方学者在这方面的胡编乱造更不胜枚举。他们认为中国文化应当唯西方马首是瞻，其目的就是企图将中国人的文化自信、将中国人进行文化建设的底气砍掉。实际上当然完全不是这回事。回顾一下中国人五千年来走过的道路，就会发现，无数领先世界的发明成果在历史上都熠熠生辉。下面举几个例子。

农业方面。耕地须用犁。中国在西汉时已经发明装有“犁壁”，能将耕起的土块翻转过去，使之接触阳光空气，从而变成熟土的犁。而当时西方的犁上只有犁铧，没有犁壁，只能破土开沟。西方要到 11 世纪才出现装犁壁的犁。田地耕过之后要进行播种，方式有点播、撒播和耧播。点播太慢。撒播后生长出来的庄稼太乱。而用耧车播种，则庄稼排列成行，井然有序，利于中耕除草、施肥及收割。中国在公元前 1 世纪已发明耧车，西方则要到 13 世纪以后才有这种农具。收获了的谷物碾压脱壳后须除去糠秕。起初各地都是用簸扬的方式来完成。中国在公元前 1 世纪发明扇车，功效大为提高。西方则一直用簸箕扬糠，直到 16 世纪才出现扇车。

纺织方面。发明纺车。要将植物纤维捻成线，起初都是用纺锤完成这道工序。1 世纪中国发明了单锭纺车。至宋代又发明了脚踏三锭纺车。而单锭纺车到 13 世纪才在西方出现。踏板斜织机在东汉画像石上已屡屡见到。欧洲则要到 6 世纪才出现，13 世纪才广泛使用。

交通工具方面。中国古代马车至晚从商代起已采用轭靷式系驾法，拉车的马呼吸顺畅，体力得以充分发挥。古代西方长期使用颈带式系驾法，马用脖子拉车，跑快了就喘不上气来。西方直到 8 世纪才改进了这种极不科学的系驾法。中国于 4 世纪初发明马镫，6 世纪时传入欧洲，以后逐步推广。有了马镫，重装骑兵才能在战场上耀武扬威，欧洲才出现了中世纪的骑士。中国使用船舵在 1 世纪，欧洲使用船舵在 11 世纪。

冶金方面。公元前 8 世纪中国已生产铸铁。欧洲开始冶炼铸铁要到 14 世纪。球墨铸铁在中国出现于公元前 1 世纪，西方出现于 1947 年。

至于造纸、印刷、指南针、火药、制瓷等举世普受其惠，甚至引起社会变革的发明，有口皆碑，不必细说。除了这些最耀眼的荦荦大端，古代中国在物质文化方面重要的发明创造还有很多，细数起来不下百项。这些发明往往领先西方几百年乃至上千年，它们的意义怎么估计都不过分。但古代中国又不是在领先之后就止步于世界文化交流的大潮之外，恰恰相反，中国接受外来优秀事物的动作还相当快。当然，文化交流会受到多重因素的制约，顺畅与否会表现得千差万别。但有些事物在传播的迟速上过分悬殊，令人咄咄称奇。比如农作物中自新大陆传播开来的玉米、马铃薯、白薯等，影响至巨，其后世界人口的增长亦与之密切相关。我国关于玉米的记载，最早见于明正德《颍州志》(1511 年)。颍州在今安徽省北部。玉米传到颍州之前，在滨海地区已有栽培，而且收进地方志时，也不会是进入的第一年，所以玉米很可能在 1500 年前后已来到中国。哥伦布发现美洲是在 1492 年，距此只不过 10 年左右。想想当时新旧大陆之间何等疏远隔膜，太平洋又何等浩渺辽阔，这样的速度真是快得惊人。相反的例子也有，比如大豆。大豆在我国的种植已有 4000 多年的历史，不仅列为“五谷”之一，而且在中餐的烹饪术中，酱油几乎是不可或缺的佐料，其正是用大豆发酵酿制的。没有大豆，没有酱油，许多美味佳肴将难以烹调。湖南沅陵虎溪山西汉沅陵侯墓出土简书《美食方》中所记之“菽酱汁”，就是酱油。可是西方一直没有大豆，直到 1873 年，中国大豆在维也纳万国博览会上展出，轰动一时，大豆这才在欧美大量种植，比我国晚了几千年。两种在农史上都值得大书特书的作物，传播的难易却判然二途。以十年对比几千年，纵然强调各种客观原因，也不能不承认主观能动性在其中所起的不同作用。

以上情况说明，我国先民既善于创造又乐于接受新事物。在如此壮丽的历史遗产面前，怎能不使我们满怀自信地去开拓进取呢！不过话又说回来，倘使闭上眼睛假说一下：如果没有党的领导，如果未建立起中国特色的社会主义制度，如果未曾出现由于改革开放而形成的雄厚国力；总之，如果不是处在这样一个大有作为的年代，则任凭历史多么辉煌，现实中文化事业真正的兴旺发达也是渺乎难期的。所幸这类假设根本不存在，那么大家一致奋发，都撸起袖子来加油干吧！

（原刊于《世纪》2017 年第 6 期）

文化自信是创作的原动力

李前宽 *

文化自信与文化自觉，是从事文艺工作应有的素质，是创作的原动力，是成就事业之本。

五十几年前，由电影学院毕业何处去？当时有同学为能留在北京宁愿改行，舍弃所学专业。我爱电影，义无反顾来到东北，进入新中国电影摇篮，在这里跟随电影前辈感悟电影创作生产的真谛。从摄制组底层美术助理到科教片编辑，从故事片场记到副导演、导演，后来成为长影总导演。

李前宽

* 李前宽，中央文史研究馆馆员，著名导演，中国电影家协会名誉主席，已故。

当年我的抉择很重要，它确定了我毕生从事喜爱的事业坐标。

几十年来，一路艰辛努力，汗水与收获同在，每拍一部戏便是一次学习机会，一步一脚印。继承前辈坚持现实主义创作道路，深入生活、面向社会、服务于民的文艺创作传统。不忘初心，认准目标，矢志不渝奋力前行。拍摄了电影《佩剑将军》《黄河之滨》《田野又是青纱帐》《开国大典》《决战之后》《重庆谈判》《七七事变》《世纪之梦》《金戈铁马》和《星海》等，执导了电视剧《明月出天山》《苍天圣土》和《抗美援朝》以及大型实景演出《井冈山》和《太行山》等。

将镜头聚焦在民族历史与国家命运，以情真意切的笔触描绘推动历史前进的主人，是一个导演的神圣职责。

作品的成功是要付出代价的，敬畏历史、学习历史、努力实践，导演在二度创作中要充分调动诸多艺术元素，转化为气韵生动、感人至深的银幕形象。在践行中不断加深感悟与积累，锲而不舍地行动，是不断充实文化自信与文化自觉的过程。

拍摄电影《黄河之滨》，我们到山东鲁北贫困地区深入体察广大干部、群众的疾苦与心声。拍摄《田野又是青纱帐》，我们来到东北深山与农民分享改革开放的喜悦。拍摄电影《重庆谈判》和《七七事变》时，我们实地采访，考察史料，寻访当年国共双方的历史见证人，掌握一手资料，努力把握历史的真实性。拍摄电影《开国大典》，我们参阅大量历史资料片，访问当年毛主席和开国元勋身边的亲历者、老同志，努力思考如何把反映重大革命历史题材的主旋律影片拍得更具艺术性和观赏性，更具历史与审美价值。为让影片真实可信，诗情画意，更具视觉震撼力，我们找到了电影《开国大典》的艺术风格，即以历史的真实性与当代的表现性相结合的艺术手段，让资料片参与创作，化腐朽为神奇，采用色彩渐变的处理手法使作品更具真实性、历史性、文献性和艺术性，让作品更精彩。

拍摄天安门广场举行的“开国大典”是影片高潮戏，以历史真实为基础，艺术地呈现出有节奏的历史场景——旭日东升，在庄严神圣的“静场”中，毛主席率众开国元勋健步登上城楼，逆光拍下长长的身影铺洒在台阶上，中华人民共和国中央人民政府今天成立了！礼炮齐鸣，五星红旗在国歌声中冉冉升起，阅兵后，广场上万众欢呼雀跃，呈现一派沸腾的海洋。毛主席挥手高呼“人民万岁！”在主题音乐渐起时，绚丽礼花腾空而起，叠化出无数战士在炮火中缓缓倒下……以精心设计的这一大段层次分明的镜头语言，恰到好处地表达出新中国诞生的宏大主题。

毛主席率党中央由西柏坡迁入北平，原本是过场戏，二度创作时意识到这是反映我党由农村转入城市历史性的战略转折点，应用大浪漫手法给人以耳目一新的银幕震撼力。大远景，地平线上涌来数百辆载满战士的汽车和炮车，像汹涌的大海波浪滚滚而来，那隆隆的震响如万马奔腾，此刻天空飘来毛主席与女儿的对话：“爸爸，我们胜利了为什么不回延安而去北平呀？”毛主席笑道：“孩子呀，北平比延安大……”这时伴随震耳欲聋的震响，庞大车队迎向镜头，给人以时代洪流浩浩荡荡势不可挡的感受。

往日的积累，情感的融入和创作的深思熟虑，进入创作时的亢奋状态，对未来影片的效果预测，正是文化自信的必然。

习近平总书记提出“实现中华民族伟大复兴中国梦”是对近代中国历史的深刻洞悉，彰显了全民族的共同愿望和宏伟愿景，中国梦是民族的梦，也是每个国人的梦。有文化自信和文化自觉，才会有文化复兴。我们有博大精深的中华民族文化，是我们文化自信之源，我们有责任为之自觉地去传承、发扬光大，打造文化经典，推动中华文化走出去，自觉践行向世界讲述中国故事，向人类弘扬中国精神。

由我担任艺术总监的原创中国秀《西游记》，在全球招标中，击败美国著名舞台剧《蜘蛛侠》等多国实力剧目竞标，成功在澳门金沙城驻场落地，已于 2017 年 2 月 18 日成功演出。将中国经典著作用为素材，重新创作演绎，以多种极富中国元素的表演形式，配以最前沿时尚的灯光、舞美、音乐、多媒体和服装设计等。舞台空间变化莫测，剧情设计惊心动魄，令人叹为观止，极具视觉冲击力。把中国古典名著《西游记》的奇幻妙境一幕幕展现在观众眼前，向世界再现中国经典片段。

以中华传统文化经典为核心内涵作构思主线，通过现代活力和舞台表演等综合艺术整合起来，不仅会耳目一新且具有无限张力。文化自信增强了我们创作的动力。重塑经典，打造出一台深受不同肤色观众欢迎的原创中国秀《西游记》，让中华文化在中西方文化交流的“桥头堡”澳门占据一席之地。该演出好评如潮，场场爆满。美国和日本等国际知名演出部门纷纷发出邀请，希望原创中国秀《西游记》能在他们那里落地。精心打造的中国新经典演出，在当下竞争激烈的国际演出市场中，真正做到中华文化走出去。

作为一名文艺工作者，也是传播中华文化的使者，每每我参加国际电影节交流或率团携片参加中国电影走出去国际交流活动时，我为自己是一名中国文化使者而骄傲，我的背后是强大的祖国。她有悠久灿烂的文明，这种潜意识里的自强与自尊，是文化自信与文化自觉给予的力量。它是创作的原动力，激励着我勇往直前。

（原刊于《世纪》2017 年第 6 期）

文化自信植根于文化传承

陈祖武口述　苏永昕撰稿 *

我现在对待做学问是这样的态度，人到晚年，一要抓住有限的时间做事；二要学会做减法，优先做自己最想完成的事。我正在集中精力做的，可能是这辈子最后一桩重要的事，就是把我大半生研读《清史稿·儒林传》的札记整理出来。这项工作和我之前完成的《清代学者象传校补》（已

陈祖武

* 陈祖武，中央文史研究馆馆员，中国社会科学院学部委员、研究员；苏永昕，国务院参事室（中央文史研究馆）干部。

经由商务印书馆出版）是同一种类型，书名打算叫《〈清史稿·儒林传〉校读记》。为什么叫“校读记”呢？就是把《清史稿·儒林传》这300多篇传记里面出现的失误，一条一条地给它校出来，解释它失误在哪里，为什么会造成这样的失误，应当怎样才是对的。这项工作原来老一辈学者没有人系统做过。这对于清史研究特别是清代学术史研究是个缺憾，所以我现在正在做这件事。2018年春节前后主要文稿就能完工，但是还要做些后期工作，把所有稿子从头到尾再仔细看一遍，还得编个目录。

《〈清史稿·儒林传〉校读记》全部影印手写稿，大概要出3本。针对每一篇传，我有很多校记，有很多注释，并把《清史列传》附进去，有些失误多的传记一篇就有十几处。我用的底本就是中华书局出的《清史稿》，这套《清史稿》当初都是老一辈专家整理的，前辈完成的质量很高，绝大部分失误都不是整理过程中出现的，而是当年清史馆修书时出现的。

这项工作实际上也和“文化自信”有很大关系。中华优秀传统文化的传承发展就是要一代人做一代人之事，如果我们这一代学人没有这份自信，就不会去碰校读《清史稿》这个事了。在我看来，尽管是校正失误，但是做这件事只能增强而不会削弱我们民族的自信心。在今天的条件下，看一看老一代学人留下来的问题，我们这一代学人有勇气有能力去解决它，这也是文化自信。

中国学人向来就有“以天下为己任”的好传统。明清之际，顾亭林在《日知录》中提出“天下兴亡，匹夫有责”。他讲的“天下”两个字，既不是先秦时代天子治下的那个“天下”，也不是秦汉以后一家一姓的“天下”，他讲的是中华文明，他的“天下”已经有“文明”的含义。到了晚清，国家处在危难的时候，学术界又把顾亭林的“博学于文，行己有耻”拿出来。为什么拿出来？就是因为国家正在被列强瓜分啊！所以知识分子提出“行己有耻”，提醒国人要知道什么是羞耻。九一八事变后，在民族存亡之际，老一辈学人像章太炎先生站出来号召学习中国历史，整理中华文化，因为学人最懂得，只有中华文化不灭，神州家国才能存续。

现在我们的忧虑比过去少了，但是也还有忧虑。中华民族伟大复兴的蓝图不是画出来就可以顺理成章地去实现，没有这么容易！困难还多得很，要做的事还多得很。就像我们谈文化和文化建设，不是出几套书就解决问题了。出书只是一种方式，关键要能够春风化雨，要变成老百姓的思想才行。我们整理出版经典，目的是把经典的精髓普及到大众中去，所以出的书就要让老百姓喜欢读，这是个功夫。为什么自然科学系统那些院士可以写科普著作，而文科想把经典的精华提炼出来，深入浅出地讲出来，并不容易？因为文科积累不到一定程度你写不得通俗的，要写通俗的就变成一杯白开水，那样最要不得。

学问要经世致用，这也是我们中国学人几千年来一直坚持的好传统。北宋大儒张载讲的那四句话“为天地立心，为生民立命，为往圣继绝学，为万世开太平”，就是现在大家经常谈的“横渠四句”，总结了几千年来中国学人的优秀品质和责任担当。现在有的学者把这四句话叫作“横渠四句教”，不能这么叫，横渠先生这四句和王阳明那四句不能相互混淆，不能相提并论。王阳明讲的是“无善无恶心之体，有善有恶意之动，知善知恶是良知，为善去恶是格物”。确实叫作“四句教”。“横渠四句”的提法最早是冯友兰先生讲出来的，现在陕西的学者又进一步提出叫“横渠四为”，就不仅更准确恰当，而且言之有据，有历史根据。因为晚明思想家、有“关西夫子”之称的冯从吾在整理《关学编》的时候，就把张载的这四句话概括为“横渠四为”了。事实上，在张载的代表作《正蒙》里面是没有“四为”原文的，这四句话出现在《横渠语录》里。《横渠语录》是张载的弟子或是再传弟子为他编的，类似《论语》的体例。弟子从张载的思想中把这四句话提炼出来，就是“横渠四为”。晚明学者整理《关学编》为什么要提出和表彰“横渠四为”？因为时代需要。明代后期，国家已经出现危机了，所以说那也是为了解决现实问题而提出来的。这就是我们中华学人的好传统，虽然研究的是书本，但关注的还是社会现实问题，要为解决现实问题寻找出路。正如我们做历史研究，虽然选的题看起来很古老，但实际上最后要解决的问题都是当代的。

从这个意义上讲，作为国家培养的学人，我们都希望国家和民族兴旺发展。而我们的职分之所在，就是踏踏实实地做事情，把中华学术、中华文化从我们这一代传承下去，要让国家看到没有枉自培养我们，没有枉自聘任我们这些人做文史研究馆馆员。我做《清代学者象传校补》《〈清史稿·儒林传〉校读记》的出发点或者说“初心”，就是把老一辈学人的优良传统继承下来，把中华学术传承下去，使之发扬光大。

老一辈学人出现的那些偶然失误，主要是受时代条件所限，特别是时间仓促、相关资料还没有充分发掘出来等客观原因，这都是难免的。我们作为后学，绝不能够抱着专门找前人失误这样的心态。我们的目的是为了把老一辈的好东西传下来，发现他们的失误，尽量地帮他们改，改完以后，后人看到的就是一个更可靠的本子。清代乾嘉时期的钱大昕，是一位很有名的史学家、大学者，他不仅史学造诣高，还精通经学、文字音韵学，甚至自然科学他也做。钱大昕先生讲自己为什么要做《廿二史考异》? 这是一部不朽的史学名著，他遵循的是“实事求是，护惜古人”八个字，“护”是爱护，“惜”是珍惜。我做《〈清史稿·儒林传〉校读记》，就是沿着钱大昕先生的治学路径往前走。钱先生说得很好：“史非一家之书，实千载之书。”如果没有古人艰辛的开创，怎么会有我们今天读到的这些书？他们偶然的失误，那是历史造成的。所以我们今天做学问，一定要尊重、爱惜古人的劳动成果，实事求是地帮他们把失误找出来，改了，中国学问就传下去了。

（原刊于《世纪》2018 年第 2 期）

文化自信的理由

葛剑雄 *

恩格斯在马克思墓前的演说中指出："马克思发现了人类历史的发展规律，即历来为繁茂芜杂的意识形态所掩盖着的一个简单事实：人们首先必须吃、喝、住、穿，然后才能从事政治、科学、艺术、宗教等。"根据马克思主义历史唯物论的观点，一种文化就是一个特定的人类群体在特定的地理环境中长期形成的生活、生产、生存方式，在此过程中产生的行为规范、风俗习惯、价值观念、意识形态、宗教信仰等，以及相应的物质与精神产物。

中华五千年文明的起源和发展完全证实了这一历史唯物主义的论断。中华文明探源工程的结论告诉我们：5800 年前后，黄河中游（山西襄汾陶寺、陕西神木石峁）、长江中下游（浙江余姚良渚）、西辽河（辽宁牛梁河）出现文明起源迹象，5300 年以来各地陆续进入文明阶段。3800 年前后，中原地区形成了更为成熟的文明形态（河南偃师二里头），并向四方辐射文化影响力，成为中华文明总进程的核心与引领者。

文明的曙光出现在黄河中游、长江中下游和西辽河流域，不是偶然的。由于人类早期生产力低下，只能使用简单的工具，对自然条件的适应

* 葛剑雄，中央文史研究馆馆员，上海市文史研究馆馆员，复旦大学文科资深教授。

性有限，必须选择比较适宜的自然环境，尽可能利用天然的生活、生产、生存条件。在五六千年前，这些地区的气候、水文、植被、土壤、地貌、地形等都是比较适合人类生存和发展的，例如气候温和，降水或水源充沛，便于用水又能规避洪水，土壤肥沃疏松，或容易开垦，物产比较丰富多样，能就近获得建筑材料，便于与外界的交通等。

地理环境为人类早期文明的产生和发展提供了必要的条件，但在一定的范围内，并没有规定或限制文明发展的类型和程度。在同样的条件下，人群中的天才人物和杰出分子往往能发挥特别大的作用，把对地理环境的利用推到极致。传说和史籍记载中的黄帝、炎帝、神农、伏羲、尧、舜、禹都对中华文明的形成和进步起过巨大的推动作用。

早期中华文明如满天星斗，但有的逐渐暗淡，有的戛然而止，有的迁徙无常，唯有黄河中下游地区渐趋成熟，日益壮大，形成中华文明的核心区和引领者，并逐步扩大到全国各地。主要原因在于黄土高原和黄土冲积的平原地势平缓，土壤疏松，表面植被容易清除，使用简单的工具就能开垦耕种，能形成大规模的连片农业区，生产出足够的粮食和物资供养一个政治实体的全部人口，进而构成统一国家的物质基础。公元前 1 世纪的西汉，已经将疆域扩展到当时的全部宜农地区。与今天中国的领土比较，未包括在西汉疆域的大致只有青藏高原、蒙古高原和东北地区。而西汉未将它们囊括在内的主要原因，并非由于缺乏军事实力，而是因为在当时条件下这些地区无法进行农业开发或者适合农业人口居住。

随着人口的扩散和迁徙，以黄河流域为基地的诸夏（华夏）民系的生存空间不断扩大，或者因与其他民系融合而实际增加了夏华民系的数量及居住地，最终发展成中华民族的主体、世界上人口最多的民族汉族。以黄河流域为核心的华夏文明也逐渐覆盖全部农业地区，并最终为国内牧业地区所接受。正因为如此，北方牧业民族曾多次建立自己的政权并入主中原，甚至统治全国，但军事上的征服者最终成为文化上的被征服者，毫无例外地接受了华夏文明。

地理障碍使中华文明远离其他主要文明，因而在整体上没有受到外来文明的影响，保持了持续的稳定的发展。大航海带来了西方文明，帝国主义的大炮轰开了清朝的大门，中国遭遇了三千年未有之变局。但中华文明不仅没有中断，更没有灭绝，而是浴火重生，迎来了新的复兴。

五千多年的历史充分证明，中华文明发源于这片土地，植根于这片土地，最适合中国的地理环境和在这片土地上生活、生产和生存的人。中国由封闭到被迫开放，到积极自主开放；中国由专制封建社会转变为半殖民地半封建社会，通过革命进入新民主主义社会、社会主义社会；由农业社会过渡到工业社会，由农村为主而快速城市化；在这过程中，中国文化不断更新，显示了强大的生命力。这样的文化当然值得我们自信。

文化自信的另一个理由，是中华民族善于向其他民族、其他文明学习，能够不断吸收其他民族、其他文明的长处。用历史唯物主义分析，由于世界各地不同的地理环境千差万别，利弊并存，由此孕育的文化不可能十全十美，也不可能在所有的方面都保持先进。总体上先进的文明、文化，都是不断自觉地吸取其他文明的精华、学习其他文化的长处的结果。

中华文明探源工程的研究结果证实，自中华文明形成之初，就广泛吸收了外来文明的影响。如源自西亚、中亚等地区的小麦栽培技术，黄牛和绵羊等家畜的饲养技术，马的驯化、饲养和改良，以及青铜冶炼技术逐步融入中华文明之中，并被改造生发出崭新的面貌。如青铜，由主要用于制造工具演变为制造礼器，一方面使铸造技术更加完善，更为精湛，另一方面赋予青铜器更多的精神价值，使之成为艺术、文化、历史、制度、信仰的载体。

一些源于外界的产物、知识、技术、观念、科学、宗教，被学习、引进、吸收，已经成为中华文明、中国文化的一部分，以致我们长期忽视了它们的真正源头。如一直被视为传统文化时间系列指标的天干地支，根据西晋时郭璞的《尔雅》注，它们都有一个奇怪的别名：甲—阏逢，乙—旃蒙，丙—柔兆，丁—强圉，戊—著雍，己—屠维，庚—上章，辛—重光，壬—玄黓，癸—昭阳。寅—摄提格，卯—单阏，辰—执徐，巳—大荒落，午—敦牂，未—协洽，申—涒滩，酉—作噩，戌—掩茂，亥—大渊献，子—困敦，丑—赤奋若。这些词，除了个别能望文生义外，其他用汉字的意义根本是无法解释的。唯一的可能是它们本就来自另一个语系，只是用汉字记录了它们的发音。早已有学者注意到，巴比伦的黄道十二宫形成的时间早于中国的地支，而地支中某些别名的读音与巴比伦的发音非常接近。

如果说这个问题还需要寻找新的证据深入探究的话，大量源于其他文明、其他文化而早已中国化并被视为中国文化的一部分已是不争的事实，国人已习以为常。外来的佛教因为成功中国化而被中国民众当作本土信仰，禅宗更被文人视为一种中国文化。近代日本人用汉字翻译了大多数西方科学和人文的词汇术语，中国几乎照单全收为现代汉语词汇。

有学者注意到，夏朝的兴起与小麦的传入和推广同步，商人的崛起与战车的引进密切相关。十六七世纪以降，来自美洲新大陆的烟草、番薯

葛剑雄在 2018 年 11 月国务院参事室、中央文史研究馆举办的“国学论坛”上做关于坚持文化自信的专题发言（崖丽娟摄）

（红薯）、玉米、马铃薯（土豆）、花生、辣椒传入中国，并且很快普及。17 世纪初明朝的人口接近 2 亿，19 世纪中叶清朝人口已超过 4 亿，总人口一半以上的增量人口大多是由这些新作物养活的。今天中国已是世界上唯一能够生产全部工业产品的国家，但这些产品大部分并非原产于中国或是由中国人发明的。中国是世界上最大的商品出口国，但这些商品大多曾经是中国从外国进口的，改革开放以来才开始学会生产的。

“文明互鉴”就是不同文明之间可以并应该相互借鉴，其前提就是承认其他文明有值得借鉴、学习之处。正因为如此，在我们确立文化自信的同时，必须尊重、欣赏其他文明、其他文化的自信。这就是费孝通先生曾经倡导的“各美其美，美人之美”，在文化自信的同时，尊重他人的文化自信；在赞美自己的文化时，也赞美其他文化；这样才能“美美与共，天下大同”，不同文化、不同文明才能和谐相处，发展成人类命运共同体。

全面正确理解文化自信，真正确立文化自信，中国才能进一步深化改革开放，走向世界，复兴的中华文明必将在世界发挥更大的影响，为人类作出更大贡献。

（原刊于《世纪》2019 年第 3 期）

从传统民俗看文化自信

陶思炎口述　吴睿娜撰稿 *

忌讳数字“四”的风习由来

今天谈文化自信，一方面是从中国目前所处的国际地位和未来发展的愿景出发；另一方面，国内虽然经济发展，但是其实很多人还不太自信，经常会“恶心”中国人，“恶心”中国文化，对外来文化加以吹捧，全盘

陶思炎

* 陶思炎，中央文史研究馆馆员，东南大学艺术学院教授；吴睿娜，国务院参事室《国是咨询》原编辑部主任。

接受。有些现象大家是知道的，而有些已经悄悄融入一部分民众的行为之中。

比如说西洋基督教文化传进中国，圣诞节、情人节、万圣节，很多年轻人参与，这个不奇怪，大家知道这是西方基督教的，但是来自日本的东洋文化有它的隐蔽性。我举个最典型的例子，北京市公安局车管局在 2011 年公开宣布，根据车主需要取消带有数字“4”的车牌号，免得大家挑挑拣拣。当年，我作为全国人大代表写了一个提案，对北京市公安局“轰了一炮”，建议公安部要求各地不要跟风，重视和研究本地的文化传统。

“4”和“死”，在日语发音中是相同的。日本人忌讳“4”，他们没有 4 号病房，没有 4 号病床。随着东洋日本文化的传入和影响，“哈日族”首先通过港台媒介传入大陆，先在南方，然后到长江沿岸，再到北方，也就一二十年由南向北传播，几乎已覆盖全国，并被一般群众误认为这是中华文化的传统。

其实，数字“4”在中国文化中是吉祥数，在民俗生活中有“事事如意”的谐音理解。我们的古钱币上带年号的铭文也大多铸为四字，如“乾元重宝”“康熙元宝”之类。我们的成语多为四个字。我们归纳时间以“四时”（春夏秋冬）表年岁，我们归纳空间以“四方”（东西南北）表完整。过年吃的汤圆有“四喜汤圆”，文人用的笔墨叫“文房四宝”。我们罗列事物，往往习惯以“四”来概括，比如“四大传说”“四大名著”“四大美女”等。“四”在中国象征着吉祥和完美。

政府主管部门不能因照顾部分群众的脆弱心理而丢弃中华文化的传统，在客观上迎合外来的东西。在车牌号中取消“4”这种看似人性、实则媚俗的做法，会在更大程度上伤害国人的心理，有损我们民族文化的维护。当时我担心北京这样做了，全国各地效仿怎么得了。后来，人大提案委员会有同志给我打电话表示，这个提案内容已向公安部门反映。好在这件事没延伸到其他地方。

“除夕夜撞钟”并非中国民俗

还有一个现象，到现在还存在着。每年 12 月 31 日，现在还发展到农历的除夕，不少寺庙搞撞钟活动，说是除夕撞钟 108 下，能驱除 108 个烦恼。每到这个时候，一些不懂文化传统的群众就到庙里抢着去敲头钟、烧头香或听钟声。

其实，所谓的“除夕撞钟”是从日本传来的宗教民俗，传到我国的时间也只有三十几年，是在 20 世纪 70 年代后期由苏州寒山寺首先引进的。日本明治维新后，取消了中国的夏历，采用罗马历，把 1 月 1 日作为新年，但是过年的方式仍沿袭旧历年的风俗，日本人在 12 月 31 日“除夕”，会吃荞麦面条，一家人围着电视看“红白歌合战”的表演，并到寺庙听钟声。

佛教经中土传到日本后，稍稍有点改造，就是在除夕之夜听钟声，到寺庙去撞钟。而中国恰恰相反，在古代除夕之夜绝对不能到寺庙去。为什么呢？佛教传入中国是在东汉时期，当时它传来找到了很好的切入点，就是丧葬习俗。汉朝人事死如事生，隆丧厚葬，对死亡的习俗特别重视，因此佛教选择丧葬习俗作为楔入的机缘。于是最初的佛教图像出现在随葬品上，如摇钱树、魂瓶之上。佛教与道教逐渐形成了自然分工，约定俗成，道教管延生，佛教管往生，道教是让人延年益寿，做活人的事；佛教做丧葬之事，跟死人相关，所以阴气较重。因此明朝时的风水书在选址中提醒，“不宜居佛寺和神祠近侧……”就是说不宜居住在佛寺和神祠附近，因其与死相联，阴气较重。

中国人是怎么理解除夕的呢？除夕是旧历年的最后一天，是阴气最重的一个晚上，重到什么程度呢？月亮都看不见。以前南京的孩子说某事办不到，就会说：“除非三十晚上出月亮。”意指这一天的晚上看不到月亮，事做不成。除夕的阴气重到这个程度，月光都没有，因此，中国人怎么会选一年中阴气最重的夜晚跑到阴气较重的寺庙里去听钟声呢？显然，这不是中国的传统年节风俗。由于对自己文化传统的淡忘，可能很多参与的群众还以为是搞“非遗”保护了，民俗传统复活了。

除夕之夜到庙里撞钟，是从苏州开始的，而最初的动因是为日本的旅游团服务，让日本游客去撞钟或听钟，有在家过年的感觉。经媒体报道，除夕到寺庙撞钟活动渐渐被他地的寺庙所闻知，纷纷效仿，遂成风气。

在南京，曾经有寺庙搞过拍卖钟声的活动，第一响多少万，第二响多少万，108 响依次递减，越来越便宜，最后一响 200 元。这对我国的传统节日造成了一定程度的混淆和挤压，而且把金钱当作了参与的前提。在日本，我去考察过，除夕寺庙不仅不收钱，和尚还给你鞠躬，他们站在庙门口，进来一个人作个揖，鞠个躬，钟边上也有和尚，你每敲一下钟就给你鞠躬，不收费。

当今来自西洋的基督教文化和来自东洋的日本文化已进入我们的节日生活，有的作为新的节日补充到岁时活动中，有的则渗透到我们传统的节日里，甚至被不少人误认为是自己的传统。除了“除夕撞钟”外，“祝福千纸鹤”“寺庙挂木牌祈愿”等做法，也都是出自日本文化的影响。

阴历、阳历中的文化问题

回到文化自信上来说，我认为文化是有三个层次的，这三个层次必须同时关注。一是文化成果，二是文化活动或叫文化过程，三是文化精神。文化成果比如遗迹，这是历史的，也是现实的。光这个还不够，还要看到文化的过程，它是怎么产生、怎么传承、怎么沿袭的。有些成果是几千年来，甚至从原始文化时期开始积淀下来的，一直传承到今天。比如陶瓷的制作、彩陶图案绘制等，今天依然震撼，这体现为代代相传的动态过程。文化创作的动态过程以及由此形成的一些风俗活动往往被人忽略。最后就是文化精神。文化成果主要是满足使用，但使用中间它经过美学的改造，哪怕是一个器皿，一个茶壶，一个茶杯，它注入了审美的概念之后，已上升到精神的高度，比如宇宙观、人生观、道德观、价值观被赋予之后，使得文化更具内涵。

要将这三个方面统一贯穿，整体把握。我举个例子，像农耕文化中的“二十四节气”，最近被批准列入人类非物质文化遗产代表作名录。“二十四节气”，是按照地球在黄道上的位置划分的。黄道可以理解成地球围着太阳公转的轨道。“二十四节气”指导着传统农业生产和日常生活，是中国传统历法体系及其相关实践活动的重要组成部分。在国际气象界，这一时间认知体系被誉为“中国的第五大发明”。

20世纪50年代初，我国确定了中国的历法名称叫农历，沿袭至今，习惯上又叫作阴历。但实际上，农历与阴历是不同的，农历是阴阳合历。部分节气经更多文化因素的融入而发展为传统节日。例如，清明节就是出自二十四节气中的“清明”。“清明”两字，宋代陈元靓《岁时广记》说：“清明者，谓物生清净明洁。”每年的清明前后，正值阴历春分刚过，即将进入三月阳春之时。风和日丽、草长莺飞、万物复苏，一改冬季寒冷枯黄的景象，天地一片清净明洁。后人将祭祖、踏青等活动及寒食节并入其中，才使得清明由一个服务农耕的节气上升为一个重要的节日。

谈文化自信，对外讲，中华民族的历史发展到今天，文化没有钝化，仍继续对世界文明作出贡献，我们应该引以为豪。要继续走出去，扩大其传播空间，体现一个大国文化的存在和影响。对内讲，如何抓好文化教育，深刻认识和继承优秀文化传统，鼓励继续创造符合现代生活的新文化，从而砥砺我们不断前行和登攀，都值得我们好好探究。

（原刊于《世纪》2018年第4期）

从黄鹤楼诗赛感悟诗文化自信

俞汝捷*

俞汝捷

雄峙长江之滨的黄鹤楼，有着悠久而灿烂的文化。这文化体现在历史掌故、神仙传说、匾额楹联、建筑艺术、民俗风情等方面，其中最突出的是诗文化。正是当年崔颢的一首七律，使“驾鹤仙人”的传说变得家喻户晓，使“白云黄鹤”“芳草晴川”成为武汉的美好代称。自从李白发出“眼前有景道不得，崔颢题诗在上头”的慨叹后，此诗一直受到后世高度评价，宋代诗论家严羽甚至认为：“唐人七言律诗，当以崔颢《黄鹤楼》为第一。”而李白虽然声称“搁笔”，实际上还是作过多首关于黄鹤楼的诗，其中《送孟浩然之

* 俞汝捷，湖北省文史研究馆馆员，湖北省社会科学院文学研究所研究员。

广陵》《与史郎中钦听黄鹤楼上吹笛》等已是千古传诵的名篇。之后千余年中，更有众多骚人墨客来此登临凭眺，高吟低唱。他们或描述黄鹤楼的绝佳景致，或追怀它的仙踪传说，或赞美它的雄奇巍峨，或感叹它经历的世事沧桑。他们更借此抒发自己的报国之心、献身之志，他们对人生的思索、对友情的珍惜、对社会的观感、对大自然的热爱，无不通过笔底毫端倾吐出来。

2003年，黄鹤楼管理处邀请我和《长江日报》文艺部主任夏武全等探讨如何继承弘扬诗文化的问题。我当时刚完成《黄鹤楼碑廊诗注》一书，又受聘为武汉大学国学班开设诗词写作课，因此很自然地提出了举办诗词大赛的设想。在我看来，传统诗词的写作与吟诵，如同首批入选联合国《人类口头和非物质遗产代表作名录》的昆曲一样，属于“濒于失传或正在失传的文化表现形式”，如果不及早予以传承，特别是引导部分青年人学会写作、吟诵，说它会失传绝非危言耸听。与会者也都认为由一座以诗著称的历史名楼来举办诗赛，很有意义，于是商定由黄鹤楼公园和《长江日报》联合举办首届黄鹤楼诗词大赛，不久便成立组委会和评委会，拟定相关章程，在若干媒体刊发了消息和启事。

赛事虽确定下来，但能否办得成功，大家心里并没有底。令人不太有把握的是，在快餐文化流行、读书风气不浓的当下，有多少人会对诗词感兴趣？又有多少人懂得旧体诗词的格律，使作品达到一定水准？特别是受当年“非典”疫情影响，在景点游客减少的情形下，人们会积极参赛么？

我们的顾虑很快被证明是多余的。从刊登启事到截稿，只有一个月零八天。而参赛情况之热烈，作者心态之纯真，部分作品水平之高，都让人欣慰且感奋。据统计，在规定期限寄来稿件的有2000余人，作品逾5000首。作者队伍涵盖工农商学兵各行各业；稿件来自东西南北中直至大洋彼岸；参赛者从莘莘学子到耄耋老人不等，以《庐山雾》一举夺冠的是一位高龄九十的女教师。

为什么参赛者如此踊跃？唯一的解释就是，中华诗词对于海内外炎黄子孙有着磁石般的吸引力。不少人都在附信中表示，他们的目的不在于竞逐奖项，而是希望参与这一有意义的赛事，为传承弘扬祖国灿烂的诗文化尽点心力。一位曾获“印华书画比赛”绘画组冠军的古稀老人便从印尼万隆写来一封长信，说近 20 年来自己曾 10 次回祖国游览名胜古迹，而“每游长江三峡，必游黄鹤楼”。他参赛就是为了支持文化名楼的这一盛举，对于获奖则“并不存任何幻想也”。

从参赛作品看，有 380 多人不同程度地掌握诗词格律，接近参赛者总数的五分之一。这说明，相当多的人不但爱好诗词，而且认真地学写诗词。有些人寄出稿件后，经过推敲，又寄来修订稿。一位海外中医，先寄一首《菩萨蛮》，首句是“云阁峭峙临江色”，事后发现“阁”字是入声（按词谱这里须用平声字），于是又来信嘱将“云阁”改为“鹤楼”。还有不少作者表示希望作品能获得评点和交流，这就为以后编辑大赛作品选奠定了基础。

我忝列评委，而评审参赛作品也是一种审美享受，特别是一些高水平诗词，给人以深长的回味。譬如历来咏庐山的诗作甚多，而专门描写山雾的作品尚不多见。七古《庐山雾》以清新的笔墨摹绘了庐山云雾在清晨与黄昏、晴日与阴雨天的万千变化，抒发了对大好河山的一往深情。其对古风体裁的运用也娴熟老到，显示出深厚功力。又如同获一等奖的台湾作者的《玉楼春・将之澎湖留别》，将自身怀抱、彼此友情以及季节、景致都用一种优美含蓄的语言表述出来；虽然我们并不了解其写作的具体背景，但读后仍有余香在口之感。获二等奖的几首诗词也都各有千秋。《七古・簰洲悼歌行》以感人的笔触描述 1998 年特大洪灾降临时惊心动魄的场面，讴歌了子弟兵舍身救人的崇高精神。《七绝・渔光曲》以竹枝词的形式表现渔家生活，笔调轻盈而富于情趣。《南歌子・辛弃疾飞虎营旧址》于咏怀古迹中寄寓深沉的感慨。《水调歌头・登黄鹤楼》由昔思今，因巧妙地将李白的“故人西辞”和毛泽东的“把酒酹滔滔”入典而别具新意。《沁园春·登黄鹤楼》则由今追昔，充满乐观向上的精神。

现在，黄鹤楼诗词大赛已连续举办 8 届，前 5 届的获奖作品已辑成《黄鹤新咏》一书出版。从最初倡议举办诗赛，到多年关注赛事，个人感悟颇多，归纳起来，大致可谈三点。

一是从社会反应感受到诗文化自信。年轻时读傅雷翻译的丹纳《艺术哲学》，有段话曾给我留下深刻印象："我们隔了几世纪只听到艺术家的声音；但在传到我们耳边来的响亮的声音之下，还能辨别出群众的复杂而无穷无尽的歌声，像一大片低沉的嗡嗡声一样，在艺术家四周齐声合唱。只因为有了这一片和声，艺术家才成其为伟大。"文学史的演进告诉我们，文体的生命决定于它对创造主体和接受主体的适应力。一种诗体，当很多人都乐于采用，更多的人都乐于欣赏时，那种旺盛的生机是谁都抑制不了的。反过来，如果某种诗体在作者和读者两方面都引不起兴趣，那肯定是气息奄奄、日薄西山了。10 多年来的诗赛，让我们真切地感受到群众参与的热情，听到他们"复杂而无穷无尽的歌声"，联想到去年央视"中国诗词大会"节目引起的巨大反响，我们的确有理由相信，诗词在新时代，在我们伟大的国度，方兴未艾。

二是以自信心理去认识和弥补诗文化的不足。与群众的热情参与形成对照的是，参赛诗词中诗味浓郁、技巧纯熟的作品毕竟还不多，像《庐山雾》那样的功力深厚之作更是凤毛麟角。联想到现在的书画家普遍不擅题诗，而央视"中国诗词大会"节目中一位评委的即兴之作竟然也是格律全错，说明在诗词知识的普及与提高方面还有很长的路要走。我们不应满足于诗赛的热闹，而应以充分的自信，通过有效的方法途径，切实提高人们的诗词修养，将诗文化的传承不断引向深层。

三是将诗文化的未来寄望于青年。黄鹤楼诗赛从首届开始，就于一二三等奖之外，特设新人奖，以鼓励学生中的诗词爱好者。首届诗赛期间，作为一项助兴活动，我还曾将武大国学班的学生带到黄鹤楼碑廊，现场讲授景点诗词的欣赏与创作。事实证明，大中学生的积极参与的确给活动带来一股青春气息，一些作品的活泼清新也让人耳目一新。联想到央视“中国诗词大会”节目中年轻选手的优异表现，让人不禁想起刘禹锡的名句：“芳林新叶催陈叶，流水前波让后波。”有青年一代的接棒，悠久而灿烂的诗文化必将在新时代得到传承，发扬光大。

（原刊于《世纪》2018 年第 3 期）

中国电影发展之路与文化自信

仲呈祥 *

40 年前，当我正而立之年，由蜀入京，先随恩师朱寨先生治中国当代文学思潮史，紧接着又拜著名电影史家钟惦棐先生梳理中国电影史。在中国文艺思潮宏大背景下的中国电影发展的优秀历史传统、艺术积淀，令我

仲呈祥

* 仲呈祥，中央文史研究馆馆员，著名文艺评论家。

对文化自信、文化自觉有了更实在、更深刻的理解。

我师从钟惦棐先生，致力于发展繁荣中国电影40年，对电影感情尤深。电影是舶来品，中国电影的历史不过110年。但要把准中国电影的发展方向，确须学习、领悟、践行好习近平总书记2013年8月19日在全国宣传思想工作会议讲话中作出的“四个讲清楚”中关于“要讲清楚每个国家和民族的历史传统、文化积淀、基本国情不同，其发展道路必然有着自己的特色”和“独特的文化传统，独特的历史命运，独特的基本国情，注定了我们必然要走适合自己特点的发展道路”的指示，确须对中国电影的优秀历史传统、艺术积淀和所处的基本国情保持清醒的文化自觉和充满坚定的文化自信。

讲中国电影，离不开上海，上海是中国电影的发祥地。110年的中国电影，确实需要讲清楚的优秀历史传统和艺术积淀都离不开上海。连世界电影史家都公认，中国电影史上的第一次高潮发生在20世纪40年代前后，以问世于上海的《一江春水向东流》《乌鸦与麻雀》《十字街头》《八千里路云和月》《小城之春》等优秀影片为标志，以白杨、刘琼、上官云珠等杰出演员为代表，令中国电影的美学品位与历史品格达到了当时世界电影一流水平。这是应当让我们自觉珍视并充满自信和自豪的。即使到今天，找张碟重温一次《一江春水向东流》，你也定会被其间流淌的浓郁的家国情怀所深深感动；再品味一遍《小城之春》，你还是禁不住为戏中男女主人公两性间纯洁真挚的恋情伤感。记得20世纪80年代中期，我曾有幸随以白杨为团长、刘琼为副团长的中国电影代表团出访新加坡，听白杨讲起当年她主演《一江春水向东流》、听刘琼讲起他塑造的文天祥形象，洋溢着满腔的文化自信与自豪，至今仍历历在目。而新加坡的华侨在机场迎接我们，把白杨和刘琼两位簇拥在中心，欢呼跳跃，迸发出对中华民族优秀电影文化传统的由衷热爱！

新中国诞生后，在党的领导下，电影家继承了这种进步电影传统，上海的导演谢晋，时代呼唤爱国主义，他便执导了由刘琼、秦怡主演的《女篮五号》；人民需要忆苦思甜，他便拍出了《舞台姐妹》；党号召继承发扬革命传统，他又带着祝希娟深入海南岛生活，创作出至今仍成为海南岛一张文化名片的《红色娘子军》。至于全国各地，创作了如《青春之歌》《红旗谱》《山间铃响马帮来》《我们村里的年轻人》等一批优秀作品，仅在新中国成立十周年时就上映了一批如《北国江南》《早春二月》等力作。这些电影，主流是写人民、为人民、服务于人民的，可以概括为继承了20世纪40年代前后进步电影传统与时俱进地发展为共和国的人民电影传统。

改革开放后，伴随着现实主义文艺复苏，中国电影迎来了生机盎然的春天。举上海个案，谢晋“站在小说家肩上”，一发而不可止地把鲁彦周的同名小说《天云山传奇》、把张贤亮的小说《灵与肉》(改编为电影《牧马人》)、把古华的同名小说《芙蓉镇》搬上了银幕。吴贻弓也执导了《巴山夜雨》《城南旧事》等诗化电影。西安电影制片厂举起了“西部电影”旗帜，把镜头对准了西部底层人民群众。吴天明执导的一部根据路遥的同名小说改编的电影《人生》，引发了全社会观众对“主人公高加林进城后是选择青梅竹马的刘巧珍对呢，还是移情别恋攀附权贵之女黄亚萍才有前途呢”的大讨论，从而提升了全民族的道德素养。之后，《野山》《黑炮事件》更是把现实主义深化的电影创作推向了新的高度。还有长春电影制片厂这个共和国电影的摇篮，以一部根据谌容的同名小说改编的电影《人到中年》，靠潘虹出色塑造的医生陆文婷形象深入亿万观众心，激荡起一股推动党的知识分子政策大踏步落实的浪潮……所有这些，都可以概括为继承了进步电影、人民电影历史传统与时俱进地发展成为具有现实主义反思意味的新传统。

今年我到共和国电影的摇篮长春电影制片厂学习参观，昔日的厂区已卖掉不少，但唯留一幢的老楼改建成了一座极有价值的电影博物馆，陈列着该厂新中国诞生以来创作的一系列哺育像我这样一代人精神成长的优秀影片，如《白毛女》《兵临城下》《钢铁战士》《董存瑞》《吉鸿昌》《开国大典》《山间铃响马帮来》《我们村里的年轻人》……这种可贵的文化自觉与文化自信多么值得我们继承发扬。

习近平总书记在中国文联十大、中国作协九大开幕式上的讲话中殷殷嘱咐我们："历史是一面镜子，从历史中，我们能够更好地看清世界、参透生活、认识自己；历史也是一位智者，同历史对话，我们能够更好认识过去、把握当下、面向未来。""历史和现实都表明，一个抛弃了或者背叛了自己民族历史文化的民族，不仅不可能发展起来，而且很可能上演一幕幕历史悲剧。文化自信，是更基础、更广泛、更深厚的自信，是更基本、更深沉、更持久的力量。坚定文化自信，是事关国运兴衰、事关文化安全、事关民族精神独立性的大问题。没有文化自信，不可能写出有骨气、有个性、有神采的作品。"这话讲得多透辟啊！我在这里仅透过中国电影110年历史的简略回忆和与创造中国电影优秀历史传统的智者的诚挚对话，不是能够帮助我们认清世界大势、参透电影创作与鉴赏的本质，从而摆正电影工作者的位置并明确肩上使命吗？不是能够启迪我们珍视中国电影的优秀历史传统、把握当下电影创作与鉴赏的正确导向、真正坚持走有中国特色的社会主义电影发展道路吗！只有讲清楚并自觉珍视中国电影的优秀历史传统，才能真正树立对走有中国特色社会主义电影发展道路的充分自信；而有了这种充分的电影文化自信，才能确保"事关国运兴衰、事关文化安全、事关民族精神独立性的大问题"的中国当代电影行进在有中国特色的社会主义康庄大道上。只有在"各美其美"的基础上"美人之美"，才能"美美与共"，进而实现"天下大同"。中国电影的健康持续繁荣，必须坚持走有中国特色的发展道路，必须坚持"以文化人、以艺养心、以美塑像、重在引领、贵在自觉、胜在自信"。

（原刊于《世纪》2017 年第 5 期）

对国学和儒学应有正确的定位和宣传

钱宗范 *

文化自信是实现中华民族伟大复兴的思想基础。文化自信建立在对民族传统文化的正确认识、定位和宣传的基础之上。近年来国内学术界讨论最多的是国学和国学的基础儒学，全国出现了学习国学热和儒学热。在这一学习宣传热潮中取得了很大成绩，但也存在不少值得思考的问题。本文就国学和儒学的学习和宣传中应如何正确定位，谈谈个人的看法。

钱宗范

* 钱宗范，广西师范大学历史系教授，广西儒学学会名誉会长。

中国古代从未有国学一名。春秋战国时期百家争鸣中出现了儒、墨、道、法、名、阴阳、兵、农、纵横、杂十家。先秦儒学、两汉经学、魏晋玄学、隋唐佛学、宋明理学、清代朴学，成为中国历代主要的学术流派，均以儒学为基础。国学是新文化运动后，一批文化人士从西方资本主义进步史观出发，重新审视中国传统文化，认为不能全部否定，应合理地继承弘扬，而提出了“整理国故”的口号，所以就提出了“国学”一名。顾名思义，国学是指中国古代国家倡导和流行的学问。从唐太宗时代开始编订《隋书·经籍志》，到康乾盛世时乾隆主持下由纪晓岚等编成的《四库全书》，把中国所有的学术和图书分成经、史、子、集四大部类。所以，国学研究的内容即古代的经、史、子、集。国学不是一门单独的学科，其内容庞杂，源远流长，当然不可能作为一门学科在大学开设。国学带有时代性、阶级性。近年来，北京有学者提出当代对传统文化的正确称呼应是华学，不应再如民国文人那样称国学。我本人在南宁《创新》杂志 2015 年第 1 期发表文章，认为以华学代替国学，是很科学的称呼，有利于增强各民族及海内外所有炎黄子孙的团结，共同振兴中国传统文化。

既然国学研究内容是中国古代传统的经、史、子、集，那么究竟在古代起了什么作用？应如何正确定位和宣传？我提出几点看法。

一是国学的内容是研究经、史、子、集四大部类，而经学和史学是其中的基础，经和史对中华五千年文明长盛不衰起了不可替代的进步作用。“经学”一名源于汉代，其核心是孔孟创导的儒学。今天全世界已开设了 500 多所孔子学院，孔子思想传遍世界。孔孟倡导的儒学，儒字从字形上看是人人必需的学问，确是如此。我在《求是》杂志 1990 年第 24 期发表《浅论中华民族的民族精神和文化传统》一文，认为中国历史文化传统“其核心主要是强调人与人之间的和谐、友爱、恭敬、克己、利他、温和、谦让、互助、合作、团结的一种群体主义、人道主义的历史文化传统。它与西方资本主义提倡的个人至上、金钱第一、自我核心的文化传统正好相反”。孔子所言的“爱人”“和为贵”“己所不欲、勿施于人”“己欲立而立人、己欲达而达人”；孟子倡导的性善论、民贵君轻论；在世界上最早把人与人、社会与社会、国与国之间人文主义、人道主义、和谐相处、共同发展的思想放到了治国理政齐家的最高处。这一思想到汉代定于一尊，称为经学，以后历代成为中国的统治思想。中国对内强调以善为本，互助友爱，爱家爱国，自立自强；对外奉行以和为贵，和谐共处，和平交流，共同发展。中国古代创建的丝绸之路和海上丝绸之路，对世界文明进步起了重要影响。中国自古主张自立自强自卫，从不畏惧外来势力的侵略，几千年来一直以东方文明大国自立于世界民族之林，这都与以经学即儒学为核心的中国传统文化的主导地位分不开。史学在中国古代特别发达，年年修史、代代修史、家家修史，成为传统，保存了全世界最丰富的历史资料，中国传统文化是“家国合一”，把祖宗的开拓、历史的传统、治世的得失看成治国理政安民最重要的经验和借鉴。唐太宗说：“以铜为镜，可以正衣冠；以古为镜，可以知兴替；以人为镜，可以明得失。”他虚心纳谏，开创了贞观之治，奠定了唐代繁荣的基础，这是与把史学定为经学之后的第二位，重视学习和借鉴历史经验分不开的。宋代名臣司马光编了《资治通鉴》，这部供皇帝借鉴，以资治世之用的编年体历史巨著，产生了重大的影响。今天，以习近平同志为核心的党中央提出“一带一路”倡议，在借鉴我国古代开创的丝绸之路、海上丝绸之路和平、友好、合作的经验基础上进行的伟大创新，得到全世界100多个国家和地区的热烈响应。我国今天讲国学，应以经（儒）、史为核心，必将对当今中华民族伟大复兴的事业产生积极影响。

二是国学和儒学的宣传内容应该包括少数民族的文化。国学包含经、史。经源于儒，而孔孟倡导的儒学，很多包含了少数民族的学问。孔子曾多次向东夷族小国学文化，孟子认为大舜原为东夷之人，文王为西夷之人，都是历史的事实。中国历史，是汉族和各少数民族共同创造的历史。我在广西工作了50多年，深感广西壮、瑶、苗、侗等少数民族传统文化的丰富多彩，广西也成为我国民族团结的模范、维护统一的模范、社会稳定的模范。史学界早就提出中华民族始祖不能只提炎、黄，而是炎、黄、蚩尤这三祖应予重视。

三是对国学和儒学的内容应予以科学的评价，不是全盘继承，而是批判继承。孔子是古代世界伟大的政治家、思想家、教育家，20 世纪末已被联合国定为世界古代十大文化名人之首。孔子思想是珍贵的历史文化遗产。但是，正像任何历史伟人都有时代局限性一样，孔子也受到当时他生活时代的局限和阶级的局限，他讲的有些话在今天看来并不科学。如《论语》中所记的孔子说“死生有命、富贵在天”“唯女子与小人难养也”等，宣扬了天命论和轻视妇女的思想，因为这本身是春秋时代的社会现实，今天应予以科学说明。至于封建社会后期编的蒙学课本，如清代人写的《弟子规》，既有精华，也有糟粕，如里面所说的“事死者，如事生”，宣扬了“三纲五常”“三从四德”，鼓吹妇女守寡，从一而终，是必须予以批判的。要把宣传封建礼教的书和孔孟思想区别开来。

四是正确评价中国传统文化和西方先进文化。以孔孟思想为核心的中国传统文化，当时称儒学，到唐代以后经、史、子、集四部学问成为学术的正统，民国时学者研究它们，称为国学。中国传统文化对五千年文明的传承发扬，对中华民族生生不息自立于世界民族之林，产生了巨大的积极的影响，也成为实现中华民族伟大复兴的中国梦的历史文化基础。我们不能崇洋媚外，要看到西方资本主义文明的进步性以及在其发展过程中的侵略性、奴役性、掠夺性。世界上最早提出人文主义、人权主义、人道主义思想的，是中国的孔孟，今天中国实现了历史上从未有过的最广泛的真正的人权、民主、自由。另一方面，教育要面向现代化，面向世界，面向未来。我国实行社会主义改革开放，学生要学习古今中外人类创造的一切知识，西方国家的先进科技文化知识，我们要积极学习，努力吸收，所以“三个面向”是当今学生学习的重点。当前教育的重心是面向现代化，面向世界，面向未来，才能培养实现改革开放和中华民族伟大复兴的优秀人才。现在有的地方到处办国学班，乱收高额学费，没有对国学作正确定位和评价；有的地方把学校的礼堂改名为“国学堂”，似乎学生要学的就只是国学，都是不妥当的。

总之，对国学和儒学应有正确的定位和宣传，对正确弘扬民族优秀文化传统，树立高度的文化自信，实现中华民族的伟大复兴，是十分重要的。

（原刊于《世纪》2018 年第 2 期）

文化传承离不开扎实深厚的“功底”

陈永正口述　沈飞德　周峥嵘采访整理 *

出版：敬业造就高品质

能在上海古籍出版社出版一本书，是每个学者的荣光。我认为就我所在的专业领域而言，中华书局和上海古籍出版社门槛是最高的。1985 年左右，上海古籍出版社向我约稿，写一本黄庭坚的诗歌选注。这本书我原本在香港、广东出版过。上海古籍出版社看了这本书，觉得应该在上海出一下，要改写一下。一本薄薄的小书，我也没有很在意，因为很熟悉，改头换面一下就完成了。结果出版社多次写信跟我商讨，有些

陈永正

* 陈永正，广东省文史研究馆馆员，中山大学中国古代文献研究中心研究员；沈飞德，上海市文史研究馆副馆长兼《世纪》主编；周峥嵘，上海市文史研究馆干部。

字眼改动，非常细，当时我就很感动。

还有上海辞书出版社让我更感动。那时《唐诗鉴赏辞典》影响很大，出版社约我写了两篇鉴赏文章。后来又搞《宋词鉴赏辞典》等鉴赏系列。那时编辑是汤高才先生，我写了鉴赏文章给他，每一章每一篇他都提了很多具体意见，我写了有五六十篇之多。那时我们都是书信往来，有时一周一封信，每封信有两三页纸，这么负责任，我真是很感动。所以我认为到目前为止，《唐诗鉴赏辞典》《宋词鉴赏辞典》在全国还是一流的，虽然后来其他出版社也陆续推出相似的辞典模仿它，但没有能超过它的。

我还有几本书是在上海古籍出的，《山谷诗注续补》《王国维诗词笺注》《屈大均诗词编年笺校》《诗注要义》，我总共在古籍出了5本。编辑也是很让我感动的。其中有个编辑叫祝伊湄，她做《屈大均诗词编年笺校》的责任编辑。这本书十几年前我在广东的中山大学出版社出过，这次是重版，我把原版拿去了，结果她发现好多错字。那时我做主编，学校几个老师一起写的，专门有人做校对，我相信他，我没看，就出错了。我们那时有具体分工，我负责编年和笺的部分，觉得校对相对容易，应该放手让年轻人去做。祝编辑和我电脑通信几十个来回，弄得我非常不好意思，书出版后，我特地写了一幅大的毛笔字送给她，还用毛笔写了封信表示感谢，说如果不是你的认真，这本书就要出丑了，表达我的歉意和愧疚。《诗注要义》也是这样，编辑找出六七个错字。我跟上海这两个出版社打交道，觉得它们不愧是全国一流的出版社，编辑敬业。我跟广东和其他地方的很多出版社打过交道，也出过好多书，但没有一家像上海这两个出版社的编辑这样负责认真。比如广东的出版社，编辑也想认真，我算老顾客了，出过好几本书，不是编辑不愿意做好，还是水平问题。我在《诗注要义》里面有一章批评广东的某家出版社，很不客气，说“有笺注书以来，没有一本差得过这本”，当然里面我也举了我的很多错误，指出来是哪里错的。不能隐瞒，自己错了就是错了。

恩师：“从头学起”的教诲

我的老师李天马先生是上海文史研究馆馆员。20 世纪 60 年代我跟李先生的时间并不太长，他 1962 年就到上海了。1959 年、1960 年左右我随父亲拜访李天马先生。我父亲是李先生的朋友。

李先生留给我的印象，第一，他是谦谦君子，讲话非常温和，老是笑眯眯的。第二，我 4 岁 9 个月开始拿毛笔写字，上私塾，后来念中学也学毛笔字，我跟李先生的时候是在念大学，也是天天练字。第一次和李先生见面，我拿着自己的作品一大叠去见李先生，他说了四个字：“从头学起。”那时候年轻，对老先生是崇拜的。我觉得有个好处，就是有一些老先生在，有权威。老先生说的话是听的。我跟着朱庸斋先生学诗词，之前学了好多年，老先生也是四个字“从头学起”。两位老先生都是说“从头学起”，对我震撼很大。

在书法上李先生指导我，一点怎么写，一横怎么写，一撇怎么写，怎么起笔，怎么收笔，怎么提按。我就模仿他，跟着学。那时他问我写什么字帖。我说学《兰亭序》、苏东坡。他告诉我：不要学。打基础不是学这两本帖，你写一辈子《兰亭序》你也学不到，而苏东坡是很好的，但绝不能学，个性很强，一学就完了。那学什么呢？还是先打架构，《九成宫》打架构。他说，你写颜真卿也可以，写柳公权也可以，但是我建议最好还是先写《九成宫》，它笔笔严谨，每个笔画都有出处，都有讲究。每个字的结构都很严格，一定要学。他说，一点里面“一波三折”，每个书法家都有讲究。我看书法不用看什么，就看一点写得好不好，就知道他有没有本事，不用看太多，最多看一个字就够了。一个字写不好，整篇就写不好。一点写不好，就说明他们没有基础。这句话前几天我跟中大一个老师说了。一个教授，退休以后写字，拿了书法给我看。我把李先生当年说的话重复了一遍，我说：你现在 60 多岁了，不像年轻人了，有两条道路，一条你继续乱写、乱练，度过晚年无所谓，要学得好，还是从头学起。我当年 19 岁，从头学起还是可以。

诗词也是这样，我写了 100 多首给朱庸斋老师看，他也是说“从头学起”。后来李先生说要给我介绍一些朋友。第一个就是马国权先生。他是容庚先生最早的研究生之一，也是书法家。广东书法篆刻研究会就是马国权他们创立的，我是最早的会员之一。我年轻时想加入广东书法研究会，就写了封信给老先生，说我很想加入这个会。老先生回信说：我看你目前的书法水平不足以加入，还要学，水到渠成。这封信我的《岭南书法史》也收了。后来他又写信给我说找马国权先生说说看。两年后，也就是 1966 年，马先生介绍我加入了广东书法篆刻研究会。

李先生到上海很关注我。1962 年我大学毕业后分配到广州第三十六中学担任语文老师兼书法教师。当时广州举行中学生书法大赛，我指导的 6 位学生包揽一等奖。李先生知道我的学生获奖后非常高兴，手书了 6 幅书法作品送给这 6 位学生。20 世纪 80 年代，我和同窗张桂光一道来上海拜访李先生，李先生非常开心，主动送给张桂光一幅字。

老一辈非常重视传承，不收钱，还送字帖。现在很多先生做不到。李先生待学生非常诚恳，从来不收钱，随便写字送人。他喜欢这个学生就写字。他临走时，送我一张书法作品，我当宝贝一样珍藏。

李先生的书法成就比较高，但更重要的是他在书法普及、教学与书法理论方面的贡献。他编《笔法图》，20 世纪 50 年代教学时油印的，后来很多人模仿他，这本书讲述如何起笔与收笔，我看很多后来讲笔法的书都脱胎于此。《笔法图》专门写欧体，潜在影响很大。李先生整理张伯英的一些书，出过小册子。我觉得李先生的小册子中有大学问。李先生在书法理论方面，撰成《张氏法帖辨伪》《余氏书录辨伪》等著作，移居上海后继续书法理论及创作的探讨。20 世纪 60 年代初，我国拍摄的第一部书法教育片《写好毛笔字》，由李先生作示范教学。80 年代拍摄的以王羲之为主题的故事片《笔中情》，李先生又应聘为特邀顾问，影片中的书迹，多为其手笔。

我的老师容庚先生对天马先生影响很大。李先生关于法帖方面的见解，与容先生交流沟通，容庚先生对其有很多指导。天马先生将容先生作为老师看待，关系密切。李先生经常到容先生家里借法帖来看，比如《张氏法帖辨伪》《佘氏书录辨伪》都是借容先生的藏书后写成的。

书法：先有普及才有提高

我认为上海书法界是引领全国潮流的，一个是《书法》杂志对我影响很大，20 世纪 80 年代就办杂志，里面很多知名作者如周志高先生、戴小京先生等；一个是周慧珺先生对书法普及的贡献相当大。从 20 世纪 70 年代后期到 80 年代，周慧珺先生书法与沈尹默先生书法相比，更平民化、更通俗化，让人家更容易学。学周体书法的人很多，在全国影响很大。我觉得书法最重要的在普及，没有普及，也就没有提高。我什么时候悟到这个道理呢？我年轻时关注精英的东西，要最好的。20 世纪 80 年代中期，我楼上一位中大体育系教授跟我说中国足球之所以水平不高，是因为足球人口少，而巴西足球人口多，人人看球，很多人踢球。我就马上领悟到书法也是这个道理——先有普及才有提高。大量人学书法，假设 5 亿人学书法，其中有 1000 万人写得好的，1000 人写得很好的，有 10 个人写得极好的，大师级的，那么就不辜负这个时代了。我认为周慧珺最大的贡献并不在于她个人书法上面的突出成就，在于其字帖影响很大，全国的弟子、私淑弟子很多，后来这些人尽管不一定成为书法家，但他们也成为书法人口的一部分。如果全国有 100 万人学周慧珺先生，那一定就有很多成为书法家了。《书法》杂志在书法理论上是最早的，影响很大，虽然后来有其他杂志影响也很大，但其启蒙之功、发蒙之功是很重要的。

书风：文化根底不可缺

李天马先生曾语重心长地对我说，不要光学书法，还要学诗词。他提笔写一封介绍信，“庸斋先生：今有弟子陈某某……”让我拿这封信拜访朱庸斋先生。结果李天马先生这一句话，影响我一辈子。

在我看来，李先生他们不光是书法家，还是文人、文化人。李先生不是诗人气质，不写诗，但他读诗、看诗，读古文。他曾指出我信中的用典错误。我印象很深刻，那时李先生到上海后，我曾给他写信，信中说到“您到上海，广东书坛‘将军一去’”。李先生回信告诉我说不能用这个典。这句话“将军一去，大树飘零；壮士不还，寒风萧瑟”，我本来意思是说李先生到上海，广东书坛寂寞了。李老师说要看这个典的出处，大树将军去了，是讲冯异去了，荆轲刺秦王去了，这典不吉利，用典不确。典故要有原典的意义，不能只用字面意义，不能断章取义。李先生写《张氏法帖辨伪》有很大学问在里面。我一辈子都感谢他介绍朱庸斋先生教我诗词。我跟朱先生之前，也写了好多诗词。朱先生是近代一流诗人，上海的冯永军先生写了《当代诗坛点将录》，安徽社科院刘梦芙先生写了《“五四”以来词坛点将录》，将朱庸斋先生点为一百年词坛五虎将之一。我那时每周去听课，朱先生讲两个钟头。他也是广东省文史研究馆馆员。

自古以来，没有纯粹的书法家。书法家都是政治家、文人、诗人、画家，总之都是文化人，书法是一种工具，表情达意。书法家写书法，最终目的是用来表情达意。而当代不一样，书法成为艺术，成为专业，成为专门家的“业”。专门书法家重视具体的“器”。古人讲道和器，器用来载道。形而上是道，形而下是器，好比道是茶水，器是杯子。但当代，器和道往往分开了，书法成为艺术，书法家讲究技巧，讲怎么谋篇布局，怎样用笔、怎样用墨，搞结体，最后的目的是成为书法家，成了名，名气越大，书法卖得越贵，古人没有这个概念。

有一次李天马先生问我，要不要沈尹默先生的书法，我说好啊，我师兄骆墨樵也说好。李先生说：“我请沈老写书法，他很乐意。不过你们作为后辈，为表尊重，表达敬意，要送点东西，送钱也可以。”我问送多少钱，他说让我们送 10 元钱就可以，那么大一张书法。那时我的工资是 59.5 元，工资的六分之一可以有一张沈老的书法，现在不可想象。沈老是不要钱的，当然现在书法家写书法养活自己也是合理的，是专业。

我认为，很多书法家不讲文化，光讲技巧，要出大问题。不光是错别字问题，还有风格问题、书风问题。书法作为一门艺术，最重要的是风格。风格的形成是内在的，和你的感情、文化修养、笔墨功夫、审美观念、社会地位等很多因素相关，经过长期训练慢慢形成。而当代书法家很多不读书，写错字不以为耻，反而辩驳书法是艺术，错字正常。没有文化修养，只会抄唐诗宋词，而且抄错字，怎能形成个人风格呢？成不了风格怎么办？只能制造特征，玩弄技巧、花样。特征并不是风格。我们广东书协主席张桂光先生有一个形象的比喻，一个女孩子，漂亮只是外表，内心的东西反映在相貌里，你的精神反映在相貌里面。有些把眼睛弄单了，鼻子弄歪了，特征很明显，但并不是风格。我多次强调，一个艺术家最重要是有风格，但不要创造风格。风格不是创造出来的，是慢慢长期形成的。我甚至觉得，你没有风格都无所谓，有风格要天赋很高的

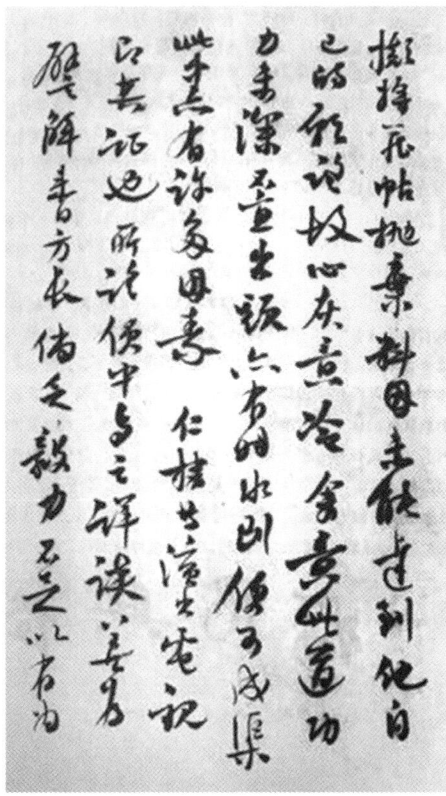

20 世纪 60 年代，李天马致陈永正信札（局部）

人，一般人继承传统，继承得不错就可以了。我要求书法家呢，第一是学好传统，把传统完全继承下来，绝大多数书法家把传统继承好就可以了，天赋高的人可创造出一点点风格。天赋绝高的人、天才可以独树一帜，创造出书体。

什么是文化自信？在书法诗词方面，很多人有所谓的自信，很多书法家在我看来自信满满，很多搞艺术的人自认为天下第一，这不是真正的自信，所谓文化自信是有底气，有真正的文化在里面才能够自信。你不读书，什么学问都没有，即使笔墨功夫很好，也很难创造出自己的风格。古人早就说过，《书谱》里谈到过胸中无功力，没有书本蕴含其中，即使笔墨超过王羲之等，也并不高雅，是俗书。就传统来说，书法不光是笔墨，不光是技巧，还有精神。书法家要做到自信，一定要有很好的文化根底。没有文化滋养的话，书法可以写得很好，古人来说就是“书匠”，匠气，就是笔墨看起来很好，笔笔有出处，没有志气，没有精神，没有灵魂。没有灵魂的书法就只是躯壳而已。

（原刊于《世纪》2018 年第 3 期）

不让书法艺术失传是我们的责任

刘小晴口述　吴莹华撰稿 *

近二三十年来，在西方文化冲击中国传统文化的大背景下，中国书法的传承发展受到了很大影响。科技越是发达，信息越是流通，对中国书法的冲击力就越大。现代人用电脑、手机通信，几乎不写信，过去用毛笔、钢笔写信的传统基本上失传了。书法的实用功能逐渐丧失，开始朝艺术化

刘小晴

* 刘小晴，上海市文史研究馆资深馆员，上海书法家协会原副主席；吴莹华，上海市文史研究馆干部。

刘小晴为学生讲课

方面发展，改革开放以后更是大踏步走向商品社会。当下很多人受功利诱惑静不下心来研究传统，走歪门邪道，媒体又喜欢猎奇，而真正经典的、传统的东西反而得不到传播，导致大众渐渐失去了书法审美能力。在这样的情况下，作为一个跟书法打了五六十年交道的人来说，我感到身上背负了一种责任感，特别想把中国传统的、经典的、具有民族特色的东西传下去，让年轻人有一种“文化自信”。

什么是经典？在我看来王羲之就是经典。我一直和学生说，尽管王羲之一个字真迹也没有留下，但他的摹本《兰亭序》《圣教序》《孔侍中帖》《丧乱帖》却始终立于不败之地，为什么？首先他的字是走中庸之道，平和简静、遒丽天成，不卑不亢、不激不厉，风规自远、从容中道，刚柔相济、方圆并用，或藏或露、既雄又秀。其次他的字走自然之道，好似绝世美女，浑然天成。第三他的字变化无穷，一点俗气也没有。这些艺术观代表了我国古代最精妙的哲学、文化、艺术思想，这才是传统中值得弘扬的东西。

历史上很多人，比如元代赵孟頫，明代文徵明、董其昌都学王羲之，可他们的风格不一样，那是因为他们对王羲之的理解和取舍不同。我小时候拜钱瘦铁先生为师，钱老师提倡“楷法晋唐，隶书秦汉”，就是说小楷要学晋的，大楷要学唐的，隶书要学秦或者汉的。那时钱老师要求我临钟繇，历史上钟繇的地位与王羲之不相上下，不过当时我不太喜欢钟繇的字，不能很好地理解老师的用意，直到后来我才慢慢体会到老师的提法是有道理的。

钱瘦铁名崖，一字叔崖，号瘦铁。中国画会创始人之一，擅长中国画及书法、篆刻，山水画师法石涛。与吴昌硕（“苦铁”）、王冠山（“冰铁”）并称“江南三铁”。

经典的东西毕竟不容易学，有很多学生学着学着就没兴趣了，所以抓住学生兴趣特别重要。我的办法就是把字拆成一笔一画来讲，讲细致、讲具体，给学生看大量经典碑帖，开阔他们的眼界，提高审美能力。我允许他们先“写”不好，但一定要学会“看”，能分辨书法作品的优劣，正所谓“眼高手低”，然后我再去强调书法基本功的练习。书法是手上功夫，基本的“形”要塑造好，“永字八法”是一定要过的关。我相信“天降斯人于规矩”，做老师的就应该把具体的东西教给学生，接下来就要靠学生自己去琢磨。艺术是个体劳动，学生有了兴趣，基础也打好了，自然而然会有提高。

这也是钱老师教我的方法。记得小时候去钱老师家上课，我一大早跑过去，不干别的事，只帮他磨墨，磨一上午，磨好以后，他再滴几滴防腐剂，这点墨汁就够他用一个星期了。老师上课不太讲，他画画写字，我就在旁边看，“看”是最好的学习。不光“看”我还“抄”。钱老师家有几个大书橱，就跟我现在书房里的这个书橱差不多大，里面密密麻麻全是字帖。那时我把字帖一本一本借出来抄，特别是关于书法理论的书，抄完一本还掉再借一本。不过后来，钱老师不得已把那些字帖都卖掉了，很可惜。所以我后来就到图书馆、书画出版社、古籍书店去抄古代书法论著，抄了足足有一箱子，我的理论功底就是那时候打下来的。

弘扬书法传统艺术，关键要有人去做。这几年，在很多人的共同努力下，陆续创办了海上兰亭书法院、秋海棠刘小晴书法创研室，每周我也会去上师大、朵云轩等教学班讲课，目的是为了培养后起之秀，不让书法艺术失传。培养人才没那么简单，不是一年两年就能出成绩的。现在书法界断档很厉害，中青年生活负担重，我们帮他们出作品集、开展览会，培养提携他们，这是工作室现在重点抓的事情。我们也通过举办大奖赛的方式来推广书法。2017 年，海上兰亭书法院搞了一次全国性的书法大奖赛，一等奖 10 个，每个人奖金 10000 元；二等奖 20 个，每个人奖金 5000 元。我们是民间组织，没用政府一分钱，全靠自己拉赞助，赞助不够我们就自己出，大奖赛办得很成功。最近我还发现上海白领小青年中喜欢书法的人越来越多了，他们跑来听讲座，这是一个特别好的现象，说明我们这些年的努力没有白费。

（原刊于《世纪》2018 年第 2 期）

中国画的发展不能搞“转基因”

程大利口述　崖丽娟撰稿 *

中国画创作和研究是我做美术编辑之余的工作，退休后更是全力以赴，从事中国画创作算来已近 50 年。中国画的发展，必须是在保留优秀基因基础上的发展，而不能向“转基因”的方向发展，这是尊重艺术规律的最佳选择。“文化自信”要从这一点出发。中国画无论是工具材料还是

程大利

* 程大利，中央文史研究馆馆员，中国画学会副会长；崖丽娟，上海市文史研究馆干部。

技法，均不同于其他画种。尤其是创作观念，受中国古典哲学陶融，是一套独特的学科体系和思维方式，与其他民族的绘画拉开了距离。今天，随着中国国力的提升，中华民族日益强大，尤其是传统文化被客观地重新认识之后，人们对中国画又有了新的理解。

第十一届全国美展后，我应《国画家》杂志之邀，写下《从第十一届全国美展作品谈当代中国画审美标准问题》，在文中我提到“多元化不应该成为去笔墨化的理由。中国画是文化特质很强的艺术，它的民族性是它赖以立身的根本”。而国画民族性非笔墨之中无所见，“笔墨观”是中国画家面对的第一个问题。面对消解文化差异性的“全球化”冲突，如何保存中国画的独特性和基本元素，是每一个中国画家的责任和担当。这不是什么“创新”与“保守”之争，是关系到民族的文化记忆和文化自信的问题。时代性和创新要立足于守护中国画规律、延续笔墨文化精髓的基点上才有意义。而中国画的文化自信和文脉延续关系到中华民族在世界文化中的地位，应该是实现中华民族伟大复兴这一理想的重要部分。

就我自身的艺术实践和研究体会而言，虽然做了 30 多年的中国画编辑，但是我却不敢说已经真正弄懂了中国画。50 年之前，我喜欢中国画，从事中国画创作，但对笔墨文化是一片迷茫混沌，直到 60 岁后，我才恍然悟到原来中国画应该是这样思考、这样实践。这其中的契机就在于我通读了六卷本的《黄宾虹文集》之后，对中国画论作了重新的梳理。黄宾虹在 20 世纪 20 年代与邓实合编的千余万字的《美术丛书》是整理画史画论的重要成果，我虽数十年不辍地研究，但真正弄懂也确实是经过长期创作实践之后才感悟的事情。这几十年中，许多前辈对我均有影响，其中有三位对我影响较大，一位是刘海粟先生，一位是亚明先生，还有一位是林散之先生。

海粟先生健谈，一开口会滔滔不绝，对扶掖后辈不遗余力。他的思想认知对我启发很大。记得 20 世纪 90 年代，一个初冬的上午，我和南京艺术学院的丁涛教授一起去南京金陵饭店拜访他，他一口气谈了 3 个多小时，毫不知倦，在冬日和煦的暖暖阳光下，90多岁的海老精神健朗、谈兴极浓，他谈到30多岁到巴黎时被当地媒体称为“大师”。有人对此颇有微词，海老淡然地说：我后来想明白了，因为我背负着的是中国传统文化，身后是有着五千年悠久历史的中华文明，西方媒体把民族文化和民族艺术捆绑在一起去考量，放在当时那个语境中去理解，我那么年轻就被他们称为“大师”也就不足为奇了。海老的一席话让我对传统文化与中国画的关系有了新的认识和思索。确乎如此，20世纪谈创新的多，谈继承的少。创新是时代潮流，不创新就没有发展，但在批判传统文化糟粕的同时如果彻底否定传统，那就是死路。“新”只是时间概念，“美”才是永恒的东西，才是艺术的本质。中国画的“美”，当然得益于中国优秀的传统内涵。

亚明先生比我大21岁，是我尊敬的前辈同道，他在晚年时不幸得了肺癌，我曾三次去看望他。最后一次，他说：“如果我再活长久一些，我会认真地研究董其昌，还会多花一些时间学习传统，可惜我们浪费的时间太多了。”亚明先生还说过：“法无定法，实际上是有规律无定法。”这是提倡对传统程式规律的尊重。成熟的艺术形态都是有一定程式的，例如芭蕾舞和京剧等。中国画笔墨作为技法有自身的规律，在这种规律中我们总结出学习的“程式”。例如《芥子园画谱》可视为“程式”的结晶。笔墨文化是中华民族的创造，也是人类智慧的结晶，应视为人类的共同财富。亚明先生去世时才78岁，今天，我们提倡尊重和传承中华传统文化，回味他的话真是特别有深意。在战争环境中成长起来的他尽管还没有达到艺术的高峰，但他的感悟却像灯塔，可以照亮后人前行的路，他的许多话对我特别有启迪，我们的许多通信已成为宝贵的资料。每次对他的拜访，我们愉快的交流都成为人生中的宝贵记忆。

林散之先生是一位堪称伟大的艺术家，这是启功先生对他的评价。据说启功先生看了他的字时大吃一惊，脱帽致敬，曾极力推介，并推荐他的作品参加赴日本的展览。林散之先生在世时，许多人对他并不熟悉，现在他的影响越来越大。我曾拜访林老看他写大草，写得舒缓沉着，运笔缓慢而又沙沙有声，实中有虚，虚中见实；浓淡干湿不掩“金刚杵”的力量。中国画的“美”在于笔精墨妙，笔精墨妙才能营造意境，达到境界幽深。笔精墨妙是中国画的语言效果。怎么才能做到笔精墨妙呢？须以书法入画法，要以篆籀之笔入画，点线之间才有趣味。我常给学生讲，做到“淡”“静”“慢”三字，大约才可以进入中国画。笔墨文化是人格文化，“格”是格调、格致。所以说人品不高，画境不会高。笔墨文化强调人品，讲究“文如其人”“画如其人”“书如其人”，人是什么境界，作品就是什么境界。历来的中国画论，要求画家完善品格。在有操守的画家看来，名与利都是艺术之外的事情。在江苏省书法家协会成立大会上，林散之先生被选为书协主席。散会回家的路上，他问别人：今天开的是什么会？别人告诉他什么什么会，你被选为主席了，他还吃了一惊，“选我当主席不耽误事吗？”上午的会他大约想的全是书法实践，全然没有荣誉的感觉。“不食人间烟火”，此为生动一例。林散之自诩为“诗人”，他有一首诗：“辛苦寒灯七十霜，墨磨磨墨感深长。笔从曲处还求直，意到圆时觉更方。”他的人生便是圆中见方、曲中求直的境界。林先生用他的个人修为告诉后人：境界是在长期的修炼中逐步提升的。这与中国画论所强调的“人的境界有多高，画便有多高”是一脉相承的。

我的习画过程，是不断学习和研究的过程，向古人学，向今人学；向造化学，向传统学。长期以来，继承与创新的话题也一直是争论的焦点，从二元辩证的观点看，这并不是什么问题。关键是，争论中的简单判断如果造成评价标准的混乱就是问题了。这会使中国画本应该发挥的文化影响力与古文明大国的文化地位极不相称。为此，在提升国家文化软实力的战略高度上正确把握作为民族文化代表的国画艺术，已成为当代艺术发展的重要课题。要使当代中国画创作进入一种文化自觉，一个无法回避的基础就是正确对待传统，重新认识并研究传统，从认识论和方法论两个方面进入中国画艺术规律，继承并弘扬，如此，方能在笔精墨妙的中国画里体会“文化自信”。中国画必须发展，但这个发展必然是在保留优秀基因的传承基础上发展，是消化了传统精神的创新，是用中国画的语言反映时代精神，让中国画在世界艺术之林里放出光彩，这才是尊重艺术规律的最好选择。

（原刊于《世纪》2018 年第 1 期）

仁者如射

徐建融 *

徐建融

20世纪90年代初，好像在1992年还是1993年，郑重兄发起成立了一个“上海徐悲鸿艺术研究会”，由谢稚柳先生任顾问，廖静文先生也携子徐庆平专程来上海出席了活动，并拜访了谢老。

当时的中国画坛，经过85新潮的洗礼之后，传统势力慢慢抬头，不仅开始了对“全盘西化”思潮的反击，并对徐悲鸿“中西融合”的“中国画改良论”提出了强烈质疑。认为中国画传统在近几十年里不能振兴，都是被徐悲鸿倡导的“中西融合”所搞坏的。因此，为了振兴中国画的传统，必须否定徐悲鸿和他的“中西融合”论。

---

* 徐建融，上海市文史研究馆馆员，上海大学美术学院教授。

因此，当“上海徐悲鸿艺术研究会”的成立活动结束以后，我便就这一问题请教了谢老。谢老听后莞尔一笑，说：“为仁在我，仁者如射。”前一句话是孔子说的：“为仁在我，岂由人哉。”后一句话是孟子说的：“仁者如射，不中，不怨人之中。”意谓任何一件事情，要把它做好，责任在我，不在别人；如果万一没有做好，则需要从自己身上找原因，而不是从别人身上找原因。

说到徐悲鸿的“中西融合”，谢老明确表示，数典忘祖、全盘西化，这当然是抛弃传统，但“中西融合”“拿来主义”，这并不是抛弃传统，而是改良传统。“和而不同”“吐故纳新”，恰恰是中国画，也是整个中国文化传统的一个根本精神。汉唐时代的“丝绸之路”，带来了印度的佛教文化和佛教绘画，中国固有的传统，包括文化传统和绘画传统，通过主动学习、借鉴、吸收、融合，达到“天下之能事毕矣”。

至于有人批评徐悲鸿“不懂传统”“反对传统”“破坏传统”，谢老认为，不能因为徐悲鸿主张“中西融合”而推定他“不懂传统”“反对传统”“破坏传统”；当然，也不能因为有些人反对“中西融合”而推定他“懂得传统”“发展传统”。反对“中西融合”的人“主张传统”是肯定的，但“主张传统”的人中往往也有实在“不懂传统”，从而不仅无助于“发展传统”，反而有碍于“发展传统”的人啊！徐悲鸿虽然倡导“中西融合”，但他的传统文化修养还是很深厚的，对中国画的传统，无论明清文人画的传统还是唐宋画家画的传统，其“懂”的程度绝不在反对“中西融合”的传统派画家之下。

今天，齐白石被公认为中国画传统的大师。但在当时，他却被某些传统派画家斥为不登大雅之堂的画匠。恰恰是徐悲鸿，把他聘请到自己所执掌的北平美专担任教授！今天，包括敦煌壁画在内的唐宋画家画被公认为中国画传统的经典。但在当时，却被某些传统派画家斥为“只有工艺的价值，没有艺术的价值”；谢老和张大千西渡流沙，面壁敦煌，更被认为那不过是“工匠的水陆画”。恰恰是徐悲鸿，把他们聘请到自己掌门的中央大学艺术系担任教授。难道能说徐悲鸿“不懂传统”“反对传统”“破坏传统”吗？

谢老对徐悲鸿的评价，使我对潘天寿也有了更深的认识。

在20世纪的中国画坛，潘天寿是与徐悲鸿地位相埒的又一位大师，而且都有功于中国画的学院教育。徐悲鸿的教育体制主“中西融合”，潘天寿的教育体制则倡“传统自强”。正如徐悲鸿虽然主张“中西融合”，事实上却不仅不反对传统，反而有力地支持了齐白石、张大千的传统。同样，潘天寿虽然倡导“传统自强”，事实上却不仅不反对“中西融合”，反而支持并指导方增先等年轻人探索“中西融合”，成功地创造了“笔墨加素描”的新人物画。

用潘天寿的话来说便是：“以自己晓得的东西排斥自己不晓得的东西，这不是学者的态度。”这就是“和而不同”。反之，没有文化自信，就会偏执己见而排斥不同意见。

从徐悲鸿和潘天寿这两个对立统一的典型，结合谢老“仁者如射”的讲解，我体会到，传统的发展，由昨天的五千年而今天，由今天再明天的无穷尽年，其生生不息、持续不衰，有赖于我们坚定文化自信。而什么是文化自信？什么又是没有文化自信？立足于为中国文化“增加高度和阔度”（潘天寿语），独立自主、自力更生是有文化自信，拿来主义、洋为中用同样是有文化自信。丧失了为中国文化“增加高度和阔度”的立场，唯洋是从、全盘西化是没有文化自信，简单复古、盲目排外同样是没有文化自信。

那么，什么是为中国文化“增加高度和阔度”的立场？什么又是丧失了为中国文化“增加高度和阔度”的立场呢？“为仁在我，仁者如射”是有文化自信的立场；文过饰非、推诿责任则是丧失了文化自信的立场。孟子说：天下只要有一个人还在犯罪，都是我的错。这是何等坚定的文化自信立场啊！有此立场，然后才有“士志于道，故不可以不弘毅”的文化自信。

此外还要提到一件事。20 世纪 80 年代，文史研究开始引进西方的学术规范，尤其是对引用文献资料的出处，更要求有具体注释。谢老表示，这样的规范非常好，自己以前写文章，对引文都是不注出处的，弄到后来连自己都不知道这句话是在哪本书里看到的。所以，你们年轻人理应在这一点上向人家学习，把研究纳入规范的轨道。不过，他也指出，这种“不规范”的传统学风，也有它的长处，这就是有感而发的真知灼见。至于引文不注出处，缘于传统文化简单地以“学术为天下之公器”，而淡薄了“知识产权”的意识。从韩愈、苏轼、顾炎武到潘天寿、魏松岩包括谢老本人，就都是这样一路下来搞研究的。他还特别提到，苏轼的不少引文，不仅不注具体的出处，有时甚至连笼统的出处也不注，还有引错了的，有些更属于“造假”的“伪资料”。如他的《书四适赠张鹗》引《战国策》的“其药四味”，便把“无罪以当贵，清静贞正以自虞”错作“无事以当贵，早寝以当富”。他的《刑赏忠厚之至论》更伪造了“皋陶曰杀之三，尧曰宥之三”的典故。但我们能以“学术不规范”而否认它们的学术价值吗？显然，这种态度，还是“仁者如射”的文化自信，不仅足以反驳固步自封的文化不自信，同时也足以反驳全盘西化的文化不自信。

进入 21 世纪以来，文史的研究已经全盘地西方学术规范化，而传统学术虽然“不规范”但有感而发的真知灼见却被全盘否定了。今天，从学士、硕士、博士的学位论文，到副教授、教授的职称论文，铺天盖地，千篇一律，全都是按照同一个学术规范的模式刻制出来的，这就是：一、好的选题，不是有了感想而写，而是定了选题再去攻关；二、好的行情，不是“我要写”，不吐不快，而为了争取课题项目而写；三、足够的厚度，写之前，先要准备思想的厚度，前人相关研究资料的搜集，并规划出我的这个研究成果达到多少字数；四、好的方法，维特根斯坦、瓦德堡学派、图像学、心理学等。包括对苏轼、潘天寿等传统经典的研究，也必须遵循这样的规范。这就导致一个现象，像苏轼《留侯论》，因为有好的选题、好的行情、足够的厚度、好的方法，“学术不规范”，在今天肯定通不过哪怕是学士学位的论文评审，但它有很高的学术价值。而今天我们研究苏轼的《留侯论》的学术论文，因为有好的选题、好的行情、足够的厚度、好的方法，学术规范严密，不仅可以拿到学位、职称，还可以拿到优秀研究成果大奖，但它却毫无学术价值。

众所周知，明清时，对中国文化危害最大的是科举考试的八股文；我认为，在今天，对中国文化危害最大的便是学位、职称、科研项目的学术论文。不是说西式的学术规范不好，而是说去中国化，否定了传统有感而发、自然成文的学术“不规范”，不知而作，拿来主义就成了全盘西化，全盘西化必然有害文化自信。所以，我认为，真正的文化自信，不仅应该学习西方的学术规范，同时更应该坚守传统的有感而发。

（原刊于《世纪》2018 年第 6 期）

从京剧走向青年谈传统文化自信

尚长荣口述　崖丽娟撰稿 *

尚长荣

这是一段令我难忘的回忆，也是值得记忆的一件大事情。

1995 年 11 月，在天津举行的首届“中国京剧艺术节”上，上海京剧院的《曹操与杨修》夺得唯一的“程长庚金奖”。这次比赛，竞争非常激烈，全国各地的京剧院团都选送了自己的看家戏，真刀真枪、实打实地拼实力，上海京剧院的剧目得了唯一金奖真是不容易啊。其实，《曹操与杨修》早已

* 尚长荣，上海市文史研究馆资深馆员，著名京剧表演艺术家，中国戏剧家协会名誉主席；崖丽娟，上海市文史研究馆干部。

盛名在外，此番在天津参赛并获奖，再次得到观众和行家的认可，大家一致认为，该戏从剧本内容到演员表演都炉火纯青，获奖实至名归。我在《曹操与杨修》中饰演曹操，何澍饰演杨修。

天津之行后，上海相关领导动议：上海京剧院应趁热打铁在全国开展“京剧走向青年”巡回展览演出活动，让京剧拥有青年，拥有明天，活动首站选择北京。经过精心策划和准备，上海京剧院以弘扬优秀传统文化、弘扬优秀民族艺术的赤诚之心，决定于1995年11月25日—12月8日携4台大戏《曹操与杨修》《盘丝洞》《智取威虎山》《岐王梦》进京免费为北京的大学生演出10场，在此基础上，还将举办首都大学生“心目中的京剧”研讨会。此举意在通过探讨京剧如何适应时代、贴近青年，让京剧这朵奇葩在当代青年心中生根、开花、结果，获得新的生命力，从而振兴京剧，弘扬传统文化，树立中华民族文化自信心！

今天看来，当时这一动议和决策是很有魄力和远见的。

京剧已经有200多年的历史了，喜爱者说它是民族的瑰宝，魅力无穷，不了解它的人说是夕阳无限好，只是近黄昏。20世纪90年代，很多年轻人不了解京剧，甚至都没有接触过京剧。如果再不做一些切合实际的工作让京剧走向青年、走近青年，那么京剧的未来在哪里？优秀的民族文化如何得以传承？“位卑未敢忘忧国”，京剧应该有时代担当！京剧必须有所作为！于是，在京、沪两地文化、宣传、教育部门等大力支持与帮助下，上海京剧院在北京举行了隆重的新闻发布会。

可是，一开始大学生的反应相当冷淡，参与此项组织活动的各高校学生会负责人反馈：很多青年学生说，看京剧是老年人的事情，能组织到多少学生进剧场我们尽力而为吧。当时我从天津赶到北京参加新闻发布会，一看他们不那么乐观也不那么热情，就毛遂自荐现场唱一段。我唱了周恩来那首著名的爱国诗：“大江歌罢掉头东，邃密群科济世穷。面壁十年图破壁，难酬蹈海亦英雄。”没想到，我扯开嗓子一唱，大学生愣了：哇，原来京剧那么好听呀?！可能是我用京剧唱周总理的诗，让学生觉得原来京剧也不全是老古董，也可以表现当代文学的嘛。我这一嗓子一下子就拉近了京剧与青年学生的距离。然而，学生会干部仍不甚乐观，好心提醒我们演出时最好要注意以下四点：一是演出最好安排在白天，二是演出最好安排在学生礼堂，三是演出时长最好不要超过两小时；四是演出最好不要安排中场休息。

应该说，这个提醒在当时不无道理，但我们没有照单全收。我们深知，京剧艺术博大精深，只有高品质、高水准的京剧演出才能表现出京剧特有的艺术魅力，也才能留住老观众、吸引新观众。为此，上海京剧院这次为北京大学生精心挑选的4台戏都各具特色：新编历史剧《曹操与杨修》内涵深邃、意蕴无穷；新编神话剧《盘丝洞》技艺高超、情趣盎然；现代戏《智取威虎山》家喻户晓、贴近生活；根据莎翁名著《李尔王》改编的《岐王梦》就很经典耐看。这些戏和传统京剧“一桌二椅”的表演方式完全不同，根本不可能安排在学生礼堂演出，我们租的是北京的正规剧场，也只能在晚上演出。另外，由于剧中演员换装和舞美换景的需要，中场必须休息，演出时间无疑会超过2小时……在心里没底而忐忑不安的情况下，为争取年轻的大学生观众，为京剧的未来，我们的演职人员在北京寒冬腊月零下十九度的天气里奋力拼搏！

首场演出《曹操与杨修》拉开了序幕，京沪两地的有关领导、专家、媒体、大学生代表1600多人前来观看。演出前有一个简单而隆重的开幕仪式，院领导事先向演员打了预防针：演出中不管有多少学生提前退场，只要还有一个观众，就必须以昂扬饱满的精神状态、精益求精的艺术质量，有血有肉、生动传神地把演出坚持完成。

演出第一幕时，全场鸦雀无声；演出第二幕时，开始有了零星的掌声；演出第三幕时，陆陆续续的掌声不断响起；休息前，掌声已经非常热烈；休息后，演出继续，随着剧情的展开，掌声雷动、掌声如鸣……据剧务统计，全场演出结束掌声多达40次。这么多年来，之前无论在哪里演出都没有这么多次的掌声，也没有这么热烈的掌声，这说明我们的演出得

《曹操与杨修》中尚长荣饰曹操

到大学生肯定了。谢幕时，全体观众起立，长时间的掌声经久不息。我对饰演杨修的演员何澍悄悄说：我从上场门，你从下场门同时走向观众席致谢。没想到，我们一进入观众席就被观众团团包围，欢呼声使整个剧场都沸腾了，我们被淹没在人群中握手、拥抱……不知道过了多久，我才被剧组“解救”出来，站在舞台中央，我激动万分：已经演了大半辈子戏，还从没见过这阵势，情不自禁又发自肺腑地喊出：“京剧艺术永远属于青年，感谢同学们冒着严寒来看我们的演出！”排队签名持续了40分钟才结束。良好的开头，使我们备受鼓舞，接下来的演出一场比一场精彩，随着口口相传，学生的热情也是一场比一场高涨。北京10场演出取得圆满成功，成为轰动一时的文化现象。

后来我们才得知，当时负责组织工作的学生会干部其实已经做了最坏的打算，如果学生提前退场，开演20分钟后统一在剧场门口集合，集体坐车回学校。然而，我们最终用优秀的京剧作品打动了青年学生，学生被京剧艺术的魅力折服了。在“心目中的京剧”研讨会上，青年学生普遍反映：《曹操与杨修》拨动了当代人的心弦，张扬人性，启迪思索；《盘丝洞》表演形式引人入胜；其他剧目也都既有中国气派又有外来的先进表演手段，不同于以往心中的京剧，令人耳目一新。当时，我们发放的问卷调查有 80% 以上的反馈率，其中不少学生写到“京剧万岁”“相见恨晚”等感想。可以肯定，今天京剧拥有的不少观众正是我们从那以后开始培养起来的，“京剧走向青年”活动一直延续至今。可见，当时“京剧走向青年”活动有多么深远的意义。

以前，常有记者问我：“你一生中哪一场演出最难忘？”今天，我毫不犹豫地回答“这就是我一生中最难忘的一次演出”。

由这次活动所激起的强烈社会反响告诉我们：以京剧为代表的优秀民族戏曲艺术，能获得青年一代的理解和喜爱，依然拥有继续发展和再造辉煌的生命活力。回顾 22 年前开展的“京剧走向青年”巡回展演活动，我越来越深刻地意识到：京剧工作者必须时刻牢记自己的时代使命，以争取大量的青年观众为己任，京剧只有受到广大青年的欢迎和赞赏，才有生机，才有活力，才有美好的未来，传统文化必须得到广大青年的认可和呼应，才能传承延续下来，文化自信也是在这样的传播、宣传、弘扬、传承中真正树立起来。文艺工作者切忌高高在上、夜郎自大，必须像习近平总书记号召的那样，深入生活，深扎基层，主动放下架子，切切实实地为弘扬传统文化“鼓”与“呼”。自从习近平总书记在文艺工作座谈会上发表重要讲话后，近年来，政府加大了对传统文化的扶持力度，广大观众对传统戏曲的了解与喜爱，早已与 22 年前不可同日而语，我们还有什么理由不撸起袖子加油干呢?!

（原刊于《世纪》2017 年第 5 期）

小提琴协奏曲《梁祝》的传承与创新

俞丽拿口述　张鑫撰稿 *

我从事小提琴演奏和教学，七八岁开始学钢琴，后因国家培养人才需要，分配改学小提琴，一生与音乐打交道。当今全球经济一体化时代，中

俞丽拿

* 俞丽拿，上海市文史研究馆资深馆员，著名小提琴演奏家、教育家，上海音乐学院教授；张鑫，上海市文史研究馆干部。

国与世界的联系更加紧密。如何传承中华音乐，发展自己民族音乐的个性和特色，传统音乐如何与现代人的审美相衔接等，从我专业角度看，创新很重要。小提琴协奏曲《梁山伯与祝英台》(以下简称《梁祝》)，就是独具匠心的创造，让我们音乐工作者感到中华民族音乐的自信。

此曲是吸收了“中国歌剧”越剧的曲调、唱腔等作为创作基础，民族风格凸显。越剧《梁祝》是根据古代民间四大经典爱情故事之一的《梁山伯与祝英台》创作而成。这些都脱不开中国传统文化的根系。因为有共同文化背景，听众倍感亲切。再者是通过独奏、协奏曲体裁呈现，使这首乐曲在国内外的接受度都非常高，国外一些著名小提琴家都演奏过此曲，影响广泛。它古典浪漫、优美感人的旋律，与西洋乐器结合天衣无缝，乐曲熟悉又新颖，仿佛让听众穿越时空，回到久远的民间传说故事中，感受人生的悲欢离合。

我国有着五千多年的文明史，传统音乐是运用本民族固有的音乐形态、音乐思维和音乐审美创作出来的符合我们欣赏趣味的音乐，种类繁多，有着举足轻重的地位，成为中华民族的瑰宝和精神财富。它让人感受到一个民族的历史、人文及哲学、艺术、思想、宗教等丰富内涵。每个时代都留下优秀篇章。为什么它能穿越时空，流传至今，因为中华传统音乐与中华传统文化是一脉相承的。传统音乐有中国文化，体现中国人的音乐美学观念。从“载弹载咏，爰得我娱”的音乐功能，到“中正平和”，再到静、远、淡、逸的音乐审美，达到物我两忘的音乐至美境界。这就是中国音乐的魅力。我上课时常对学生说，你们应该了解肖邦、莫扎特、海顿、勃拉姆斯、帕格尼尼，但你们更需要了解中国传统音乐，它体裁丰富，风格多样，具有时代性、民族性与地域性等特征，是我们先人的智慧与结晶。无论是先秦气度恢宏的钟磬乐舞，还是隋唐华光璀璨的歌舞，乃至宋元明清时期的戏曲音乐，都显示出中国民族音乐独特的艺术魅力和丰厚的文化底蕴。

传承需要拓展新的音乐空间。不能为传统而传统，不能让现代人隔着历史来欣赏古代音乐，抱着食古不化的内容来面对观众，而要有创新的时代语言，创新的时代作品，将古代音乐的精髓，结合现代人的接受方式，应用新的艺术理念、手法进行传统音乐与时代音乐的融合，让传统音乐的意境美感、哲学思想，在继承与发展中延伸出新生命，焕发出新活力，在传承与创新中体现中华民族的精神。《梁祝》是中华传统音乐创新、拓展的一次实践。外国人不解，说这首乐曲为什么有两位作曲家，他们是不知道幕后故事。那时，中国有学习苏联风气，为了让小提琴被中国人民喜欢和接受，我们根据苏联作曲家的民族学派主张，成立了小提琴民族学派实验小组，先从民族器乐曲及民歌中选择一些作品，尝试采用小提琴演奏。我们带着这些乐曲到外滩试演，带上谱架、乐谱、小提琴，还因为怕风把谱子吹跑，特别带了一些晒衣服用的夹子。一试演，结果收效甚大，听众们喜欢。为向新中国成立十周年献礼，实验小组开始策划具有影响力的大作品。在讨论、报送院领导审批节目选题时，我们填写的曲目是《大炼钢铁》《全民皆兵》，小提琴协奏曲《梁祝》只是填写在备注一栏。延安老革命、作曲家、副院长孟波看了，《梁祝》才从“副”转正。丁善德副院长让自己作曲系大五学生陈钢挑重担，与何占豪合作。何占豪是小提琴专业进修生，精通越剧，是浙江越剧团的小提琴手，很多越剧唱腔的旋律都是他的贡献，但他没学过作曲，他俩组合正好互相补缺，创作才能进展顺利。他们写一段，我们抄一段，并试拉一段，又有教研组的老教授做我们后盾。这就是《梁祝》的诞生过程。

全曲中越剧流派的唱腔、调式贯穿其中。虽然我祖籍浙江，但生活在上海，小提琴教材中也没涉及传统的内容，就需要花时间、精力去从头学习、理解，体会味道。我曾跟着电影《梁山伯与祝英台》学唱越剧，还学过二胡等。如果不去研究中国戏曲等，如何体现乐曲的乐风与思想呢。十多年前在一次会议上，碰到著名越剧表演艺术家、袁派艺术创始人袁雪芬，她拉着我手说：“俞丽拿同志，您拉的《梁祝》，那个‘楼台会’用的还是我的唱腔呢。”这就是演创中运用传统音乐的语言和内容，把握住传

1975 年秋，俞丽拿（右二）与其他教师下部队深入生活

统音乐独特的地域性、戏剧性特色，既演绎出人物的内心情感、故事情节，又突破固步自封的界线，进行了继承、创新与发展。1959 年 5 月 27 日，国庆十周年文艺汇演，我担任独奏的《梁祝》于上海兰心大戏院首演成功。不少观众眼里噙着泪。我们多次谢幕也谢不了，于是只能再演奏一遍（这是陈钢回忆的，也有人认为是从“楼台会”拉到结束。我当时太投入，竟记不清这一细节了）。后经中央人民广播电台广播和唱片的传播，受到欢迎，使我们对小提琴演奏有了音乐文化的自信。

传统音乐的传承仍然任重而道远。传承需要找到时代的切入点，多样化，包容性，既要让观众感知经典和特色，中西音乐的融合，又可在喜欢桃李妖艳、偏爱翠竹丹凤中找到自己的选择，在聆听历史长河中的传统音乐里陶冶情操，丰富知识。在音乐形式、手法的表现上也要不拘一格，可以用古筝、二胡、琵琶，也可以采用交响乐形式等，充分展示传统音乐的博大精深。同时要去除糟粕，挖掘和保留有价值的民族音乐，在创新中保护、传播和发展。

传承需要文化修养和宽松的环境，需要宽广的音乐艺术视野、艺术创作理念，一颗对中华音乐虔诚的心。我时常关注世界音乐的前沿信息。每到一个国家，就会了解他们当地的音乐，他们怎么表现自己民族文化的，并加以研究。因为他山之石，可以攻玉。做传统音乐，不是来钱快的音乐商品，音乐工作者需要从喧闹中沉下心来，需要在中华音乐的宝库中广泛涉猎，汲取养分，将中华传统音乐发扬光大。

传承少不了平台。这个平台包括舞台，还包括讲台、中外音乐交流演出的平台等。因古今音乐语境不同，故做些解读少不了。我几乎每年都要挤时间给上海市局级领导干部授课，边演奏边讲解《梁祝》，传播传统音乐文化。因场地与名额有限，场场爆满。几十年来，我有许多出访、讲学、担任各类小提琴比赛评委等海外活动，每次出国我总是自觉带着传播的使命，不失时机，在不同国家、不同场合宣传中国传统音乐。为中华音乐认知、认同与共享努力作贡献。但光靠一个人或一部分人，力量仍是有限的，希望更多有志者共同参与并献计献策。我们的电台、电视台、网络媒体，在做热门节目的同时，多增加高雅音乐、品赏音乐的节目，来引导观众，传播中华传统文化，提高大众审美情趣和艺术鉴赏能力。相反，对传统音乐知晓的人越来越少，曲高和寡，那它离萎缩不远了。

（原刊于《世纪》2018 年第 1 期）

在共生社会中感受发展

胡守钧口述　章洁撰稿 *

“学者的价值在于坚持自己认为正确的观点”

文化自信，不仅体现在国家层面，从学者而言，也体现在两方面。第一，学者做研究的过程，要唯学术，去功利。第二，做研究一定要有自信。以我自己来说，从 1998 年开始研究“共生”的问题，“共生”这个概念是国外的学者提出来的，我做的一个很重要的工作是把它移植到社会学里面，以“共生”处理所有的社会问题，提出了“社会共生论”，这是原

胡守钧

* 胡守钧，上海市文史研究馆馆员，复旦大学教授；章洁，上海市文史研究馆干部。

创性的。我认为“共生”涵盖了人类所有领域，包括人和自然的关系等。

1998年，我第一篇文章出来之后，由于观点新，中央文件没有提，社论也没有说，所有杂志都不敢发表。我也不着急，就一直放着。到了2000年，我在湖北社会科学院《社会科学》杂志上发表了《社会共生论》，反响很好。这是我第一次在老家发文章，一直心存感激，特别感谢主编陈昆满先生。就这样坚持不懈了多年，接受的人逐渐多起来了，因为社会本来就是共生的，不以任何人的主观意志为转移。

共生是无处不在的：家庭、社区、企业、学校、医院、机关等，哪里不是共生的？国际社会也是共生的。2012年，我发表了《国际共生论》。共生，这是最基本的存在。共生的好坏则是价值判断问题。比如夫妻关系是共生的，有的夫妻关系很好，有的吵架；同事关系也是共生的，有的矛盾很多，有的比较合作；劳资关系也是共生的，有的老板和工人关系很好，有的老板压榨工人，有的工人对老板也不客气，等等。后来不断有学者把它引申到各个领域中去做研究，到现在，慢慢成气候了。

为什么谈这个话题呢？因为中共十九大报告里面有十四条纲要，其中有一条就说人和自然和谐共生，我感到很欣慰。从最初的不被承认、没地方发文章，到带学生可以用“共生”来做选题，上课也可以讲，最后出专著，这说明社会在进步。学者就是要做你认为有价值的研究，至于在此之后社会能不能采纳、能不能得到运用和推广，这不是你的事。有没有价值？由历史评价。人家用还是不用？各有选择自由。

“做学者也要有自信，没有自信不能坚持”

有自信才能坚持。十年磨一剑，是对所有人的鼓励。无论干哪一行，都要有这种锲而不舍的精神。社会共生论，前前后后，磨了快20年。凡是有机会我就讲共生论，开会讲“共生”，写文章讲“共生”，带学生讲

“共生”，包括带博士、博士后都讲“共生”。学者如果跟风、跟浪的话，就不会有积累和升华，这是我的体会。你坚持自己的观点，如果对社会的分析真的是有价值的，对社会做了比较好的解读，迟早会有人认可。即使不认可，又有什么关系？学者的价值在于坚持自己认为正确的观点。几十年来，我做学问始终坚持四条原则：第一，不说假话。文人以文存在。学者说假话，何异于卖假药、假酒的奸商？第二，真话分批说。为何分批说？为了更有利于促进社会发展。第三，说话要有根据，不可信口雌黄。第四，说话要有新意。切不可重复正确的废话。如果抽样调查证明“人不吃饭会饿死”，此类研究，有何意义？值得深思的是，如此这般的所谓研究，现在很多。

“做学问，要有文化自信，要有我们中国人自己的东西”

我们要有自己的东西，这一点非常重要，特别涉及哲学。有人习惯于用唯物、唯心给古代经典贴标签，讲这个唯物，那个唯心，这方法就有问题。中国的哲学有它自己的基本命题，有自己的推演方式，有自己的脉络，不可简单划成唯物或唯心。例如《周易》你说是唯物还是唯心呢？它里面讲神，从这个角度你可以说它是唯心的；八卦象征天、地、水、火、风、雷、山、泽，也可说它是唯物的。孰是孰非？《周易》强调师法自然，看自然如何运行，然后得到启发，这个启发就是哲学。不能讲《周易》是唯物还是唯心，它的核心精神就是师法自然。

再说到“共生”，这是人家的命题，但“社会共生”这个基本观点是我提出来的，国外学界之前将“共生”应用在社区、文化领域，我将它拓展到社会生活的方方面面，一共三十六条，其中有我们的发展哲学、阴阳平衡、道法自然等。把中国的经典和西方的某些观点对接，然后根植于当前的现实，创造自己的概念，解释中国的问题。

“物理问题最后是哲学问题，一切的问题又都是社会问题”

我大学的时候，就一直思考物理的哲学前提，因为物理问题最后是哲学问题。后来转到社会学，因为社会更鲜活。我后来教哲学教了很多年。

从这时候开始，我和《周易》结下了不解之缘，这也是我“两史两经一论”的重要组成部分。“两个史”讲的时间比较长，一个是科学思想史，一个是中国当代社会转型史。“两部经”，《道德经》和《周易》，然后归结为一论：社会共生论。我在复旦是最早上《周易》这门课的。复旦比较开通，我当时打了报告，要求开课，叫“周易和中国文化”，学校教务处比较开放，就同意了。现在一个很有名的作家叫吴晓波，他选过我的课。有次开会相遇，他说，胡老师，我跟你学过易经。当时许多人认为它是迷信，至少是算命的书，但我觉得是一部很重要的经典。我原来专业不学这个，后来越研究越觉得它有价值，它是一部伟大的哲学经典，可以解释很多问题。道家奉为三玄之冠，儒家视为六经之首。一部经典，被儒道两家都认可，是极为少见的。

中国要发展，要从《周易》汲取智慧，要有变通的智慧，“穷则变，变则通，通则久”。世界在变，你不变行吗？变通是《周易》的核心思想，《周易》是反教条的，视《周易》为迷信是绝对的错误。何谓迷信？从学理上讲，教条至上。“一句顶一万句”就是迷信。《周易》反教条，怎么会是迷信？现在慢慢地认同了，讲《周易》的多起来了，这个非常重要。但是，《周易》这部经典比较神秘，难懂，弄得不好，会走火入魔，装神弄鬼。怎样避免？必须遵循古人“生活易”原则，结合现实研修感悟。跟我学周易的很多，学生有感悟，用于工作，颇有收获。周易有大智慧，这个大智慧不是西方的智慧所能全部替代的。西方有西方的，我们有我们的，各有千秋，应相互学习，互作补充。易经提的问题很重要，易传的发挥很深邃，由占卜上升到哲学，历代著名的学者都有所发挥，著书立说。

因此，易学是一个庞大的知识系统，浩如烟海。它其实就是中国人思想的一个发展脉络，也是中国民间智慧的集成，它和民间是互动的，在民间的格言、谚语、歇后语、老古话中找得到《周易》的观念。或者《周易》影响了民间，或者民间上升了《周易》，很难说谁是源，然后再不断地互动。当然，从根本上讲，《周易》来源于生活，这不容置疑。人文经典，哪部不来源于生活？

“中国的发展就是要消减问题，发扬成绩，改善民生，不断进步”

改革开放，做学问的空间越来越大。在大学里面，新的思潮、理论陆续涌来，包括科学哲学、科学史。我认为中国的发展，从成绩方面讲，成绩巨大，举世瞩目，从问题方面讲，也十分严重，充满艰辛。问题很多：社区的问题、社会发育问题、贫富差距问题、教育公平问题、医疗问题、环保问题、发展不平衡性问题、公平与效益问题，不一一列举。中国的发展就是要消减问题，发扬成绩，改善民生，不断进步。

感而慨之，写了几句话，作为结束语。

筚路蓝缕因何事？个中甘苦自知之。
研几切忌唯典要，探幽岂能无豪气？
万方共生成新局，千载难逢有大势。
愿祈天公佑中华，巨龙腾飞变通时！

（原刊于《世纪》2018 年第 3 期）

编后记

由《世纪》编辑部编辑、上海人民出版社出版的《传承：〈世纪〉杂志文化专题选编》，是双方三度合作的项目，因为之前成功合作，双方已在编辑原则、思路、体例等方面达成共识，相对而言，该书从选题策划到文章篇目编选结集再到正式出版的诸项工作较为从容顺利。

《传承：〈世纪〉杂志文化专题选编》分“瀛宇回眸”“名宿世范”“薪火相传”3辑，从创刊30年的《世纪》杂志精选49篇文章。本着精益求精的选稿原则，编辑部多次召开专题会议进行研究，认真遴选。在文章分类上反复斟酌，选题相近的文章，我们按照内容质量进行权衡筛选；同一作者的多篇文章，考虑兼顾作者面进行取舍，忍痛割爱，由此挂一漏万而有遗珠之憾。这些文章主题鲜明、史料真实、故事生动、意蕴深远。对于入选文章我们力求保持原貌，只在个别文章改订错别字、规范标点符号等细节方面做必要的技术处理；对于作者身份的表述，编辑时也按照现在掌握的最新信息予以更新；书中文章配图绝大部分是原来文章的配图，遗憾的是，一些图片质量由于年代久远有所减损；需要说明的是，书中配图是作为珍贵史料的一种补充入选，并非原文配图一概选用，也不是所有文章都有配图。

为保证该书顺利出版，上海市文史研究馆党组书记、馆长赵英同志督促指导，统筹谋划，始终关心该书的编辑进展情况；馆党组成员、副馆长、《世纪》主编沈飞德同志作为该书主编严格审读把关每一篇入选文章，组织协调，积极推进；《世纪》编辑部全体人员齐心协力，团结协作，求真务实。编研室副主任周峥嵘同志认真核对作者信息、查验史料、改错补缺，大量事务性工作严谨细致、勤勉尽力，并撰写前言；美术编辑曹新芳同志对书中图片进行精心处理；责任编辑杨之立、章洁、姚亚茜等同志为本书出版献计献策，尽心尽责，付出辛勤劳动。感谢上海人民出版社原总编辑、上海市文史研究馆郭志坤馆员为书稿出谋划策，提供极具建设性的编辑思路；感谢人民日报社资深记者管志华老师百忙之中费心甄选文章，提出极有参考价值的建议。

《世纪》杂志是由中央文史研究馆、上海市文史研究馆主办的文史纪实类双月刊，以挖掘历史当事人“亲历、亲见、亲闻”重要历史事件的“三亲”风格为特色，坚持正确的舆论导向，在积累史料、以史育人、巩固和发展爱国统一战线作出积极贡献，在广大读者中赢得良好声誉。2023年，恰逢《世纪》杂志创刊30周年，借此机会，感谢《世纪》杂志新老作者，尤其要感谢有文章入选的作者，没有你们高质量的文章，就没有本书的诞生。同时，谨向长期以来为《世纪》杂志编辑出版默默无闻奉献的编辑部同人致敬，是你们的精神传承激励后人扬鞭奋蹄、砥砺前行。最后，特别向上海人民出版社的责任编辑黄玉婷、邱迪致以敬意，你们的专业水准使该书增色不少。在成功合作《星火：〈世纪〉杂志党史专题选编》《同心：〈世纪〉杂志统一战线专题选编》等书的基础上，双方有了更多的默契，经过共同努力，《世纪》杂志专题选编业已形成系列出版读物，我们希望由此成为品牌并在一个长远的将来不断为广大读者奉献更多的精神食粮。

囿于水平所限，对书中存在的不足，敬请方家批评指教。

崖丽娟

（作者为上海市文史研究馆编研室主任、《世纪》副主编）

2023年2月14日

图书在版编目(CIP)数据

传承:《世纪》杂志文化专题选编/《世纪》编辑部编. —上海:上海人民出版社,2024
(上海党的统一战线研究丛书)
ISBN 978-7-208-18946-1

Ⅰ.①传… Ⅱ.①世… Ⅲ.①统一战线工作-中国-文集 Ⅳ.①D613-53

中国国家版本馆 CIP 数据核字(2024)第 110646 号

特约编审 郭志坤
责任编辑 邱　迪　黄好彦
封面设计 汪　昊

上海党的统一战线研究丛书
传承:《世纪》杂志文化专题选编
《世纪》编辑部 编

出　版	上海人民出版社 (201101　上海市闵行区号景路 159 弄 C 座)
发　行	上海人民出版社发行中心
印　刷	上海商务联西印刷有限公司
开　本	720×1000　1/16
印　张	20.5
插　页	2
字　数	257,000
版　次	2024 年 6 月第 1 版
印　次	2024 年 6 月第 1 次印刷

ISBN 978-7-208-18946-1/G·2193

定　价 98.00 元